혁신의 품격

혁신은 세상을 바꾸는 새로운 창(窓)이다

세상에는 수많은 혁신이 존재하지만,
그런 혁신들 하나하나엔 그만의 품격이 있다.

혁신의 품격

초판 1쇄 인쇄 | 2024년 05월 08일
2쇄 인쇄 | 2024년 05월 15일
지은이 | 김현철
펴낸이 | 이재욱(필명:이승훈)
펴낸곳 | 해드림출판사
주 소 | 서울 영등포구 경인로82길 3-4(문래동1가 39)
센터플러스빌딩 1004호(07371)
전 화 | 02-2612-5552
팩 스 | 02-2688-5568
E-mail | jlee5059@hanmail.net

등록번호   제2013-000076
등록일자   2008년 9월 29일

ISBN   979-11-5634-585-5

혁신의 품격

김현철 지음

해드림출판사

프롤로그

　인간의 역사는 혁신을 통한 발전의 역사다. 〈혁신〉이라고 해서 특별하게 준비되고, 특별한 계획을 세우며 추진되는 게 아니다. 인간이, 개인의 발전과 사회의 발전 그리고 국가의 발전에 이르기까지, 미래를 위한 새로운 창을 열어나가는 게 혁신이다. 따라서 필자는 인류 발전의 역사에서 우리 주변에서 일어났던 수많은 혁신들 중 지금 현시대를 살고 있는 우리들에게 도움이 될 만한 사건들을 주요 내용으로 분류했다.

　첫 장은 패션의 혁신을 기술하고 있다. 패션 중에서도 오늘날 〈명품〉이라고 불리는 브랜드들이, 어떻게 태어나고 명품의 반열에 올랐는 가에 대해 분석해 보았다. 명품은 그 브랜드 장인들만의 엄격한 품격이 존재한다. 샤넬은 여성을 코르셋에서 해방시켰고, 에르메스는 여성이 손에 쥘 수 있는 백을 만들어서 야외활동에 기여했다. 그리고 루이뷔통(Louis Vuitton)이나 페라가모(Ferragamo) 그리고 이브 생 로랑(Saint-Laurent)까지 각각의 브랜드에는 디자이너들의 영혼과 품격이 살아 숨 쉰다.

다음 장은 미술의 혁신이다. 혁신에는 반드시 〈역경〉이라는 한계 상황을 동반한다. 이는 어쩌면 위기를 기회로 만드는 인간 고유의 생존력이라고 할 수 있다. 귀족들이나 황제의 초상화를 그리면서 먹고 살았던 화가들 처지에서, 카메라의 발명으로 인해 사진보다 더 완벽한 초상화를 그릴 수 없었을 때를 상상해보라. 그들은 절망과 혼란에 빠졌을 것이다. 하지만 혁신가였던 당대의 화가들은 다른 의미에서 빛과 색으로 사진이 표현할 수 없는 새로운 그림을 통해서 혁신을 만들어냈다. 그래서 인간 세상에서 불가능이란 없다.

세 번째 장은 문학의 혁신이다. 인간이 글자를 만들고 그 글자를 통해 인간의 감성을 노래할 수 있었던 역사도 아주 오래 전이지 않은 근대사의 일이다. 르네상스 문학의 시금석을 열었던 단테의 신곡을 시발로, 여성과 성에 대해 최초로 문학을 통해 사회의 편견을 뒤집었던 복카치오, 그리고 셰익스피어와 세르반테스는 희곡과 소설의 장르를 새롭게 창조했던 혁신가들이었다. 그리고 프랑스 낭만주의에 이르러 우리가 오늘날 읽고 쓰고 느끼는 〈현대시〉라는 새로운 장르가 혁신적인 작가들에 의해 탄생하게 된다. 이런 모든 활동이 혁신의 결과이며, 또한 새로운 내일을 여는 새로운 창이었던 것이다.

  네 번째 장은 필자가 삼십여 연간 삼성전자를 다니면서 직접 경험했던 이건희의 신경영이란 무엇인가? 에 대해 살펴보려 한다. 그 당시 삼성전자 내에서 과연 〈신경영〉은 직원들에게 어떻게 스며들었으며 어떻게 발전해 나갔는지를 사실 그대로 표현했다. 또한 이건희의 신경영이 오늘날 한국의 발전과 우리 사회에 어떤 영향을 끼쳤는지에 대해서도 기술해 보았다. 그리고 다음은 삼성 창업회장인 이병철에 대해 필자의 관점에서 기업의 혁신을 해석했다. 한편 이병철이 추구했던 〈사업보국〉, 〈인재제일〉, 〈합리추구〉라는 경영철학이 당시 삼성 내부에서 어떤 식으로 운영되었으며, 이후 이건희 신경영에 어떤 영향을 주었는가도 살펴보았다.

    이 책은 학생이나 직장인, 그리고 사회를 구성하는 모든 분들에게 '혁신은 멀리 있는 것도 아니고, 특별한 사람이 하는 것도 아니다'라는 것을 알리고 싶었다. 혁신이란 바로 우리들 곁에서 일어나고 있다. 또한 지속적이고 중단 없는 혁신이야말로, 미래를 여는 창이자 새로운 세상을 만드는 동력이 될 것이라 생각한다.

    끝으로 이 책을 쓰는 동안에도 묵묵히 배움의 길을 가고 있고, 훗날 학교를 졸업하고 사회인이 되어서도 각자의 위치에서 최고의 혁신가가 되길 바라는, 필자의 두 아들인 상우, 정우에게 이 책을 바친다.

2024년 바람 깊은 봄날에, 지은이

차례

프롤로그   4
에필로그   399

제1장 패션의 혁신

    1. 의식주에서 패션에 이르기까지   14
    2. 왜 명품에 열광하는가?   18
    3. 왜 명품은 혁신의 대명사인가?   21

제2장 미술의 혁신

    1. 혁신의 상징, 르네상스   86
    2. 낭만주의 미술의 혁신   115
    3. 사실주의 미술의 혁신   123
    4. 회화의 혁신 레버리지   134
    5. 살아남기 위한 혁신 인상주의   139
    6. 후기인상주의 혁신   158

제3장 문학의 혁신

    1. 르네상스 시대의 문학의 혁신   189
    2. 르네상스 시대 최고의 혁신 문학가   219
    3. 상징주의 문학의 혁신   245
    4. 모더니즘 문학   283

제4장 기업의 혁신

    1. 이건희 혁신   300
    2. 이병철 혁신   367

제1장

패션의 혁신

2014년 6월, 이십 년을 넘게 다니던 삼성전자에서 삼성물산 패션 부문으로 전배를 갔다. 갑작스레 패션 영업본부장이란 직책을 맡으면서 필자 나름으로 패션에 관해 연구를 시작했다. 따라서 이 장에서는 패션 회사에서 근무하면서 접했던 혁신 중에서 오늘날 명품이라고 칭하는 브랜드들의 혁신 사례를 소개하고자 한다.

아무것도 모르고 시작했던, 속된 말로 '옷장사'였지만 시간이 지나면서 필자에겐 너무도 소중한 경험으로 자리를 잡았다. 단순히 옷을 파는 장사가 아니라 브랜드와 트렌드를 선도하는 일이 패션이라는 것을 시간이 지나면서 서서히 깨달았기 때문이다.

〈트렌드〉라는 단어

우리가 살아가면서 보고 느끼고 경험하는 것은 곧, '미래'를 입고 즐기고 생활하는 것이다. 현대사회의 모든 업종이 트렌드에 기반하고 현재 소비자의 대부분이 트렌드와 유행에 민감하게 반응하고 있다. 트렌드가 곧 시대이고 문화인 것이다.

〈패션〉이라는 단어

패션은 인간이 사회적 동물로서 자리 잡음과 동시에 생겨난, 의식주의 첫 번째 원칙인 입는 것에 관한 이야기다.

이렇게 입고 걸치고 치장하는 것은 태곳적부터 이어온 인간사의 필수 분야이기 때문에 인류의 역사에서 패션을 빼고는 생각할 수 없다. 따라서 패션은 인간과는 오랫동안 밀접한 관계로 발전해왔다.

이런 시대적인 흐름에 더불어 패션의 역사는 명품의 역사이고 명품의 역사는 혁신의 역사다. 필자는 전자제품을 직접 제조하고 직접 제품을 파는 〈테크니컬 리더십〉이 중심인 첨단산업 분야에서 혁신이 더 많이 일어날 거라고 막연히 생각해왔다. 하지만 패션 공부를 조금씩 하다 보니, 패션 분야야말로 훨씬 더 오랜 시간을 두고 일찌감치 〈혁신〉이 성숙해 왔음을 알 수 있었다.

그래서 이 장에서는 필자가 패션업에 종사하면서 공부한 명품 브랜드들의 혁신사례들을 정리했다. 물건을 만든다는 것, 만들어진 제품을 팔아야 하는 장사라는 것. 따라서 패션이나 명품이 얼마나 혁신에 갈망한 사람들이 만들어 낸 작품이라는 것을 살펴보면, 산업의 발전과 혁신에 대해서도 이해도가 올라갈 것으로 생각한다.

필자는 사회 초년생 시절부터 30년이 지난 지금까지 언제나 혁신에 몰두해 왔다. 월급쟁이의 역사도 혁신이고 회사와 조직의 흥망도 혁신의 방식과 결과에 따라 진화와 부침을 갈음하며 발전과 쇠퇴를 거듭한다.

혁신!
언제 들어도 욕심나는 단어다.
혁신은 곧 패션의 역사이고, 패션의 역사는 곧 혁신이다.

1. 의식주에서-패션에 이르기까지

왜 <의식주>인가?

우리는 초등학교에 입학하면서 교과서를 통해 <의식주>가 인간 생활의 기본적인 3요소라고 배웠다. 필자도 예외는 아니다. 그러나 나는 어릴 때부터 약간의 의구심이 들었다. 인간 기본생활의 3요소 중 '먹는' 것이 가장 우선이어야 함에도 '입는' 행위가 가장 먼저 언급되니까 말이다.

실제로 유럽에서는 <식의주>로 표현하는 경우가 더 많다. 필자가 초등학교 때 생각했던 것처럼 '먹는' 행위가 인간의 기본적인 행위 중에서는 가장 필수요소이기 때문이다.

그런데, 왜 우리나라는 <의식주>로 표현해 온 것일까? 이에 대한 명확한 답은 없다. 조선시대를 지나오면서 유교문화, 즉 형식을 우선시하는 경향에서 이렇게 된 게 아닐까 정도로 추측해 볼 수 있다.

하지만, 행여 그렇다 치더라도 그 개념이 나쁜 것인가? 요즘 세대에서는 이런 개념이야말로 트렌드를 리드하는 중요한 요소가 아닐까 싶다. 집에 보관하는 물품은 기능적으로 실용적이며 가성비 좋은 제품을 선호하는 경향이 있다. 반면, 남들에게 보여주는 제품은 과시욕으로 구성되는 경우가 많다. 휴대폰이 그러하고 자동차도 그러하다. 입고 있는 옷이나 신발도 그러한 경우에 해당한다. 최근 들어 액세서리 소품도 고급 명품을 지향하는 경우가 많아진 것도 그런 이유에서이다.

결국, 남들에게 보이는 제품인 '자동차=휴대폰=패션=액세서리' 등은 같은 궤를 갖는 트렌드 상품인 것만은 분명하다. 따라서 인간이 사회에서 먹고사는 문제가 어느 정도 해결되고 나면, 식의주 보다는 의식주가 더 현실적으로 우리에게 와 닿는 게 아닐까 한다.

혁신의 품격 중 제1장에서 패션이 왜 혁신의 선구자인지에 대해 지금부터 알아보고자 한다.

패션의 역사는 혁신의 산물

이미 언급을 했지만, 의식주는 인간이 사회생활을 하면서 만들어 낸 자연스런 산물이다.

따라서 인간은 의식주를 기본으로 움직인다. 이 중에서 의(衣)와 식(食)은 남들과 함께하는 문화이다, 반면 주(住)는 프라이버시가 강조되는 문화다. 인간은 원래 뽐내고 자랑하는 멋으로 역사를 발전시켜 왔다. 그래서 남들에게 보이는 산업은 더 빠르게 변하고 발전한다. 그만큼 인간의 욕구가 뽐내고 자랑하며 그러면서도 빠르게 변심하는 것과 같은 이치다. 따라서 패션산업은 남들에게 보여주어야 하므로, 기존의 다른 산업과는 다르게 시즌마다 달라진 무엇을 보여주어야 하고, 트렌드로 깜짝 놀라게 변화를 주어야 한다.

식(食)? 음식도 마찬가지다.
요즘 젊은이들은 여행을 가게 되면 풍경이나 유적지에 대해 사진만 찍는 것이 아니라, 오히려 먹는 걸 더 자주 사진으로 찍는다. 그러고는 SNS에 아무에게나 공유한다. 결국, 속된 말로 자랑질이다.
반면 주(住)는 완전히 다르다. 프라이버시 중심인 집은 그렇게 차별화되지도 않고, 자주 변하지도 않는다. 그저 동일한 아파트에 똑같은 방식으로 거주해도 별 불만이 없다. 그런 의미에서 보면 앞으로의 산업 발달도 마찬가지라 필자는 생각한다. 전자산업을 예를 들어 보자. 휴대폰이나 노트 컴퓨터, 그리고 TV나 냉장고 중 어느 제품이 유행에 민감하겠는가?
필자는 사회생활을 하면서 남들에게 보여주는, 즉 뽐내는 산물인 휴대폰이나 노트 컴퓨터는 이전 모델보다 더 비싸지거나, 더 자주 바뀌거나, 트렌드에 더 민감해진다. 왜냐면 남들에게 자랑을 해야 하니까 말이다. 심하게 말하면 더 비싸야 더 잘 팔릴 수 있는 힘이 있다. 인간은 선천적으로 자랑하고 뽐내고 싶은 욕구가 숨어 있으니까. 반면 TV나 냉장고는 덜 민감하다. 집들이가 아니면 남들에게 보여 줄 필요가 없다. 그래서 이런 제품들은 7년이고, 10년이고 사용한다. 혹시 TV나 냉장고를 아주 비싼 제품으로 사는 이유는, 남들에게 보여주기보다는 7년이나 10년을 쓰는 장기 내구재의 역할이 더 요구되기 때문일 것이다. 왜냐하면 집에서 사용하는 제품은 뽐내는 용도가 아니기 때문이다.

 자동차 산업은 어떤가?
 필자가 생각하기에는 가전 내구재보다 훨씬 트렌드에 민감하고, 자랑질에 가깝다. 계속 고가의 제품이 나오고 신기술을 접목한 플렉스를 찾을 것이다. 왜냐하면, 남들이 다 쳐다보는 일상용품이기 때문이다.
 향후 시대에 따라 빠르게 발전할 산업과 아닌 사업이 있다. 같은 제조업이라도 똑같은 제조업이 아닌 것이다. 이런 면에서 패션이야말로 트렌드에 민감하고 명품에 반응하고 신상에 열광하는 것이다. 따라서 지금부터는 소비자가 민감하고 열광하는 패션 중에서 명품의 역사와 명품의 혁신에 대해 알아보려 한다.

2. 왜 명품에 열광하는가?

명품의 탄생

 살아간다는 건, 비단 밥만 먹고사는 것만으로 충분치 않다. 어떤 사람들은 '패션'을 위해서라면 차라리 생활비를 줄이는 쪽을 택하기도 한다. 낡은 옷이 창피해 동창회 모임도 나가기 싫어하는 부인들의 심정을 헤아려 보라. 그 정도로 패션은 인간생활과 밀접해 있다. 그리고 여성들이 '필요한 옷가지'가 무엇인지도 감이 잡힐 것이다.

 현대 사회로 오면서 스타일과 트렌드는 생활에서 매우 중요한 부분이다. 옛말에 동가홍상(同價紅裳 : 같은 값이면 다홍치마)이라고 했고, 보기 좋은 떡이 먹기도 좋다고 하지 않던가. 똑같은 물건이라도 세련되고 멋진 모양새를 한 것이 더 비싸기 마련이다.

 그래서 옷을 잘 입는 패셔니스트가 더 주목을 받고 더 능력 있어 보인다는 평가를 받기도 한다. 그래서 거리는 늘 멋쟁이들로 가득하다. 초등학생부터 메이커 있는 가방이나 신발은 필수 아이템이 된 듯한 느낌이다.

 오늘날 명품이라고 하는 브랜드의 역사도 100년이 채 되지 않는다. 세계 1차 대전과 2차 대전을 지나면서 명품들이 생겨 났으니 말이다. 그렇다면 사람들은 왜 명품에 열광하는가? 가격이 비싸기 때문일까? 물론 그게 전혀 영향을 주지 않는 건 아니다. 백화점에 걸려있는 명품 가격은 입이 딱 벌어질 정도다. 그런데도 비싼 옷들이 더 잘 팔리는 패러독스를 우리는 심심찮게 볼 수 있다.

소비자가 명품에 열광하는 건 비단 비싸기 때문만은 아니다. 명품은 태어날 때부터 그 디자이너의 역사와 철학으로 이루어져 있기 때문이다. 옷을 만드는 장인의 정신이 그 옷에 그대로 스며들어 있기 때문에 80년이 지난 지금에도 그 디자이너에게, 그 브랜드에 충성을 다하는 것이다.

명품의 역사는 혁신의 역사

오늘날 패션 명품이라고 일컫는 브랜드는 수도 없이 많다. 그중에서도 해외나 국내 공히 3대 명품으로 인정받는 브랜드가 에르메스, 샤넬, 루이비통이다. 이 브랜드들은 어떻게 태어났고 어떻게 길러졌으며, 인간의 성장과 비교하면 그 브랜드들이 어떻게 성년과 중년을 넘어가는 역사 속에서 발전해 왔는지를 살펴볼 필요가 있다.

왜냐하면 명품 브랜드는 그냥 가격만 비싸다고 명품이 되지는 못한다. 그 브랜드를 처음 만든 디자이너와 그 브랜드를 육성해 온 관리자가 오로지 초심에 입각하여 고객의 입장에서 브랜드들을 만들어 왔기 때문이다. 그래서 명품의 역사는 혁신의 연속이자 혁신의 역사라고 말할 수 있는 것이다.

3. 왜 명품은 혁신의 대명사인가?

3-1. 혁신의 아이콘 '가브리엘 코코 샤넬'

　패션 디자이너 중 필자가 가장 존경하는 인물이 〈가브리엘 코코 샤넬〉이다.

　그렇다면 왜 그녀를 존경하는가?
　샤넬은 인간과 영혼을 사랑했다. 하지만 샤넬은 평생 결혼하지 않았다. 그녀는 생전 다수의 남자를 만나 사랑을 했지만, 끝내 패션을 대신할 남자는 없다고 판단했다. 그래서 본인은 패션과 결혼했다고 주위에 말하곤 했다.
　그러면서도 남자를 만나면 불같은 연애를 했고, 사랑의 순간에는 최선을 다했다. 그랬기 때문에 남자들도 그녀를 불같이 사랑했으리라. 그녀는 생전에 이런 유명한 말을 했다. '꾸미지 않고 외출을 하는 여성을 난 이해할 수가 없다. 왜냐하면, 바로 오늘이 내 인생에서 가장 사랑하는 이를 만날지도 모르니까….'
　그녀는 그렇게 하루하루 인생에 최선을 다했다. 그래서 그녀를 존경한다.

19세기 말 프랑스에서 천재 디자이너가 태어나다

1883년 8월 19일 프랑스의 소뮈르에서 천재 예술가가 출생한다. 그러나 그녀의 어린 시절은 불행했다. 샤넬이 12살 때 어머니는 병으로 사망했으며, 그 이후 아버지는 샤넬을 수녀원에서 운영하는 보육원에 맡겨졌다.

그러나 운명의 장난이랄까? 샤넬은 수녀들 밑에서 교육을 받으며 자랐고, 바느질도 수도원에서 처음으로 배우게 되었다. 어린 시절의 철저한 외로움과 스스로 생존하기 위해 배운 바느질이 훗날 전 세계의 패션 트렌드를 바꿀 천재 디자이너의 탄생이 시작됐기 때문이다.

그녀의 본명은 가브리엘 보뇌르 샤넬

샤넬은 18세에 보육원에서 나와 독립을 했다. 맨 처음 얻은 직장이 의상실 보조 재봉사였다. 보육원에서 배웠던 바느질이 유일한 생존 수단이었기 때문이었다. 하지만 보조 재봉사로는 파리에서의 생활이 빠듯했다. 그래서 밤에는 카바레에서 노래를 부르며 돈을 벌었다. 이는 영화로도 많이 만들어져 이미 독자들도 익히 알고 있는 부분이다.

이 당시 샤넬은 '코코리코'라는 샹송을 18번으로 불렀는데, 손님들이 아예 샤넬의 에칭으로 〈코코〉라고 불렀다. 그게 시작이 되어 오늘날까지 코코 샤넬로 불리워지고 있지만, 사실 샤넬 자신은 그 때의 기억을 싫어해서 그 애칭을 그녀는 좋아하지 않았다. 그녀의 본명은 가브리엘 코코 샤넬이 아니라 가브리엘 보뇌르 샤넬이다. 하지만 한국어로 보더라도 보뇌르보다는 코코가 더 예쁘기는 한 것 같다.

모자를 만들며 패션에 입문하다

샤넬은 처음부터 옷을 만들지는 않았다. 1910년 파리 캉봉 거리 21번지에 〈샤넬 모드〉를 오픈하면서 드디어 패션의 도시 파리의 디자이너로 입문한다. 그 당시 모자는 꽃과 레이스 그리고 진주와 악세서리 등 화려한 것들이 주류를 이루던 시대였다. 하지만 디자이너 샤넬은 모자의 디자인 컨셉을 '심플(simple)'로 잡았다. 단순한 것이 가장 엘레강스 하다는 것이라는 게 그녀의 철학이었다. 그때 이후부터 몇 십 년이 흐른 지금 시대까지 샤넬의 디자인 컨셉은 똑같다. 샤넬의 기본 컨셉이라는 '심플'이 지금까지 샤넬의 전통으로 내려온다.

◆ 혁신, 왜 샤넬인가?

여성을 불편이라는 굴레에서 해방시키다

만약에 샤넬이 없었다면? 지금의 여성 패션은 과연 어땠을까? 아직도 여성들은 코르셋을 입고 다닐지도 모른다. 왜냐하면, 그 시대를 샤넬이 한 방에 차 버렸으니까. 그래서 패션의 역사는 혁신의 역사다. 또한, 샤넬부터 진정한 혁신이 시작되었다. 왜냐하면, 시대를 바꾸었으니 말이다.

그 당시 파리의 패션 선두 디자이너는 폴 푸아레였다. 푸아레는 최상류층을 타깃으로 이국적이면서도 화려한 디자인으로 이름을 날리고 있었다. 특히 여성의 몸매를 강조하며 잘록한 허리선, 화려한 레이스, 꽃과 진주 등 온갖 액세서리 그리고 바닥까지 질질 끌리는 사치스러워 보이는 롱드레스가 유행이었다.

더군다나 그 당시의 여성들은 코르셋을 착용했으며, 코르셋 없이는 외출할 수도 없는 시대였다. 그러나 샤넬은 생각이 달랐다. 코르셋을 입고, 값비싼 원단으로 긴 드레스를 만들어 화려한 장식까지 곁들인 것에 대해 귀족들과 부자들의 허세라고 생각했다. 그런 생각이 샤넬에게 각인된 후 샤넬은 서서히 여성을 코르셋에서 해방시킨다. 이게 과연 개인의 힘으로 가능할까? 예를 들어 내가 지금 불편하다고 바지를 벗고 팬티 차림으로만 다니면, 누구나 미친놈이라 할 것이기 때문이다. 그러나 그 어려운 일을 샤넬이 해낸 것이다. 그래서 샤넬이야말로 금세기 최고의 혁신 선구자이자 전문가인 것이다.

패션은 편해야 한다 (Fashion must be comfortable)

앞서 언급한 바와 같이 그 당시 여성들의 외출복은 치마폭이 넓고, 바닥까지 질질 끌게 내려와야 했다. 사실상 누가 옆에서 거들어주지 않으면 이동하기에도 쉽지 않은 수준이었다.

샤넬은 죽기 전까지도 〈패션은 무조건 편해야 한다〉를 철학으로 삼았다. 그 당시 아무도 생각하지 못한 드레스 길이를 무릎까지 잘라버렸다. 그 드레스를 처음 본 사람들은, 어떻게 저런 천박한 옷을 만들 수 있느냐고 손가락질을 했다. 그러나 선택은 고객의 몫이다. 이후 하나둘 샤넬의 드레스가 활동성이 좋고 편하다는데, 동의하는 사람이 늘어났다. 그리고 욕을 했던 많은 사람이 샤넬의 드레스를 찾기 시작했다.

여성복에 쓰지 않던 '저지'를 원단으로 사용

어차피 패션은 편해야 한다. 이런 철학에 따라 샤넬이 선택한 디자인 콘셉트 중 하나가 값이 싸고 편의성이 뛰어난 '저지'를 원단으로 드레스를 만든 것이다. 그 당시 저지 원단은 운동복으로 쓰일 만큼 활동성에는 적합한 원단이었다. 그러나 그 당시 문화는 편의성에 있지 않았다. 저지로 만든 옷은 천박하다는 이유로 외출복에는 사용하지 않았다. 이를 샤넬은 과감히 걷어차고, 드레스 원단까지 '저지'라는 편의성으로 교체해 버린다. 샤넬이 아니면 불가능한 일이었다.

검정 드레스의 탄생

당시 검정이라는 색상으로 만든 옷은 장례식 용도로만 사용했다. 실제 그 당시 사람들은 장례식을 갈 때 외에는 검은색을 외출복으로 아무도 입지 않았다. 그러나 샤넬의 생각은 달랐다. 검은색은 고급스러우면서도 시크하다는 걸 본능적으로 알았기 때문이다.

1926년 드디어 샤넬은 검은색으로만 이루어진 드레스를 세계 최초로 만들었다. 그 브랜드가 바로 〈리틀 블랙 드레스〉의 탄생이다. 검정 드레스의 탄생은 가히 충격이었다. 저승사자가 입는 옷 같다면서 미쳤다고 표현했다. 그러나 사람들은 차츰 세련되면서도 우아하고 고상한 느낌을 주는 검정 드레스에 매혹되기 시작했고 머잖아 블랙 드레스는 파리의 유니폼으로 불릴 정도로 큰 사랑을 받는다.

몸매를 감추는 원피스를 만들다

이미 언급한 바와 같이 그 당시 여성의 드레스는 허리 라인을 강조했고, 그래서 코르셋이 필요했다. 그러나 지금의 40대 주부들을 보면 어떤가? 원피스가 품이 넉넉하고 편해야 입기도 편하고 남 보기에 민망하지도 않지 않은가? 아마도 그 당시에도 비슷한 상황이었을 것이다. 그러나 문화와 관습은 그런 것을 허용하지 않던 시대였다.

이때 샤넬은 그 당시에 상상하기도 힘든 〈통 원피스〉를 시장에 내놓는다. 그러나 처음 통 원피스를 본 디자이너와 대중들은 '저게 옷이냐?'고 까지 핀잔을 주며 평가절하했다. 하지만 역시 선택은 고객의 몫이다. 아기를 출산한 부인들을 중심으로 '편의성'으로 입소문이 나면서 알음알음 판매가 올라가고, 나중에는 통 원피스 하나 없는 집이 없을 정도까지 대중의 인기를 끌었다.

그래서 패션의 역사는 혁신의 역사다. 나중에 그녀는 아주 유명한 말을 남겼다.
'Fashion must be comfortable.'*
이 컨셉은 아직도 샤넬의 가장 높은 포지션의 중요 명제다.

고객을 위한 영원한 향기, 샤넬 No.5

지금까지 고객에 대해 많이 얘기했다. 결국, 고객이란 무엇인가? '고객=정성'이다. 그렇다. 고객이 감동하는 것은 일확천금이 아니라 '정성'인 것이다.

부티크를 운영하던 샤넬은 크리스마스에 단골에게 조그마한 선물을 하고자 계획했다. 그래서 소개받은 사람이 향수 제조가였던 에르네스트였다. 그 당시 에르네스트는 자신이 개발한 향수 시리즈 중 10가지 샘플을 샤넬에게 보냈다. 샤넬은 5번째 샘플을 선택했고 그 샘플이 5번째였기에 브랜드 네임은 〈No. 5〉로 명명했다.

와! 그 유명한 향수 명품의 브랜딩이 너무 쉽고 우습지 않은

---

* 사실 샤넬은 fashion이라는 단어에 luxury라는 단어를 사용했다. 그러나 필자는 그 luxury를 fashion으로 이해했고, 독자들에게 이해하기 쉽게 수정했다.

가? 그냥 다섯 번째라서 '넘버 5'…… 역시 샤넬은 디자이너로서 단순하고 심플한 걸 좋아한 거 같다.

고객들의 반응은 뜨거웠다. 고객들은 그녀의 정성에 감동했다. 디자이너가 손수 하나하나 직접 포장을 해서 선물을 했다. 샤넬은, 고객들의 가족이 크리스마스에 모일 때 자신이 선물한 은은한 향기가 퍼지기를 바랐을 것이다. 그리고 아마도 그 정성을 고객이 알아주었으리라(그때 그 손님들은 그녀가 훗날, 오늘날 이렇게나 유명한 샤넬이 될 줄 알았을까? 하하하. 그때 샤넬의 향수를 선물받은 사람들이 부럽기만 하다).

이후 향수를 원하는 고객들이 점점 많아지자 샤넬은 1921년 공식적으로 샤넬이 제작한 〈샤넬 No. 5〉라는 향수를 론칭했다. 그리고 미국의 배우 마릴린 먼로를 통해 세상에 널리 알려지게 되었다. 먼로는 기자와의 인터뷰에서 '나는 잠을 잘 때, 아무것도 걸치지 않고 샤넬 No. 5를 뿌리고 잔다.'라는 한마디로 샤넬의 향수는 세계 최고가 되어버린 순간이었다.

명품은 억지로 만들어지는 게 아니다. 태어날 때부터 존엄을 지니고 있어야 한다. 그걸 고객들이 아는 것이다. 샤넬 No. 5 또한 그냥 명품이 된 것이 아니라고 생각한다. 나는 샤넬의 향수를 사용하면 꼭 그녀의 향기를 느낀다. 그 옛날 단골을 생각하며 크리스마스이브에 포장하던 그녀의 진심을 느낄 수가 있다.

그 순간, 그녀의 손끝에서 나온 '정성'이 향기로 퍼진다.

고객은 정성이다. 정성이 곧 명품이다.

가방을 왜 전부 손으로만 들고 다닐까요?

샤넬이 핸드백을 만들기 전에는 모든 여성이 가방을 손에 들고 다녔다. 원래 샤넬은 모자를 만드는 것에서부터 부티크를 시작했다. 그러다가 본인이 만든 검은색 원피스가 편하다는 소문이 나면서 명품 반열에 들어간다. 샤넬은 그렇게 하나씩 자신의 성공 아이템을 만들어나간다.

샤넬은 단순히 팔아먹으려고 아이템을 개발하는 디자이너가 아니다. 사람의 편의성이 그녀 디자인의 출발점이다. 어느 날 그녀는 '모든 여성이 무거운 가방을 손으로 끙끙거리며 들고 다니는 게 여간 불편한 게 아니다.'라고 생각했다. 또한, 한 손은 가방에 빼앗기고 늘 한 손으로만 무엇을 할 수밖에 없었다. 파티에 참석하든 공연을 보러 가던 실질적으로 사용 가능한 손은 핸드백을 들지 않은 손이었다.

'가방은 왜 무조건 손으로 들어야만 하는 걸까?'

그래서 그녀는 퀼팅 처리한 가방에 어깨에 멜 수 있는 긴 체인을 달아 백을 만들어서 론칭했다. 바로 이 제품이 어깨에 멜 수 있는 숄더백의 효시가 되었다.

향수 넘버 5와 마찬가지로 세계 최초 숄더백의 이름은 1955년 2월에 론칭했다는 것을 기념하기 위하여, 〈샤넬 2.55〉로 명명했다. 샤넬 2.55는 프랑스 젊은 여성들에게서 크게 히트했다. 특히나 세련미와 트렌드를 추구하는 젊은 여성들에게 더 어필하며 단박에 인기를 누렸다. 이 숄더백은 샤넬이 죽고 사라진 지금까지도 여성백의 히트 아이템이다.

어깨에 끈이 달린 백의 원조는 샤넬이다. 그래서 아직까지 숄더백에 있어서는 다른 명품들이 샤넬을 따라가지 못한다. 왜냐고? 그게 원조니까. 그래서 샤넬 숄더백은 아직도 시그너처 상품이다. 명품이 탄생한다는 것은, 디자이너가 소비자들에게 혁신을 제공해 주려고 고민, 고민해서 맨 처음 세상에 나온 콘셉트이기 때문에 명품인 것이다. 이래서 패션의 역사는 혁신의 역사다.

남들이 만드는 걸 따라 하는 건 모방이다. 남들이 하지 않는 걸 만드는 것이 창조다. 패션은 철저하게 창조되어야 한다. 혁신도 창조로 만들어진다. 프레따 포르테의 세상 속에서 '오트 쿠튀르'가 여전히 그리운 건 바로 이런 이유 때문이다. 소비자들을 생각하는 디자이너의 창조적 발상이 그 속에 그대로 살아있기 때문이다.

세상에 처음 나온 창조적인 명품이야말로 그 생명력은 50년을 넘어서 100년을 넘게 살게 된다.

샤넬의 시그너처 아이템, '트위드재킷' 탄생

샤넬은 살면서 여러 명의 운명의 남자를 만났다. 그중에서도 특히 인상적인 사람이 영국의 공작 웨스트민스터 공이다. 어느 파티장에서 처음 만난 그들은 곧바로 불같은 사랑에 빠졌다. 샤넬은 사랑하는 남자 웨스트민스터를 따라 스코틀랜드에 머무르며 밀회를 즐겼다. 이때 공작은 샤넬에게 공식적으로 청혼을 했다. 이에 샤넬은 사랑하는 남자와 사랑하는 패션 사이에서 깊은 갈등을 겪었다.

'나는 사랑하는 남자와 사랑하는 패션 중 어느 하나를 선택해야만 했다. 결국, 난 패션을 선택했다.'

결국, 샤넬은 한 남자의 여인으로 살아가기에는 패션에 대한 열정이 너무도 강했다. 그리고 다음과 같은 말도 했다.

'패션은 내게 끊을 수 없는 마약과도 같다. 만약에 내 인생에 남자들이 없었다면 샤넬이 존재하지 않았을지도 모르지만, 패션과 일은 내가 평생 함께 가야 하는 운명 같은 존재다.'

샤넬은 이때 웨스트민스터 공작과 영국, 스코틀랜드를 여행하면서 떠오른 영감으로 만든 작품이 샤넬의 시그너처 〈트위드 재킷〉이다. 그 당시 트위드 소재로 여성의 드레스를 만드는 일은 아예 꿈도 꾸지 않던 시절이었다. 하지만 영국에서 본 트위드 소재는 남성용 정장에 쓰이며 활동성이 좋아 사냥이나 낚시복에 활용되었고, 스포티 하고 심플한 디자인과 편의성에서는 그만한 소재가 없었다.

샤넬이 줄곧 지켜온 가치관인 '패션은 편안해야만 한다.'라는 콘셉트에 적합한 원단이었다. 이후로 샤넬 슈트는 오늘날까지도 디자인이 그대로 소비자들에게 사랑받으며 샤넬의 시그니처 룩으로 자리를 잡았다. 트위드 소재의 투피스는 명품 슈트로서 전설을 이어가고 있으며, 21세기 현재까지도 수많은 브랜드로부터 샤넬룩을 표방한 디자인이 출시되고 있다.

영국 군복에서 영감을 받은 '금장단추'의 부착

웨스트민스터 공작과 영국을 여행할 때였다. 정통 영국 근위대 복장을 한 군인이 지나가고 있었다. 샤넬은 거기서도 혁신의 포인트를 놓치지 않았다. 그래서 패션업계에서는 처음으로 군복 단추에서 디자인을 따온 '금장 단추'를 샤넬 슈트에 장식했고, 이 또한 오늘날까지 샤넬의 시그니처 룩의 하나로 자리를 잡았다.

샤넬은, 그녀 스스로 〈혁신의 연속〉인 인생을 살았다.

샤넬은 카바레에서 노래를 부른 이후, 많은 남자를 만났고 그 남자들은 이후 샤넬이 발전해 나가는데 디딤돌이 되었다.

그 첫 번째가 그녀를 상류사회의 살롱과 파티에 데려가 준 '발장'이었고, 발장은 그녀가 첫 모자를 만들어 판매할 수 있는 기반을 주었다.

두 번째 사랑한 남자 '카펠'은 파리에서 〈샤넬 모드〉라는 부티크 오픈을 도와주었으며, 샤넬이 옷을 만드는 일에 물심양면으로 지원을 했다.

세 번째 기억되는 남자는 러시아인 '파블로비치 대공'이다. 그녀가 고객들을 위해 고민하고 있을 때, 향수 제조업자 어니스트 보를 소개해 줌으로써 오늘날 〈샤넬 No.5〉가 탄생할 수 있었다.

다음은 웨스트민스터 공작이다. 이미 앞서 언급했듯이 〈금장 단추〉와 〈트위드재킷〉의 영감을 떠오르게 한 인물이다.

상기와 같이 많은 남자를 만나면서도 한 가지 분명한 것이 있다. 사랑과 일은 같으면서도 독립적이라는 것이다. 남자는 여러 번 바뀌었어도 패션에 대한 열정과 혁신에 대한 갈망은 한결같이 일관성이 있었다.

패션은 <편의성>과 <대중성> 위에서 숨쉰다

2차 세계대전 이후 전쟁의 폐허 속에서 오히려 화려한 디자인이 유럽 패션계의 주류로 등장했다. 이에 샤넬이 추구했던 편의성과 심플함이 뒤로 밀려나고 있었다. 그러는 와중에 '트위드 재킷'과 '바지가 있는 투피스 정장'이 미국에서 선풍적인 인기를 끌었다. 그러나 속설로 보면 미국에서 공연의 히트에는 다음과 같은 불편한 사실이 숨어 있기도 했다.

미국은 코코 샤넬의 옷을 가장 많이 헐값에 복제해 간 나라였다. 미국의 패션업체들은 무단으로 샤넬의 디자인을 도용해 10

달러도 안 되는 헐값에 디자인을 팔고 있었다. 하지만 코코 샤넬은 오래전 자신에게 바지를 착용하지 못하게 했던 프랑스 상류층들의 허세를 잘 알았기에, 미국 여성들만큼은 '편안한 옷'을 입을 수 있는 권리를 주기 위해 저작권 소송 등을 일체 포기했다.

그뿐만 아니라 여성복 디자인을 신문에 대놓고 헐값에 카피 옷을 광고하는 것도 눈감아 주었는데, 이랬기 때문에 그 당시 사회에 진출한 미국 여성들의 〈오피스 룩〉으로 샤넬의 옷을 가장 사랑하게 된다. 미국 여성들이 직업을 가질 때 '편한 복장'을 입을 수 있는 이유도 곧 샤넬의 혁신적 사고 때문이었다. 당시 미국의 시대상을 보면 우스갯소리로, 샤넬이 있는 집과 없는 집으로 나뉘었다.

【 혁신 포인트 】 샤넬이 바꾼 세상이란?

샤넬은 살아온 인생의 모든 것이 혁신의 연속이었다. 그녀는 패션을 통해 세상을 바꾸었고, 패션을 통해 여성을 새롭게 탄생시켰다. 그래서 그녀는 아직도 살아있는 혁신의 아이콘이다.

① 여성을 '코르셋'으로부터의 해방

사실 코르셋에 대한 속설은, 그 당시 최고의 디자이너였던 '폴 푸아레(Paul Poiret)'가 코르셋 없는 여성복을 먼저 디자인했다는 이야기도 있다. 하지만 샤넬의 대중성과 도전성, 그리고 혁신성이 너무도 강한 탓에 미국을 위시한 세계의 셀럽들이 샤넬이 없앤 것으로 마케팅함으로써 대중에게는 샤넬이 코르셋을 없앴다고 더 많이 알려졌다는 설도 있다. 하지만 필자도 그냥 샤넬이 없앤 것으로 맥락을 같이 해서 글을 썼다.

② 검은색을 정장 드레스에 사용한 최초의 시도

1926년 드디어 샤넬은 검은색으로만 이루어진 드레스를 세계 최초로 만든다. 만약 샤넬이 검은색을 정장에 사용하지 않았더라면, 그 이후 수십 년이 지나도 검정 컬러 여성용 정장은 출현하지 못했을지 모른다. 당시 검정이라는 색상은 장례식 용도로만 사용했고, 실제 장례식을 갈 때 외에는 외출복으로는 아무도 입지 않았기 때문이다. 그러나 샤넬의 생각은 달랐다. 검은색이 고급스러우면서도 시크하다는 걸 본능적으로 알았기 때문이다. 이런 게 혁신이다. 상식을 깬 창조만이 새로운 세상을 열 수 있는 것이다.

③ 샤넬의 철학이 곧 명품(Fashion must be comfortable)

샤넬은 죽기 전까지도 '패션은 무조건 편해야 한다'를 철학으로 삼았다. 그 당시 아무도 생각지도 못한 드레스의 길이를 무릎까지 잘라버렸다. 처음에는 어떻게 저런 천박한 옷을 만들 수 있냐고 모두가 손가락질했다. 하지만 늘 그녀의 선택은 고객 몫이었다. 하나둘 샤넬의 드레스가 활동성이 좋고 편하다는 사람이 늘어났다. 개인의 철학이 시대의 트렌드를 바꾼 것이다.

④ 여성을 몸매라인에서 해방시킨 최초의 디자이너

그 당시 여성의 드레스는 허리 라인을 강조하고자 코르셋이 필요했다. 샤넬은 그 당시에 상상하기도 힘든 통 원피스를 시장에 내놓는다. 그러나 처음 통 원피스를 본 디자이너와 대중들은 '저게 옷이냐?'고 까지 핀잔을 주며 평가절하했다. 하지만 역시 선택은 고객의 몫이다. 아기를 출산한 부인들을 중심으로 '편의성'으로 입소문이 나면서 알음알음 판매가 올라가면서, 나중에는 통 원피스 하나쯤 없는 집이 없을 정도까지 대중의 인기를 끌었다. 이후 박시형 투피스 정장을 세계 최초로 론칭하여 허리가 굵은 여성이나 가슴이 작은 여성의 몸매를 감추는 옷을 개발하여 보급하게 된다.

⑤ 아무도 사용치 않던 '저지' 원단을 여성 정장에 적용

패션은 편해야 한다. 그래서 세상에 나온 제품이 값싸고 편의성이 뛰어난 '저지' 원단으로 드레스를 만든 것이다. 저지 원단은 운동복으로 쓰일 만큼 활동성에는 적합한 원단이었다. 그러나 천박하다는 이유로 외출복에는 사용하지 않았다. 이를 샤넬은 과감히 걷어차고, 드레스 원단까지 '저지'라는 편의성으로 교체해 버린 것이다.

⑥ 고객을 위한 영원한 향기, 샤넬 No.5

샤넬은 1921년 공식적으로 'No. 5 샤넬'이라는 향수를 론칭한다. 이후 미국의 배우 마릴린 먼로가 기자와의 인터뷰에서 '나는 잠을 잘 때, 아무것도 걸치지 않고 샤넬 No. 5만 몸에 뿌리고 잔다.'라는 한마디와 함께 샤넬의 향수는 세계 최고가 되어버린 순간이었다. 명품은 태어날 때부터 그 존엄성이 있어야 한다. 그걸 고객들은 안다. 그 옛날 샤넬의 단골을 생각하며 크리스마스이브에 하나하나 포장을 하던 그녀의 진심을 느낄 수가 있다. 그 순간, 그녀의 손끝에서 나온 '정성'이 향기로 퍼진다. 고객은 정성이다. 정성이 곧, 명품이다.

⑦ 세계 최초로 숄더백을 선 보이다

샤넬은 모든 여성이 무거운 가방을 손으로 끙끙거리며 들고 다니는 게 여간 불편한 게 아니라고 생각했다. 한 손은 가방에 뺏기기 때문에 늘 한 손으로만 무엇을 할 수 있는 것 또한 여성에겐 편리하지 못했다. '가방은 왜 무조건 손으로 들어야만 하는 걸까?' 그런 의문에서 출발한 그녀는, 퀼팅 처리한 가방에 어깨에 멜 수 있는 긴 체인을 달아 백을 만들어서 론칭했다. 어깨에 멜 수 있는 숄더백의 효시가 되었다. 어깨에 끈이 달린 백의 원조는 샤넬이다.

⑧ 시그너처 아이템, '트위드재킷' 탄생

웨스트민스터 공작과 영국, 스코틀랜드를 여행하면서 떠오른 영감으로 만든 작품이 샤넬의 '트위드재킷'이다. 그 당시 트위드 소재로 여성의 드레스를 만드는 일은 아예 꿈도 꾸지 않던 시절이었다. 하지만 영국에서 본 트위드 소재는 남성용 정장에 쓰이며 활동성이 좋아 사냥이나 낚시복에 활용되었고, 스포티하고 심플한 디자인과 편의성에서는 그만한 소재가 없었다. 샤넬이 줄곧 지켜온 가치관인 '패션은 편안해야만 한다.'라는 콘셉트에 적합한 원단이었다. 이후로 샤넬 슈트는 오늘날까지도 그 디자인 그대로 소비자들에게 사랑을 받으며 샤넬의 대표 인기 상품으로 자리를 잡았다.

⑨ 패션의 출발은 혁신의 시도 – 금장 단추를 달다

웨스트민스터 공작과 영국을 여행할 때 정통 영국 근위대 복장을 한 군인을 보고 콘셉트를 얻었다. 그래서 패션업계에서는 처음으로 군복 단추에서 디자인을 따온 〈금장 단추〉를 샤넬의 정장 슈트에 장식했고 오늘날까지 샤넬의 시그니처 룩의 하나로 자리 잡았다. 그 당시 누가 감히 여성의 정장에 군복 단추를 부착한다는 생각을 할 수 있었을까? 샤넬은, 그녀 스스로 '혁신의 연속'인 인생을 살았다.

3-2. 혁신의 명품, '에르메스'

품질이 최우선 가치

〈에르메스〉라는 이름은 창업자 티에리 에르메스(Tierry Hermès)의 이름에서 따온 디자이너 브랜드이다. 1830년대 에르메스는 파리에 작은 가게를 얻어 마구상을 개업했다. 말안장과 마차 부속품 등을 섬세하고 튼튼하게 만들어 공급했다. 대충 눈대중으로 만들지 않았고, 시간이 얼마든지 걸려도 상관없이 품질에만 집중했다.

1842년 어느 날, 오를레르 공작이 마차에서 떨어져 사망하는 사건이 발생했다. 이 비극적인 사건은 아이러니하게도 에르메스의 마구상을 더욱 유명하게 만든 계기가 되었다. 왜냐하면, 마구상을 오픈한 처음부터 제1의 가치를 품질로써 승부하고 있었던 티에리 에르메스의 철학이 그 당시 고객들로부터 선택을 받는 중요한 가치로 떠올랐기 때문이다.

세계 최초로 가방에 지퍼를 달다

티에리 에르메스의 손자인 에밀 모리스가 사업차 미국과 캐나다에 출장을 가게 되었다. 이때 미국에서 운명적으로 캐딜락 자동차를 보게 된다. 그리고 이 캐딜락 후드에 있던 지퍼를 보고 '바로 이것'이다 라고 영감을 얻은 후 프랑스로 돌아와서, 자동차 외 지퍼에 대한 독점권을 확보하게 된다. 이때부터 세계 최초로 여성용 핸드백에 지퍼의 부착이 시작된다. 에르메스는 여성용 가방에 〈처음으로 지퍼를 선택한 디자이너〉가 된 것이다.

한 번 생각해 보라.
만약 오늘날 여성 백에 지퍼가 없다면? 감히 상상이나 할 수 있겠는가?
물론 지퍼가 없는 핸드백도 있다. 하지만 모든 핸드백에 전부 지퍼가 없다고 상상을 해보라. 얼마나 불편하겠는가? 그런 불편을 편의로 만든 게 에르메스다. 이래서 비싸게 지급할 이유가 있는 것이다. 비싸도 팔리는 이유는 에르메스가 여성용 핸드백의 원조이기 때문이다. 또한, 혁신의 아이디어를 가방에 집어넣었기 때문이기도 하다.

세계 최초로 여성 핸드백에 이름표를 붙이다

'이름표를 붙여~~ 내 가슴에~~ 확실한 사랑의 도장을 찍어~~'

1980년대 유명했던 트롯 가수인 현철이 불러서 히트한 '이름표를 붙여줘'란 노래의 일부이다.

왜 이런 노래를 들먹이는가?

에르메스는 부가티 자동차와 콜라보 해서 자동차용 여행 백을 만들었는데, 이것이 최초의 에르메스 백인 〈볼리드〉의 탄생이다. 볼리드 백의 특징 중 하나는 가방 정면에 타원형의 가죽이 덧붙여 있었는데. 이것은 여행용 가방의 목적에 맞게 고객의 이름을 새기는 이름표 역할을 한 것이다.

21세기인 지금도 여행을 갈 때 트렁크에 네임텍을 부착하는 아이디어가 80년 전에 에르메스에서 나왔던 것이다.

명품, 희소성과 최고의 자부심으로 승부하라

이 당시 미국은 자동차 포드를 중심으로 대량생산이라는 신

(新) 가치를 추구해 가고 있었다. 하지만 에르메스는 공장의 대량생산 체제에 굴복하지 않고, 전통적인 수작업과 소량 생산만을 고집했다.

특히 가죽제품 제작 시 오래전 본인들이 말안장을 꿰맬 때 사용하던 박음질법인 '새들 스티칭'공법을 그대로 사용했는데, 이는 장인들이 직접 손으로 한 땀 한 땀 손질하여 최고의 품질과 가치를 만들어 낼 수 있었다.

이런 결과 21세기인 지금도 에르메스의 제품은 돈이 있다고 쉽게 구매할 수 있는 제품이 아니다. 에르메스의 대표 상품인 프리미엄 핸드백은 아무나 살 수 없다. 대표적인 프리미엄 라인인 에르메스의 버킨백과 캘리백은 2022년 기준으로 신제품 가격이 캘리백이 1,500만 원 정도고 버킨백이 1,700만 원 선이다.

특히 버킨백과 캘리백은 돈만 들고 간다고 해서 쉽게 살 수 있는 가방이 아니다. 예를 들면 단골 매장에서 식기, 의류, 신발, 다른 가방, 귀금속 등을 구매한 실적이 어느 정도 쌓은 후 허들을 넘은 고객만 버킨백과 캘리백을 구입할 수 있는 기회를 준다. 만약 실적도 없이 신제품 버킨백과 캘리백을 사려면 리셀샵을 가야 하는데, 리셀샵에서 파는 신품의 경우 프리미엄이 붙어서 거의 기본 가격에서 2~3배 비싼 값에 팔리기도 한다.

패션에서 팔찌까지 라인업을 확대하다

티에리의 손자인 에밀 모리스는 가방에서 시작한 라인업을 다양하게 확장한 것으로 유명하다. 그중에서 하나는 우연찮게 개발된 팔찌 라인업이다. 에밀 모리스는 라인업 확장을 시도하면서도 창업자인 티에리 에르메스의 전통을 유지하려 했다. 그런 여러 가지 철학 위에서 탄생한 것이 1927년에 세상에 선보인 에르메스 팔찌 〈필레 드 셀〉이다. 이 팔찌는 가죽 스트랩에 재갈 모양의 실버 장식을 단 에르메스의 정통 팔찌가 탄생한 것이다.

에르메스 시계의 탄생

시계 라인업은 에밀모리스가 자신의 딸 재클린에게 선물하기 위해 만든 시계가 사람들의 평판이 주목받으면서 만들어졌다. 이에 에르메스는 1928년 시계 라인을 발전시키면서 에르메스의 첫 공식 시계인 〈에르모토〉를 탄생시켰다. 이 시계는 기존 시계의 외부 모형과는 달리, 슬라이드 방식으로 가죽 덮개가 시계 판을 여닫는 최초의 디자인으로 출시되었다.

또한, 그 당시 유행하던 골퍼들을 위한 전용 시계를 만들기도 했다. 당시 골퍼들에게는 손목을 자주 쓰는 행동 때문에 손목시계가 고장 나는 일이 잦았다. 이에 손목에 차지 않고 벨트에 착용하는 시계를 선보인 것이다. 더구나 벨트를 맨 채 손으로 버클을 누르면 시계가 열리는 형태의 아이디어도 세계 최초였다.

오늘날 에르메스가 왜 명품이 되었는가?

이는 단순히 과거의 연장선상이 아닌 새로운 창조의 세계를 개척해 나갔기 때문이다. 혁신은 창조와 최초라는 단어로 만들어지는 것이다.

세계 최초로 여성 스카프 <카레>를 만들다

어느 날 에밀 모리스가 길을 가던 중 군인이 쓰던 손수건을 보면서 처음으로 여성용 스카프를 만들어 보자는 착상을 떠올렸다. 하지만 에르메스 아닌가? 항상 전통에 기반을 두어야 한다. 그래서 말안장과 마구를 만들던 기본에서 출발하여 승마용 블라우스에 쓰던 실크로 여성용 스카프를 만들기로 한다. 그 당시 프랑스는 실크 장인들이 많았는데, 그런 측면도 에르메스의 최고 제품을 탄생시키는데 한몫을 한 게 사실이다.

그리하여 1937년 에르메스 탄생 100주년을 기념하여 국제박람회를 통해 에르메스의 첫 스카프인 〈카레〉를 론칭하게 된다. 이 스카프는 가로, 세로가 90cm의 정방형이었는데, 이 때문에 프랑스어로 정방형을 뜻하는 '카레'로 불리게 된다.

올해도 봄이 오면 뭇 여성들이 스카프를 착용할 것이다. 바람에 날리는 실크 목도리. 목도 따뜻하고 패션 액세서리가 되기도 한다. 그렇다면 누가 맨 처음 스카프를 만들었을까? 스카프를 처음 만든 게 에르메스다.

원조는 위대하다.

모든 산업에서 다 그렇다. 그래서 명품이다. 왜냐고? 원조니까.

세계 최초로 쇠사슬 디자인을 적용하다

에밀 모리스의 딸인 재클린과 결혼한 남자가 바로 로베르 뒤마였다. 그는 건축학도였기에 그림이나 디자인에 관한 소질도 있었다. 어느 날 부둣가에 걸린 닻과 쇠사슬을 발견하고는 사슬을 이용한 디자인 개발에 들어갔다.

그런 결과 마침내 배 사슬 모양으로 팔찌를 개발하였고, 이때 개발된 디자인이 지금까지도 에르메스의 시그너처 중 하나인 〈샹 당크르〉이다. 이 디자인은 이후로 핸드백에까지 라인업이 확대, 적용되어 나갔고 〈샹 당크르〉를 적용한 핸드백은 에르메스의 클래식한 대표 아이템이 되었다.

여성 백에 철(鐵) 체인을 처음 사용한 브랜드 에르메스. 그 당시 누구나 다 가죽으로만 원재료가 되는 줄 알았기에, 디자이너들이 가방의 손잡이나 가방에 달린 줄을 가죽만으로 만들었다. 그게 상식이었다. 그 상식을 깬 게 에르메스다.

항구에 정박해 있는 배의 앵커에서 아이디어를 얻어서 어깨 끈으로 체인을 맨 처음 도입했다.

그래서 패션의 역사는 혁신의 역사다.

에르메스의 시그너처, 오렌지 박스의 탄생

1939년 세계 2차 대전이 일어났다. 전쟁이 일어나자 시장과 사회는 황폐해졌다. 물품과 자원이 부족해서 문 닫는 가게들이 늘어났다. 그 당시 에르메스의 제품을 담는 상자는 크림 컬러였다. 하지만 전쟁 후 이 크림색 상자를 구하기가 힘들어졌다. 재고로 남아있는 건 오렌지색이 유일했다. 그도 그럴 것이 그 당시 프랑스에서는 오렌지 컬러는 이름조차 없었다. 오히려 금기된 색이며 저주받은 색으로 그저 빨강과 노랑을 섞으면 나오는 단순한 색깔로 치부되고 있었다.

하지만 에밀 모리스는 이를 다르게 해석했다. 남들이 취하지 않는 컬러를 에르메스의 대표 색깔로 만들어야겠다고 판단했다. 그의 선택은 탁월했다. 모든 이들이 꺼리던 오돌토돌한 감의 오렌지 색깔 종이는, 오히려 천연 가죽의 질감을 그대로 보여주는 듯했고 〈오렌지색 컬러 박스〉는 에르메스를 상징하는 시그너처 아이템이 되었다.

오늘날 제품을 포장하는 박스가 곧바로 브랜드를 떠올리게 되는 것. 이는 에르메스가 최초이자 최고의 품격을 가지게 만든 아이템이 된 것이다.

에르메스 시그너처 켈리백의 탄생

1956년 모나코 왕비가 된 유명 영화배우 그레이스 켈리가 기자들의 카메라에 잡혔다. 그런데 그때 임신 중이던 켈리는 자신의 불룩해진 허리를 가리기 위해 에르메스 핸드백으로 배 주위를 가렸다. 그게 미국의 잡지 라이프에 실리면서 그녀의 임신보다 그녀의 배를 가린 악어 가방이 여성들의 관심을 사로잡게 되었다.

이 가방은 1935년 에르메스의 두 번째 핸드백인 〈쁘띠 삭 오트(petit sac haute)〉였다. 그러나 그레이스 켈리가 들고나온 모습을 본 대중들은 '켈리백'으로 불렀다. 이에 에르메스의 쁘띠 삭 오트는 오늘날까지 닉네임인 〈켈리백〉으로 불리며 에르메스의 스테디 셀러가 된 것이다.

최고의 명품, 버킨백이 만들어지다

1984년 에르메스의 오너인 장 루이 뒤마가 비행기를 타게 되었는데, 마침 우연히도 아니 운명처럼 영국의 영화배우 제인 버킨이 옆자리에 앉게 되었다. 이때 제인 버킷은 장 루이에게 몇 가지 제안을 한다. '켈리백은 보기에는 우아하고 고급지지만, 실제 여성들이 사용하기엔 사이즈도 작고 수납하기에도 여간 불편하지 않아요.'

이에 장 루이는 제인 버킨에게 불편한 사항에 대해 구체적인 요청을 하였고, 제인 버킨이 여러 가지 다양한 실용성을 가미한 아이디어를 제공한다. 이렇게 해서 탄생한 것이 그녀의 이름을 딴 〈버킨백〉인 것이다.

그렇다면 에르메스 백은 왜 명품인가?

왜 혁신이라는 이름 위에 탄생한 것인가?

필자가 삼성물산 패션 부문 영업본부장 시절에 해외 브랜드를 수입하는 담당 임원에게 전해 들은 몇 가지 특징과 이야기를 소개하고자 한다.

<에르메스는 장인들이 만든다>

에르메스 악어백을 만드는 장인은 아무나 되는 게 아니다. 프랑스 핸드백 장인 학교에 입학해야 하고, 그곳에서 몇 년 동안 이론과 실기를 겸비한 수업을 들어야 한다. 그리곤 일정 기간이 지난 후 졸업장을 받아야 하는 건 필수이다. 졸업 후 에르메스에 입사해서 수습생일 때는, 에르메스 가죽 장인에게 1:1 도제 수업을 최소 2년간 수련한 후 가방 제작 작업에 참여할 수 있다. 따라서 에르메스를 만들 수 있는 장인은 몇 년에 걸쳐서 철저하게 길러진 진짜 장인인 것이다.

<손으로 한 땀 한 땀>

에르메스 핸드백은 가죽 장인이 직접 붙어서 작업을 하더라도 1주일에 인당 1~2개 정도밖에 만들어내지 못한다. 이는 수작업으로 만드는 약점이 숨어 있는데, 이런 약점이 오히려 명품으로서는 희소성의 가치를 발하게 되는 것이다. 이렇기에 원재료비와 장인의 인건비를 고려하면 핸드백 한 개에 몇천만 원씩 호가하는 이유이기도 하다.

<원재료의 완벽한 품질>

　에르메스는 악어백을 만들기 위해 악어를 직접 기른다고 한다. 더구나 악어가 가죽에 상처를 입지 않기 위해서 대리석 바닥에서 사육한다고 한다. 왜냐하면, 악어가죽 중 가방을 만드는 부분은 등이 아니라 뱃가죽이기 때문이다. 따라서 악어의 배 바닥 가죽에 스크래치가 생기지 않도록 조성된 환경에서 악어를 기르는 것이다. 또한, 악어끼리 싸움을 하다 보면 가죽에 손상을 입는 경우도 발생하므로, 반드시 한 마리씩 독립공간에서 키우는 세심함도 에르메스의 명품백을 만드는 기초가 된다.

<가방의 호적제>

　에르메스 가방에는, 가방마다 제작된 날짜와 장소 그리고 어느 장인이 만들었는지가 기록된 고유의 식별 번호가 부여된다. 이 고유번호는 사용 중 손상이 되면 수선 기록을 추적하는 일까지 꼼꼼히 관리된다. 이때 가죽이 손상된 경우가 발생하면, 그해 그 가방에 투입된 원재료와 같은 재료를 찾아서 수선하는 것은 기본이며 상식이다. 이런 세심한 부분까지 관리하기에 명품이 탄생하는 것이다. 또한, 이렇기에 비싼 가격을 지급하더라도 명품을 소유하고 싶은 욕구가 생기는 것이다.

【 혁신 포인트 】 에르메스는 왜 혁신의 아이콘인가?

에르메스는 왜 최고의 명품인가?
그 이유는 간단하다. '명품의 품격'을 갖추었기 때문이다.

① 여성용 핸드백의 원조

에르메스가 여성 백 시장에서 최고의 명품으로 인정받는 이유는, 여성용 핸드백의 원조이기 때문이다. 세상에서 최초로 산책, 야외 소풍, 식사 초대 등 여성의 필수품을 운반할 수 있는 '혁신의 아이디어'를 통해 세계 최초로 여성용 핸드백을 만들었다.

② 만약 오늘날 여성 백에 지퍼가 없다면?

물론 현대에도 지퍼가 없는 핸드백이 있다. 하지만 모든 핸드백에 지퍼가 없다고 상상을 해보라. 얼마나 불편하겠는가? 그런 불편을 편의로 만든 게 에르메스다. 혁신은 세상에 없는 제품을 새로운 아이디어를 통해 새로운 편의를 만드는 게 혁신이다.

③ 네임텍의 개발

에르메스는 부가티 자동차와 콜라보로 자동차용 여행 백을 만들었는데, 이것이 최초의 에르메스 백인 〈볼리드〉이다. 볼리드 백의 특징 중 하나는 가방 정면에 타원형의 가죽이 덧붙여 있었는데. 이것은 여행용 가방의 목적에 맞게 고객의 이름을 새기는 이름표 역할을 한 것이다. 21세기인 지금도 여행을 갈 때 트렁크에 네임택을 부착하는 아이디어가 에르메스에서 나온 것이다.

④ 희소성으로 승부하라

에르메스는 처음부터 지금까지 공장의 대량생산 체제(프레타포르테)에 굴복하지 않고, 전통적인 수작업과 소량생산(오트쿠튀르)만을 고집했다. 특히 가죽제품 제작 시 오래전 본인들이 말 안장을 꿰맬 때 사용하던 '새들 스티칭' 공법을 그대로 사용했는데, 이는 장인들이 직접 손으로 한 땀 한 땀 손질하여 최고의 품질과 가치를 만들어 낼 수 있었다.

⑤ 세계 최초로 패션의 라인업을 확대

1927년에 세상에 선보인 에르메스 팔찌 '필레 드 셀', 이 팔찌는 가죽 스트랩에 재갈 모양의 실버 장식을 단 에르메스의 정통 팔찌가 처음으로 탄생한 것이다. 또한, 패션에서 시계 라인업까지 확대함으로써 오늘날 패션 아이템에 주얼리나 시계까지 망라한 라인업이 패션의 영역으로 들어오게 된다. 이 역할을 에르메스가 최초로 시도한 것이다.

⑥ 세계 최초로 스카프 '카레'를 만들다

승마용 블라우스에 쓰던 실크로 여성용 스카프를 만든다. 그 당시 프랑스는 실크 장인들이 많았는데, 1937년 에르메스 탄생 100주년을 기념하여 국제 박람회를 통해 에르메스의 첫 스카프인 〈카레〉를 론칭하게 된다. 이 스카프는 가로, 세로가 90cm의 정방형이었는데, 이 때문에 프랑스어로 정방형을 뜻하는 〈카레〉로 불리게 된다.

⑦ 세계 최초로 쇠사슬 디자인을 적용하다

정박한 배의 사슬을 콘셉트로 여성용 팔찌를 개발하였고, 이후 핸드백에까지 쇠사슬 라인업을 확대하였고 이를 적용한 핸드백은 에르메스의 클래식한 대표 아이템이 되었다. 여성백에 철(鐵) 체인을 처음 사용한 브랜드 에르메스. 그 당시 누구나 다 가죽만 재료가 되는 줄 알았다. 그게 상식이었다. 그 상식을 깬 게 에르메스다.

⑧ 에르메스의 시그너처, 오렌지 박스

남들이 취하지 않는 컬러를 에르메스의 대표 색깔로 만들어야겠다고 판단하고, 그 당시 모든 이들이 꺼리던 오돌토돌한 감의 오렌지 색깔 종이를 포장 박스로 선택했다. 이는 천연 가죽의 질감을 그대로 보여주는 듯했고 오렌지색 컬러 박스는 에르메스를 상징하는 시그너처 아이템이 되었다. 포장박스에도 명품의 격을 추구한 것이다.

⑨ 여성 백의 대명사, 켈리백·버킨백

1956년 모나코 왕비가 된 유명 영화배우 그레이스 켈리가 임신 중이던 자신의 불룩해진 허리를 가리기 위해 에르메스 핸드백으로 배 주위를 가렸다. 이 가방은 1935년 에르메스의 두 번째 핸드백인 '쁘띠 삭 오트(petit sac haute)'다. 이는 지금 〈켈리백〉

> 으로 불린다. 시간이 흘러 1984년 영국의 가수 제인 버킨이 제안
> 한 사이즈도 키우고 수납도 실용적인 여성용 핸드백이 탄생한다.
> 그녀의 이름을 딴 〈버킨백〉인 것이다.

3-3. 루이비통, 패션의 혁신을 완성하다

새로운 도전, 혁신의 시작

　1821년 프랑스 안쉐라는 작은 마을, 대대로 목공소를 하던 집안에서 루이비통이 태어난다. 따라서 루이비통은 아버지 피에르 비통 밑에서 어렸을 때부터 자연스레 목공 기술을 익혔다. 하지만 루이비통이 꿈을 펼치기엔, 고향의 시골 마을은 너무 작았고 어렸을 적부터 파리에 대한 동경심이 있었던 터라, 14살이 되던 해 집을 나와 파리로 떠나게 된다. 아버지에게 한 푼 받지도 못하고 집을 나선 루이비통은 파리까지 400km가 넘는 거리를 걸어서 가야 했는데, 중간에 식당이나 마구간을 만나면 그곳에서 아르바이트하며 여비를 벌었고 드디어 16살이 되던 1837년 파리에 도착했다.

　하지만 당장 먹고살기에 급급한 나머지 그 당시 파리에서 가방 제작으로 명성을 얻던 무슈 마르샬 아래에서 수습생으로 일하기 시작했다. 하지만 가방을 만들어 본 적 없는 루이비통에게 가방 제조를 맡길 수 없었고, 대신 가방을 제작한 고객들

의 짐을 싸주는 일을 맡았다. 그 당시 프랑스의 가방가게들은 가방을 제조·판매할 뿐 아니라 여행을 떠나는 상류층들을 위해 짐을 대신 싸주는 역할도 겸했기 때문이다.

세계 최초로 평평한 사각 여행용 트렁크를 만들다

이게 무슨 일인가? 뜻밖에도 루이비통은 가방에 짐을 싸는 기막힌 재주가 있었다. 이렇게 해서 곧 그의 짐 싸는 실력은 파리 전체로 소문이 퍼지며 섬세하고 특별한 기술은 곧장 유명세로 이어졌다. 특히 귀족들 사이에서도 가방 정리를 잘하는 사람으로 이름을 알리게 되었는데, 이후 루이비통은 프랑스 나폴레옹 3세의 황후 외제니 드 몽티조의 전담 패커로 고용되며 왕실에 머무르며 황후의 일을 하기 시작했다.

이후 황후의 전담 패커로 일하면서 어느새 가방에 대해서는 전문가가 되었으며, 루이뷔통이 33세가 되던 해에 드디어 외제니 황후의 후원하에 파리 뇌브 데 카푸신 4번가에 자신의 이름을 건 여행 가방가게를 개업했다. 이 점포는 향후 루이비통의 뿌리가 되었다. 그런데 그 당시 트렁크는 오늘날과 달리 사각형이 아니라 운반하기 불편한 디자인이었다. 위가 볼록하게 생겨 차곡차곡 쌓기 힘든 모양새였는데, 1854년 루이비통은 드디어 본인 아이디어를 투여한 위가 평평한 사각 트렁크를 개발하게 되었다. 이게 트리아논 캔버스로 만들어진 세계 최초의 위가 평평한 사각 트렁크였다.

세계 최초로 방수 소재의 가벼운 원단

루이비통의 트렁크는 위아래 좌우가 평평하게 만들어져 마차에 쌓기 편리한 구조였다. 몇 개라도 겹쳐 쌓을 수 있어서 많은 양을 운반하기에도 적합했다. 게다가 사각형의 모양뿐 아니라 기존의 나무 재질에서 루이비통만의 목공 기술을 살려 특별 제작한 트리아논 캔버스라는 소재로 만들어져 가볍기도 했다.

특히 표면 소재가 가죽이 아닌 방수 캔버스를 사용함으로써 비가 와도 문제가 되지 않았고, 가방 내부에는 칸막이를 만들어서 소지품을 효율적으로 정리하도록 제작되었다. 이런 편리한 트렁크 덕분에 귀족들뿐만 아니라 왕실에서도 주문이 쇄도하면서 루이비통은 짐 싸는 직원에서, 명실공히 가방 제작자의 지위와 명성을 얻게 되었다.

이러한 혁신적인 트렁크는 엄청난 성공을 거뒀고 가게를 오픈한 지 5년 만에 매장에서 수요를 감당할 수 없게 되자, 1859년 수백 명의 직원이 근무하게 된 파리 근교 아니에르에 공방을 세웠다. 아니에르에 있는 트렁크 공방은 오늘날까지도 루이비통의 트렁크 제작을 하는 특별한 장소이다.

혁신을 위한 혁신을 시작하다

루이비통은 오늘날까지 이어온 골칫거리인 모방제품이 그 당시에도 문제로 떠오르고 있었다. 이에 루이비통의 아들인 조르주비통은 1872년 세계 최초로 모조품 방지를 위해 루이비통만의 줄무늬 트렁크 원단을 개발했다.

여기에 더욱 아이디어를 더해 트렁크 내부에 옷걸이와 서랍을 단 의상 트렁크를 개발했는가 하면, 트렁크를 열면 곧바로 침대가 되는 획기적인 가방도 신규로 만들었다.

또한, 여행지에서 편하게 커피와 차를 즐길 수 있게 '주전자'와 '찻잔'으로 구성된 티세트 트렁크를 개발했으며, 여행 중에 글을 쓸 수 있도록 타자기를 보관할 수 있는 트렁크를 개발하기도 했다.

루이비통의 시그너처인 <다미에 무늬>를 가방에 입히다

루이비통이 전 세계적으로 유명세를 이어가는 만큼 모조품들도 나날이 늘어나고 있었다. 특히 모방업자들은 줄무늬 모양까지 모방한 제품을 거의 비슷하게 만들어냈다. 이런 모방품들에서 벗어나기 위해 줄무늬의 차원을 넘어 격자무늬 원단을 개발하기에 이르렀고, 이 무늬가 지금까지도 루이비통의 시그너처 디자인인 〈다미에〉 패턴이다.

모방을 이기는 혁신을 재창조하다

시간이 지나자, 모방회사들은 다미에 패턴도 똑같이 만들어냈다. 이에 조르주비통은 모조품을 벗어나기 위해 또다시 머리를 싸매야 했다. 조르주비통은 격자무늬도 단순하여 모방이 쉽다고 판단했고, 이에 더 복잡하고 정교한 패턴을 만들기로 했다. 그리고는 루이비통의 창시자인 아버지의 이름에서 'L'자와 'V'자를 합성해서 패턴에 집어넣었고, 거기에 더해 '꽃'과 '별'을 네모와 원 안에 집어넣는 독특한 디자인이 탄생하게 되었다. 이게 지금까지 루이비통 제1의 시그너처인 〈모노그램〉이 탄생한 것이다.

세계 최초라는 혁신의 타이틀

모노그램이 새겨진 이 제품은, 브랜드의 로고를 프린팅 해서 나온 세계 최초의 제품이 되었고 드디어 상표등록까지 하기에 이르렀다. 이뿐만이 아니라 세계에서 처음으로 여행자들을 위해 트렁크에 가방 주인의 이니셜이나 이름을 새겨주기도 했으며, 가방의 내구성을 실험할 만한 과학적 기구가 없었기에 조르주비통 본인이 직접 가방을 들고 몇 개월에 걸쳐서 아프리카 튀니지 사막을 횡단하는 장인 정신이야말로 최고의 명품을 만드는 근본이 되었다.

또한 조르주비통은, 1886년 그 당시 유행하던 소매치기들이 트렁크를 쉽게 열지 못하도록 자물쇠를 부착하는 최초의 아이디어를 접목했다. 이는 그 당시의 기술로는 너무나 완벽한 기술이었기에 잠금장치 기술은 아직 요긴하게 쓰이고 있다.

'고객 중심의 혁신 = 명품의 탄생'

필자가 코로나가 오기 몇 년 전 명동에 있는 MC엠 플래그십에 간 적이 있었다. 그때 매장 한쪽에 여행용 트렁크를 가득 쌓아 두는 인테리어가 인상적이었다. 한편으론 '유럽 명품의 시그너처를 흉내 낸 것인가?'라고 의아하게 생각하기도 했다. 하지만 패션 매장에 트렁크가 보이면 그건 루이비통 시그너처의 출발점이다.

왜 명품인가?
라는 질문에 대한 대답은 '창조'다. 그냥 명품이라고 해서, 명품이 되는 것은 아니다. 창조적인 아이디어로 소비자의 삶을 한 단계 격상시키는 업적을 이룩했을 때, 우리는 '명품'이라고 부른다.

많은 사람들은 명품은 비싸고, 비싸니까 명품이라 생각한다. 그러나 잘못된 결론이다.
명품은 고객이 근본이다. 명품은 창조의 산물이다. 명품은 혁신의 역사이다.
그래서 명품, 명품 하는 것이다.

새로운 상품의 열망이 혁신을 일깨우다

제2차 세계대전이 끝나자 유럽은 다시 활기를 띠기 시작했다. 더군다나 사회가 발전을 이루면서, 귀족 중심에서 대중의 시대가 열린 것이다. 그때까지 여행용 트렁크를 제작하던 루이비통은 드디어 고객들의 세부적인 주문, 즉 여성용 개인 가방이 필요하다는 것을 인지했다.

그러나 트렁크 소재로는 여성 개인이 들고 다니기엔 너무 무거운 약점이 있었다. 이에 조르주의 아들인 가스통 루비비통은 부드럽고 가벼운 모노그램 원단을 만들기 위한 연구에 몰입했다. 이렇게 해서 1932년 모노그램 캔버스로 된 최초의 소프트백인 〈노에〉라는 아이템을 신규 론칭했다. 이 제품이야말로 여성용 핸드백의 대중화를 알리는 시작이었다.

중단 없는 혁신이야말로 진정한 혁신

루이비통 집안은 대대로 발명가 기질을 가진 것일까? 브랜드 창시자 루이비통은 세계 최초로 '평평한 사각 트렁크'를 선보였고 그의 아들 조르주비통은 '다미에 패턴'과 'L과 V'를 혼합한 모노그램을 창시했다. 그리고 그의 아들 가스통 루이비통은 세계 최초로 모노그램 캔버스로 된 소프트백 '노에'를 만들었다. 그리고 다시 그의 아들 클로드 루이비통은 1959년 면처럼 부드러운 소재로 된 모노그램을 완성했다.

소재가 부드러워지자 디자인에 대한 영역이 확대될 수밖에 없었고, 이런 취지에 따라 1966년에 론칭된 둥근 원통 모양의 〈파빌론〉이 론칭되었다.

혁신이 멈추면 명품의 생명도 끝난다

베르나도 아르노가 LVMH 그룹을 창립한 후 다시 혁신의 불씨를 댕기게 된다. 그때까지 루이비통은 제품의 명성에 힘입어 스타 디자이너가 필요가 없었다. 제품이 디자인을 항상 앞섰기 때문이다. 그러나 아르노의 생각은 좀 달랐다. '시대가 변한 만큼 루이비통도 더 젊게 태어나지 않으면 망할 수 있다'라는 판단을 하게 된다. 이에 1997년 루이비통의 새로운 디자이너로 입사한 이가 바로 〈마크 제이콥스〉이다. 이전보다 젊은 디자이너였던 마크 제이콥스는 루이비통의 오래된 구식 이미지를 벗어나려면 대대적인 변화가 필요하다고 느꼈다.

마크 제이콥스는 새로운 '의류 라인' 도입으로 센세이션을 일으켰고, 곧이어 기존의 루이비통의 이미지 컬러와는 전혀 다른 〈베르니〉 라인을 선보인다. 베르니 라인은 모노그램 가죽에 반짝거리는 에나멜을 입힌 제품이다. 프랑스어로 베르니는 '반짝거리다.'라는 뜻을 지니고 있으며, 기존 루이비통의 이미지와는 전혀 다른 영역을 개척한 것이다.

그리고 마크 제이콥스는 모노그램에 영문을 휘갈겨 쓴 것 같은 〈그래피티〉 라인도 새롭게 선보였는데, 당시로는 파격적인 디자인으로 선풍적인 인기 아이템으로 등극했다.

마크 제이콥스에 이어 새롭게 등장한 디자이너가 바로 일본인 아티스트 〈타카시 무라카미〉다. 루이비통은 타카시와의 콜라보를 통해 모노그램 멀티 컬러를 만들었다. 루이비통의 전통인 어두운 밤색의 클래식한 색상에서 컬러풀한 팝아트와의 만남으로 하얀색 원단 위에 각종 컬러의 모노그램으로 장식된 최초의 제품이다. 이 제품은 특히나 젊은 여성들 사이에서 열광적인 사랑을 받으며 론칭에 성공하게 된다.

> 【 혁신 포인트 】 루이비통 혁신의 품격은 어디에서 오는가
>
> 　루이비통은 패션 역사상 수많은 업적과 세계 최초라는 타이틀을 남겼다.
> 　그래서 명품은 혁신의 산물이다.
>
> ① 세계 최초로 평평한 사각 여행용 트렁크를 만들다
> 　그 당시 여행용 트렁크는 오늘날과 달리 사각형이 아니라 운반하기 불편한 디자인이었다. 위가 볼록하게 생겨 차곡차곡 쌓기 힘든 모양이었다. 1854년 루이비통은 드디어 본인 아이디어를 투여한 위가 평평한 사각 트렁크를 개발하게 되었다. 이게 트리아논 캔버스로 만들어진 세계 최초의 위가 평평한 사각 여행용 트렁크였다.
>
> ② 세계 최초로 방수 소재의 가벼운 원단
> 　루이비통의 트렁크는 사각형의 모양뿐 아니라 기존의 나무 재질에서 루이비통만의 목공 기술을 살려 특별 제작한 트리아논 캔

버스라는 소재로 만들어져 가볍기도 했다. 특히 표면 소재가 가죽이 아닌 방수 캔버스를 사용함으로써 비가 와도 문제가 되지 않았고, 가방 내부에는 칸막이를 만들어서 소지품을 효율적으로 정리할 수 있게 제작되었다.

③ 모방을 벗어나기 위한 몸짓, '다미에'와 '모노그램'

루이비통은 여러 가지 모방품들에서 벗어나기 위해 줄무늬의 차원을 넘어 격자무늬 원단을 개발하기에 이르렀고, 이 무늬가 지금까지도 루이비통의 시그너처 디자인인 〈다미에〉 패턴이다. 그러나 시간이 지나자, 모방 회사들은 다미에 패튼도 똑같이 만들어냈다. 이에 격자무늬도 더욱더 복잡하고 정교한 패턴을 만들기로 했다. 그러고는 루이비통의 창시자의 이름에서 'L' 자와 'V' 자를 합성해서 패턴에 집어넣고, 거기에 '꽃'과 '별'을 네모와 원 안에 집어넣는 독특한 디자인 〈모노그램〉이 탄생하게 되었다.

④ 세계 최초로 여행용 트렁크에 자물쇠를 채우다

1886년 그 당시 유행하던 소매치기들이 트렁크를 쉽게 열지 못하도록 자물쇠를 부착하는 최초의 아이디어를 접목했다. 이는 그 당시의 기술로는 너무나 완벽한 기술이었기 때문에 잠금장치 기술은 아직도 요긴하게 쓰이고 있다.

⑤ 명품의 생명력은 중단 없는 혁신에서 온다

베르나도 아르노는 '시대가 변한 만큼 루이비통도 더 젊게 태어나지 않으면 망할 수 있다'라는 판단을 하게 된다. 이에 1997년 루이비통의 새로운 디자이너로 입사한 이가 바로 〈마크 제이콥스〉이다. 마크 제이콥스는 새로운 '의류 라인' 도입으로 센세이션을 일으켰고, 곧이어 기존의 루이비통의 이미지 컬러와는 전혀 다른 '베르니' 라인을 선보인다. 베르니 라인은 모노그램 가죽에 반짝거리는 에나멜을 입힌 제품이다. 마크 제이콥스에 이어 새롭게 등장한 디자이너가 바로 일본인 아티스트 '타카시 무라카미'다. 루이비통은 타카시와의 콜라보를 통해 모노그램 멀티 컬러를 만들었다. 하얀색 원단 위에 각종 컬러의 모노그램으로 장식된 최초의 제품이다.

3-4. 신발의 명인, '페라가모'

영화 7년 만의 외출

우리에게 너무나 잘 알려진 영화 '7년 만의 외출'을 보면 마릴린 먼로가 지하철 통풍구 위에서 펄럭이는 치마를 손으로 내리는 장면은 영화보다 더 유명해진 하나의 장면이 되었다. 그 유명해진 장면 속에는 마릴린 먼로의 각선미를 유지해 주던 구두가 있었으니, 그 하이힐의 브랜드가 바로 〈살바토레 페라가모〉이다.

또한, 그 당시 가장 핫한 배우였던 오드리 헵번이 주연한 영화 로마의 휴일에서 오드리 헵번이 신고 나온 단화 역시 〈살바토레 페라가모〉 브랜드이다.

그 당시 영화나 가수 등 세계적인 아티스트는 누구나 페라가모의 팬이었다. 비비안 리가 그랬고, 그레터 가르보, 그리고 소피아 로렌 등 수많은 스타가 페라가모를 신고 영화에 출연했다.

신발의 명인이 이탈리아에서 태어나다

1898년 이탈리아의 시골 마을에서 가난한 농부의 아들로 한 아이가 탄생한다. 그는 열한 살이 되자, 나폴리의 한 구두가게에 구두 만드는 법도 배우기 위해 취직을 한다. 여기에서 열심히 일한 그는 2년 후 열세 살이 되자, 직접 신발을 만들어서 팔게 된다. 물론 전문 가게가 있을 리는 만무했고 그의 집 앞에서 노점으로 몇 켤레의 신발을 진열해서 팔았다.

그런데 열세 살의 꼬마가 운영하는 구두 가게는 예쁘고 차별화된 디자인으로 동네 여성들에게 큰 인기를 얻을 수 있었다. 그가 바로 현대판 신발의 장인 '살바토레 페라가모'이다.

헐리웃 배우들의 신발을 제작하다

이후 페라가모는 형들을 따라 미국으로 건너가서, 서부 캘리포니아 지역에서 신발 가게를 열었다. 처음에는 조그마하게 수선을 위주로 출발했으나, 머지않아 영화 제작사와 배우들에게 인기가 높아 직접 신발을 제조하기에 이르게 된다. 이때 그에게 붙여진 수식어는 〈스타들을 위한 구두장이〉였다. 이때부터 서서히 신발하면 페라가모를 떠오르게 된다.

고객들의 발을 하나하나 조사하다

페라가모는 본인이 만든 신발을 고객들이 예뻐하면서도 한편으론 발이 아프다는 컴플레인을 자주 받았다. 이에 페라가모는 그때부터 발 연구에 몰입한다. 직접 제작한 고객들의 '발'을 분석해 보니, 비슷한 고객은 10% 정도이고, 대부분은 각자 각각의 특징들을 가지고 있었다.

발이 큰 사람과 작은 사람, 볼이 넓은 사람과 좁은 사람, 평발인 사람과 정상인 사람 등 모든 사람이 각기 다른 특징으로 차별화되어 있음을 발견했다.

발을 연구하기 위해 대학에 입학하다

페라가모는 발에 관한 연구를 더 깊이 하기 위해 캘리포니아 주립대학에 진학하여 해부학 공부를 시작했다. 그곳에서 발에 관한 연구를 계속했고, 어느 날 발과 신발의 연관성을 발견하는 단계에 이르렀다. 결국, 신체의 모든 무게 중심은 중력에 의거, 발에서 전체 무게를 지탱한다는 사실을 깨닫는다.

특히 사람이 서 있을 때 발바닥에 움푹 팬 곳에 모든 체중이 실리게 되는데, 그러나 이 부분이 텅 비어 있으므로 전체 무게를 지탱하기가 힘들고 또 걸을 때마다 패인 부분에 충격이 전달되어서 발이 아플 수밖에 없다는 결론을 내린다.

신발에 최초로 해부학을 접목시키다

모든 무게 중심이 쏠리는 발바닥의 움푹 팬 부분에 '철심'을 박아서 그 부분을 튼튼히 함으로써, 이후 페라가모가 만드는 구두는 다른 구두와는 달리 훨씬 편해졌다. 슈즈 안창에 〈섕크〉라는 철 지지대를 삽입하는 독자적인 기술을 통해 인체공학적인 방법으로 설계된 페라가모 슈즈는 신을수록 편안한 착화감을 자랑한다. 살바토레 페라가모는 해당 기술에 대한 특허권까지 취득한 바 있다.

이처럼 신발 디자인에 해부학을 접목한 사람은 세상에서 페라가모가 처음이자 유일했으며, 이는 신발에 대한 발전사에 있어서 가장 획기적인 공헌이었다. 오늘날 모든 신발이 제작되는 원리는, 그 당시 페라가모가 발견한 이 원리에 의해 제작되고 보급되었다.

이탈리아로 돌아와 신발의 명품을 만들다

1927년 페라가모는 미국 생활을 접고 고향인 이탈리아로 돌아왔다. 그는 피렌체 지역에 그의 이름으로 브랜드를 적용한 가게를 오픈했다. 이곳이 바로 살바토레 페라가모의 시발점이 되었다. 그는 이곳에서 다양한 컬러와 혁신적인 디자인을 적용한 신발을 제작하게 된다. 이때부터 신발의 명품이라고 하면 페라가모로 각인되는 시기가 되었다.

세계 최초 웨지힐 구두의 탄생

유럽에서도 2차 대전의 암울한 굴레가 스며들기 시작했다. 전쟁을 지원하기 위해 각종 에너지와 원자재 품귀 현상이 일어났고, 원재료의 부족으로 가게를 닫는 경우도 늘어나기 시작했다.

페라가모도 비슷하게 어려운 상황을 맞이하게 된다. 하지만 유럽의 명품 브랜드들은 어려운 역경에 더욱 빛을 발하는 아이디어를 접목하며 브랜드는 살리고 진화해 나갔다. 이때 페라가모도 비슷하게 새로운 생각하게 된다. 전쟁 중이라 가죽이 부족한데, 가죽 대신 사용할 수 있는 게 없을까?

페라가모는 와인을 먹다가 코르크 마개가 불현듯 머리를 스쳐 갔다.

'그래 이거다. 코르크를 원재료로 신발을 만들 수 있을 거야. 더군다나 코르크의 특성상 쿠션이 좋아 착용감도 좋을 거야'

이렇게 해서 탄생한 구두가 코르크를 이용해서 만든 세계 최초의 구두 〈웨지힐〉이다. 이 제품은 페라가모의 역사상 가장 유명한 발명품의 하나가 된다. 이후 페라가모는 코르크뿐만 아니라 다양한 재료로 신발을 만드는 시도를 하게 된다. 구두에 레이스를 박음질하고, 생선 비늘을 말려서 사용하고, 유리의 반짝이는 부분을 접목하는가 하면, 플라스틱 장식을 활용하기도 했다.

이처럼 새로운 시도를 하다 보면 실패를 할 수도 있다. 하지만 시도 자체를 하지 않으면 실패도 없지만, 새로운 창조와 끊임없는 혁신은 이루어지지 않는다. 그래서 명품이야말로 끊임없는 혁신이 만들어 낸 창조물인 것이다.

세상 최초의 시도, <투명 슈즈>의 탄생

1947년 페라가모는 또 하나의 놀라운 작품을 선보인다. 이는 낚싯줄에서 아이디어를 얻었다. 카본 낚싯줄이 투명하고 빛을 받으면 반짝이는 현상을 보고 '맨발을 그대로 투명하게 내놓는' 샌들을 론칭한다. 처음에는 여성들도 발을 그대로 보여주는 것을 상당히 꺼려 했다. 또한, 투명구두가 최초로 선보인 결과임에 따라, 초기 가격도 엄청 높게 세팅되어 잘 팔리지 않았다.

하지만 남들과 다른 뛰어난 독창성과 창조의 혁신이라는 이름 아래 낚싯줄을 이용한 〈투명구두(Invisible shoes)〉가 탄생하게 된 것이고, 이후 패션계의 오스카상이라 불리는 '니만 마커스' 상을 받게 된다. 이는 옷이 아니라 신발로서 받게 되는 세계 최초의 수상이었다.

명품의 본질은 고객 지향적이어야 한다

2차 대전이 끝나고 미국 경제가 급속도로 성장하자, 미국의 부자 사모님들은 유럽의 명품 구매를 즐겼고, 따라서 이 시기엔 명품의 매출도 자연스레 증가했다. 물론 페라가모도 예외는 아니었다.

특히 페라가모를 사랑하는 스타 중에서 오드리 헵번도 헤비유저였다. 오드리 헵번은 키도 크고 발도 컸다. 그리고 그녀는 남들보다 키가 커서 그런지 하이힐을 즐겨 신지 않았다. 이런 고객의 니즈에 맞추어서 페라가모가 개발한 제품이 1953년에 처음 나온〈플랫슈즈〉이다.

그녀는 영화 '로마의 휴일', '사브리나', '퍼니페이스' 등 거의 모든 영화에 출연하면서 플랫슈즈를 착용했다. 그리고 그녀가 출연한 영화가 히트함에 따라 그녀를 위해 특별히 제작된〈헵번 룩〉이 전 세계 여성들의 관심과 로망의 제품으로 떠 올랐다. 지금까지도 '플랫슈즈=헵번슈즈'로 각인되어 있다.

금속 핀을 이용, 가느다란 힐을 만들다

오늘날의 페라가모를 있게 한 또 하나의 사건이 있다. 페라가모를 완성한 건 낮은 굽의 플랫슈즈만이 아니었다. 그 당시 디자이너들 사이에서 '하이힐'은 섹시한 여성의 상징이었다. 따라서 굽을 더 가늘게 뽑을 수 있고, 더 높게 만들 수 있으면 섹시한 신발을 만들 수 있을 거로 생각했다. 하지만 가늘고 긴 뾰족한 것으로 여성 전체의 무게를 감당하기에는 한계가 있었다.

이에 페라가모는 여성의 무게를 지탱할 수 있도록 연구에 연구를 거듭한 결과, 1955년 드디어 특수 금속 핀을 그 속에 박아, 가늘고도 굽이 높은 힐을 만들었고, 이 금속 핀이 여성의 무게를 지탱하는 역할을 한 것이다.

1959년 영화 '뜨거운 것이 좋아'에서 마릴린 먼로가 굽이 가늘고도 높은 하이힐을 선보임으로써, 전 세계 여성들의 관심을 받았는데 이 신발이 유명한 〈스텔레토 힐〉이다.

신발에서 가방으로 패션 라인을 확대하다

페라가모는 구두에서 출발했으나, 이후 가방도 제작하기에 이른다. 제일 먼저 만든 가방은 신발을 보관하는 가방이었다. 신발을 만들었으니, 유명 배우들이 신발을 들고 다닐 수 있는 가방이 필요하다고 생각했기 때문이다.

이후 신발 가방에서, 공구 가방으로 라인을 늘렸고, 더 나아가 여성용 핸드백 라인까지 확대해 나갔다. 그리고 1958년 가방의 잠금장치를 디자인하면서 현재 페라가모의 시그너치인 〈간치니〉 디자인을 완성해 낸다. 간치니란 말은 이탈리아어로 '자물쇠'를 뜻한다.

간치니를 개발한 배경에는, 피렌체에 있는 페라가모 본사 팔라초 스피니 페로니(Palazzo Spini Feroni)의 출입문 문고리 모양(손으로 만든 철제 후크 모양)에서 영감을 얻어 탄생했다고 한다.

페라가모의 또 하나의 시그너처 아이템 <바라>

살바토레 페라가모가 죽자, 회사는 가족이 물려받게 되었다.

그중에서도 첫째 딸인 피암마 페라가모는 16세 때부터 아버지로부터 직접 경영 수업을 받으면서 자랐던 인물.

그녀는 본격적으로 사업에 참여하면서 아버지를 빼닮은 재능을 쏟아내기 시작했고, 살바토레가 '니만 마커상'을 수상한 이래 20년 만인 1967년에 다시 니만 마커상을 수상하게 된다.

그리고 아버지가 페라가모의 상징인 '간치니'를 남겼듯이 피암마 또한 전설의 명품을 만들어내게 된다. 그게 1978년에 출시한 페라가모 구두의 상징인 〈바라〉라인이다.

리본 모양의 바라 장식이 달린 이 구두는 론칭하자마자 불티나게 팔리며, 페라가모 최고의 히트 상품이 되었다. 특히 이 제품은 정장부터 캐주얼까지 중년 여성뿐만 아니라 젊은 여성들까지 아우르는 상품이 되었다. 이 단순하고 클래식한 디자인은 오늘날까지도 열광적인 사랑을 받으며 스테디셀러의 위치를 공고히 하고 있다.

디자인은 흉내내도 편안함은 모방할 수 없다

페라가모는 은막의 스타와 유명 가수들에게 골고루 인기를 끌었다. 카르멘 미란다(브라질 가수), 주디 갈랜드(미국 영화배우), 오드리 헵번, 마릴린 먼로, 마돈나, 드류 베리모어(영화배우), 니콜 키드먼 등 페라가모를 빛내는 스타들이었다.

페라가모는 디자이너로 살면서 수천 명 여성의 발을 직접 보고 만지고 연구했다. 그래서 더 편한 신발만이 명품의 반열로 갈 수 있다고 믿었다. 다음은 살바토레 페라가모가 한 말이다. '디자인은 흉내 낼 수 있어도, 그 편안함까지 모방할 수는 없다.'

페라가모는 생전 2만 켤레 이상의 디자인에 참여했고, 350개가 넘는 신발 특허권을 직접 취득하였다.

> **【 혁신 포인트 】페라가모가 사랑한 발에 대한 혁신**
>
> 페라가모는 신발을 만들기 위해 태어난 사람이다. 그는 오로지 고객이 신고 다닐 신발의 편의성을 최고의 가치로 삼았다. 그래서 오늘날 신발의 명품 브랜드가 될 수 있었다.
>
> ① 고객들의 발을 하나하나 조사하다
>
> 페라가모는 고객들의 발 연구에 몰입한다. 직접 제작한 고객들의 〈발〉을 분석해 보니, 비슷한 고객은 10% 정도이고, 대부분은 각자 각각의 특징들을 가지고 있었다. 발이 큰 사람과 작은 사람, 볼이 넓은 사람과 좁은 사람, 평발인 사람과 정상인 사람 등 모든 사람이 각기 다른 특징으로 차별화되어 있음을 발견했다.
>
> ② 발을 연구하기 위해 대학을 가다
>
> 페라가모는 발에 대한 연구를 위해 캘리포니아 주립대학에 진

학해서 해부학 공부를 시작했다. 그곳에서 발에 관한 연구를 계속했고, 어느 날 발과 신발의 연관성을 발견하는 단계에 이르렀다. 결국, 신체의 모든 무게 중심은 중력에 의거, 발에서 전체 무게를 지탱한다는 사실을 깨닫는다. 특히 사람이 서 있을 때 발바닥의 움푹 들어간 곳에 모든 체중이 실리게 된다는 것 발견한다.

③ 신발에 세계 최초로 철심을 박다

모든 무게 중심이 쏠리는 발바닥의 움푹 팬 부분에 '철심'을 박아서 그 부분을 튼튼히 함으로써, 이후 페라가모가 만드는 구두는 다른 구두와는 달이 훨씬 편해졌다. 슈즈의 안창에 〈생크〉라는 철 지지대를 삽입하는 독자적인 기술을 통해 인체공학적인 방법으로 설계된 페라가모 슈즈는 신을수록 편안한 착화감을 자랑한다. 오늘날 모든 신발이 제작되는 원리는, 그 당시 페라가모가 발견한 이 원리에 의해 제작되고 보급이 되는 것이다.

④ 세계 최초 새로운 재료를 사용한 웨지힐의 탄생

세계 2차 대전 중 페라가모는 '전쟁이라 가죽이 부족한데, 가죽 대신 사용할 수 있는 게 없을까?'라는 생각을 하게 된다. 이후 페라가모는 와인을 먹다가 코르크 마개가 불현듯 머리를 스쳐 갔다. 이렇게 해서 탄생한 구두가 코르크를 이용해서 만든 세계 최초의 구두 〈웨지힐〉이다. 이 제품은 페라가모의 역사상 가장 유명한 발명품의 하나가 된다. 이후 페라가모는 코르크뿐만 아니라 다양한 재료로 신발을 만드는 시도를 하게 된다.

이처럼 새로운 시도를 하다 보면 실패를 할 수도 있다. 하지만 시도 자체를 하지 않으면 실패도 없지만, 새로운 창조와 끊임없는 혁신은 이루어지지 않는다. 그래서 명품이야말로 끊임없는 혁신이 만들어 낸 창조물인 것이다.

⑤ 세상 최초의 시도, '투명 슈즈'의 탄생

1947년 페라가모는 낚싯줄에서 아이디어를 얻은 새로운 제품을 선보인다. 카본 낚싯줄이 투명하고 빛을 받으면 반짝이는 현상을 보고 '맨발을 그대로 투명하게 보이는' 〈투명샌들〉을 론칭하게 된 것이다. 처음에는 여성들도 발은 그대로 보여주는 것을 꺼렸다. 하지만 남들과 다른 뛰어난 독창성과 창조의 혁신이라는 이름 아래 낚싯줄을 이용한 투명구두(Invisible shoes)가 탄생하게 된 것이고, 이후 패션계의 오스카상이라 불리는 '니만 마커스' 상을 받게 된다. 이는 옷이 아니라 신발로서 받게 되는 세계 최초의 수상인 것이다.

⑥ 고객 맞춤형 구두의 탄생

페라가모를 사랑하는 스타 중 오드리 헵번은 키도 크고 발도 컸다. 그리고 그녀는 남들보다 키가 커서 그런지 하이힐을 즐겨 신지 않았다. 이런 고객의 니즈에 맞추어서 페라가모가 개발한 제품이 1953년에 처음 나온 〈플랫슈즈〉이다. 그녀는 영화 '로마의 휴일', '사브리나', '퍼니페이스' 등 거의 모든 영화에 출연하면서 플랫슈즈를 착용했다. 그리고 오늘날 지금까지도 '플랫슈즈

=햅번슈즈'로 각인되어 있다.

⑦ 세계 최초로 금속 핀을 활용, '하이힐'을 만들다

그 당시 디자이너들 사이에서 '하이힐'은 섹시한 여성의 상징이었다. 따라서 굽을 더 가늘게 뽑을 수 있고, 더 높게 만들 수 있으면 섹시한 신발을 만들 수 있을 거로 생각했다. 하지만 가늘고 긴 뾰족한 것으로 여성 전체의 무게를 감당하기에는 한계가 있었다. 이에 페라가모는 여성의 무게를 지탱할 수 있도록 연구에 연구를 거듭한 결과, 1955년 드디어 〈특수 금속 핀〉을 그 속에 박아, 가늘고도 굽이 높은 힐을 만들었고, 이 금속 핀이 여성의 무게를 지탱하는 역할을 한 것이다.

⑧ 페라가모의 시그너처 '바라'

1978년 페라가모 구두의 상징인 〈바라〉라인이 탄생한다. 이 구두는 리본 모양의 바라 장식이 달렸는데, 론칭 하자마자 불티나게 팔리며, 페라가모 최고의 히트 상품이 되었다. 특히 이 제품은 정장부터 캐주얼까지 중년 여성뿐만 아니라 젊은 여성들까지 아우르는 상품이 되었다. 이 단순하고 클래식한 디자인은 오늘날까지도 열광적인 사랑을 받으며 스테디셀러의 위치를 공고히 하고 있다.

⑨ 신발의 최고 가치는 '편안함'

페라가모는 디자이너로 살면서 수천 명 여성의 발을 직접 보고

> 만지고 연구했다. 더구나 보다 더한 편의성을 추구하기 위해 해부학을 도입하기까지 했다. 그래서 더 편한 신발만이 명품의 반열로 갈 수 있다고 믿었다. '디자인은 흉내 낼 수 있어도, 그 편안함까지 모방할 수는 없다'라는 페라가모의 혁신 정신은 그가 만든 신발에 살아있는 것이다.

3-5. 여성에게 바지를 입히다, '이브 생 로랑'

18세에 크리스챤 디올의 어시스턴트가 되다

1954년 알제리 출신의 어린 디자이너가, 그 당시 파리에서 가장 잘나가던 디자이너인 크리스챤 디올의 어시스턴트가 됨으로써 패션계에 〈이브 생 로랑〉이라는 천재 디자이너의 등장을 알렸다.

1957년 크리스챤 디올이 갑작스럽게 세상을 떠나게 되었다. 이에 약관의 나이 21세에 프랑스의 위대한 '오트 쿠튀르 하우스'의 수석 디자이너가 되어 프랑스 패션계를 이끌게 된다.

패션의 혁명, 치마로부터 여성을 해방시키다

1961년 프랑스 파리 스폰티니가에 이브 생 로랑의 오트 쿠튀르 하우스가 정식으로 오픈하게 된다. 1962년 1월 이브 생 로랑만의 첫 컬렉션이 열렸고, 성공적인 행사로 마무리됨과 동시에 디올의 그늘을 벗어난 이브 생 로랑만의 색깔을 알렸다.

1966년 오늘날까지 이브 생 로랑의 역사상 가장 유명한 아이콘이자 시그너처가 된 〈르 스모킹〉이 탄생한다. 이 디자인은 남성의 턱시도를 여성의 체형에 감각적으로 변형시켜 접목한 '여성용 바지 슈트'의 탄생이다. 검은색 재킷과 바지 흰색 블라우스로 구성된 심플하고 세련된 디자인이었다.

이는 패션계의 거대한 혁명이었다. 지금까지 그 어떤 패션 디자이너도 여성만을 위한 바지 슈트를 세상에 내보인 적은 없었다. 왜냐하면, 그 당시 여성들 슈트의 정의는 '재킷과 스커트'로 이루어져야 한다는 게 전통이자 상식이었다.

특히 바지 정장이란 것이 남성의 전유물이었기 때문에, 절대로 여성의 정장이 될 수 없었고, 세련된 멋을 부르는 턱시도 또한 남성만의 상징이었던 것이다. 이브 생 로랑은 이런 상식을 거부했고, 여성에게 세계 최초로 바지 슈트를 디자인해서 컬렉션에 출품한 최초의 디자이너가 된 것이다.

세계 최초의 시도만이 고유의 문화를 만든다

처음에는 충격적이던 바지 슈트가 시간이 지나면서, 그리고 그리 오랜 시간이 걸리지 않아 많은 여성의 전폭적인 지지를 받았다. 그리고 여성들도 바지 정장을 입는 것을 지극히 자연스럽게 받아들여졌다.

샤넬이 말하지 않았던가? '패션은 반드시 편해야만 한다.'라는 명제가 다시 한번 와닿는 순간인 것이다. 이브 생 로랑은 스커트만을 여성의 의복으로 여기던 고정관념을 깨뜨리며 여성에게 〈편안함〉이란 자유를 주었다. 또한, 남성들만이 입는 바지 정장을 여성들이 매일 일상복으로 입을 수 있게 만들었다는 것은, 한편으론 더 진화된 '남녀평등의 문화'를 의미한다. 패션이 정치적인 측면보다 더 대중을 리딩 할 수 있음을 의미한다.

이브 생 로랑은 다음과 같이 말했다.
"만약 저의 인생에서 제가 디자인한 작품 중에서 딱 하나만 고르라고 한다면 저는 두말없이 '르 스모킹'라인을 선택할 것입니다."
"옷을 만든다는 것은 시대를 만드는 겁니다. 그게 오트 쿠튀르의 의무라고도 할 수 있습니다."

몬드리안 룩의 탄생. 세계 최초로 패션에 미술을 입히다
패션디자인과 미술이라는 분야를 동일시했던 이브 생 로랑은 패션에 미술을 접목한 최초의 디자이너이기도 하다. 1965년 파리컬렉션에서 작품을 발표한 이브 생 로랑. 흰색 원피스에 신조형주의의 창시자인 피트 몬드리안의 유명한 작품 '빨강, 파랑, 노랑의 구성'에서 영감받아 제작을 그대로 표현해서 디자인 했고, 오늘날까지 이브 생 로랑의 대표적인 시그너처 〈몬드리안 드레스〉가 탄생한 것이다.

당대의 미술가들을 패션에 담다

1966년 파리 컬렉션. 이브 생 로랑은 미술 작품에 나타나는 색채의 이미지를 중요시했고, 그 색채와 디자인을 패션에 옮겨 담으려 노력했다.

초현실주의 '살바도르 달리'의 작품에서 영감을 얻은 원피스를 발표했고, '피카소'의 입체파 기법을 그대로 살려 드레스에 구현했다. 또한, 반 고흐의 신비로운 색채, 마티스의 문양과 디자인, 모네의 '수련'도 패션에 데려왔다.

시그너처 룩 카방 코트

이브 생 로랑의 첫 컬렉션이 발표된 이래로 오늘날까지 시그너처 아이템으로 불리는 것이 있다. 바다를 보는 듯한 푸른색 컬러의 〈카방 코트〉가 그것이다. 이는 프랑스의 선원들이 즐겨 입던 두꺼운 코트에서 영감을 얻은 것으로, 굵은 직선 실루엣과 커다란 더블 단추가 특징이다. 흰색 와이드 매치로 두 컬러를 심플하면서도 클래식하게 표현한 게 특징이다.

세계 최초로 패션쇼에 흑인 모델을 세우다

이브 생 로랑은 무엇을 디자인하든 어떤 행동을 하던, 대부분이 〈처음〉 시도였다. 그래서 세계 최초라는 단어가 어울리는 것이다. 모든 것들이 기존의 상식을 파괴하는 새로운 시도의 연속이었다.

〈흑인 모델 무니아〉를 파리 패션쇼에 처음 선보임으로써, 향후 남녀평등을 넘어 '인종평등의 가치'를 제일 먼저 주창한 디자이너가 된 것이다. 이런 사회문화에 걸쳐서 인류 발전에 기여한 결과, 1983년 뉴욕 메트로폴리탄 아트 박물관에서 이브 생 로랑의 작품전을 열었는데, 살아있는 디자이너의 전시회를 연 것은 이게 처음이었다고 한다. 이런 사실들은, 이브 생 로랑이 현대 여성사에 엄청난 기여를 했다는 것을 증명하는 것이다.

【 혁신 포인트 】여성 정장 바지의 혁신, 이브 생 로랑

이브 생 로랑은 옷의 생명을 불어넣은 디자이너이다. 특히 미술계와의 콜라보를 선보임으로써 패션이 미술과도 불가분의 관계가 있는 예술의 경지로 끌어올렸다.

① 치마로부터 여성을 해방시키다

1966년 오늘날까지 이브 생 로랑의 역사상 가장 유명한 아이콘이자 시그너처가 된 〈르 스모킹〉이 탄생한다. 이 디자인은 남성의 턱시도를 변형시켜 여성의 체형에 감각적으로 변형시켜 접목한 '여성용 바지 슈트'의 탄생이다. 검은색 재킷과 바지 희색 블라우스로 구성된 심플하고 세련된 디자인이었다.

이는 패션계의 거대한 혁명이었다. 지금까지 그 어떤 패션 디자이너도 여성만을 위한 바지 슈트를 세상에 내보인 적은 없었다. 왜냐하면, 그 당시 여성들 슈트의 정의는 '재킷과 스커트'로 이루어져야 한다는 게 전통이자 상식이었다. 특히 바지 정장이란 것이 남성의 전유물이었기 때문에, 절대 여성의 정장이 될 수 없었고, 세련된 멋을 부르는 턱시도 또한 남성만의 상징이었던 것이다.

② **세계 최초로 패션에 미술을 입히다 - 몬드리안 룩 탄생**

1965년 파리 컬렉션에서 이브 생 로랑은 흰색 원피스에 신조형주의의 창시자인 피트 몬드리안의 유명한 작품 '빨강 파랑 노랑의 구성'에서 영감받아 제작을 그대로 표현해서 디자인했고, 오늘날까지 이브 생 로랑의 대표적인 시그너처 〈몬드리안 드레스〉가 탄생한다. 이브 생 로랑이 항상 말하던 것이 패션에 접목된 것이다. '옷을 만든다는 것은 시대를 만드는 겁니다. 그게 오트 쿠튀르의 의무라고도 할 수 있습니다'

③ **당대의 미술가들을 패션에 담다**

1966년 파리 컬렉션에서 이브 생 로랑은 미술 작품에 나타나는 색채의 이미지를 중요시했고, 그 색채와 디자인을 패션에 옮겨 담으려 노력했다. 특히 초현실주의 '살바도르 달리'의 작품에서 영감을 언은 원피스를 발표했는데, 이는 몬드리안 룩처럼 공전의 히트를 했다. 여기에 더 나아가 '피카소'의 입체파 기법을 그대로 살려 드레스에 구현한다. 또한, 반 고흐의 신비로운 색채를 패션에 접목하고, 마티스의 문양과 디자인과 모네의 '수련'도 패션에 데려왔다.

④ 유니섹스의 상징, '카방 코트'의 탄생

이브 생 로랑의 첫 컬렉션이 발표된 이래로 오늘날까지 시그너처 아이템으로 불리는 것이 있다. 바다를 보는 듯한 푸른색 컬러의 〈카방 코트〉가 그것이다. 이는 프랑스의 선원들이 즐겨 입던 두꺼운 코트에서 영감을 얻은 것으로, 굵은 직선 실루엣과 커다란 더블 단추가 특징이다. 흰색 와이드 매치하여 두 컬러를 심플하면서도 클래식하게 표현한 것이 특징이다. 이 옷은 남성 중심의 콘셉트를 살려 여성복으로 만든 것인데, 오늘날 '유니섹스' 패션의 선구자적 역할을 한 것이다.

⑤ 세계 최초로 흑인 모델을 세우다

이브 생 로랑은 무엇을 디자인하든 어떤 행동을 하든, 대부분이 처음으로 시도하는 디자이너였다. 그래서 세계 최초라는 단어가 어울리는 것이다. 모든 것들이 기존의 상식을 파괴하는 새로운 시도의 연속이었다. 그래서 이브 생 로랑의 삶 자체가 혁신의 연속이자 상징이었다.

흑인 모델 무니아를 파리 패션쇼에 처음 선보임으로써, 향후 남녀평등을 넘어 인종평등의 가치를 제일 먼저 주창한 디자이너가 된 것이다. 이런 사회문화에 걸쳐서 인류 발전에 이바지한 결과, 이브 생 로랑이 현대 여성사에 엄청난 기여를 했다는 것을 증명하는 것이다.

제2장

미술의 혁신

필자는 2005년에 파리 오르세 미술관을 처음 갔었다. 속된 말로 그림의 '그'자도 모르는 문외한이 그림 관람을 위해 미술관을 찾은 것이다. 그날 나에게 설명을 해준 큐레이터를 난 지금도 잊을 수가 없다. 그 이후로 미술에 대해 어깨너머로 혹은 인터넷으로 공부를 좀 했었다. 그리고 그 이후로 오르세미술관만 4회를 더 방문했다. 미술은 아는 만큼 보인다. 갈 때마다 느끼는 거지만 같은 그림이 매번 달리 보인다. 왜냐하면 그림 속에는 그 그림을 그린 화가의 기쁨과 슬픔, 그리고 미술을 향한 고민과 번뇌가 숨어있다. 그리고 그 작품을 그릴 때의 열정까지도 지금 바로 곁에서 살아있는 것처럼 느껴진다.
	미술의 역사는 인류의 역사만큼이나 그 출발점이 비슷하다. 인간이 문자를 발명하기 이전인 고대 문명의 흔적들, 즉 동굴에 새긴 상형문자나 동식물의 그림을 발견할 수 있다. 이후 인간의 문명이 발전하면서, 인간은 글이나 그림으로 사고나 사상, 그리고 문화에 걸쳐서 다양한 표현을 하고 있다. 이러한 예술작품의 활동에는 지속적인 발전을 함과 동시에, 어떤 때는 한계에 부딪혀서 주저앉고 마는 상황에 처하기도 한다. 인간은 이러한 고난과 역경 속에서도 현재의 단계를 뛰어넘어 더 큰 역사의 변곡점을 만들어 내곤 한다. 그러한 역사의 변곡점에는 언제나 '창조와 혁신'이라는 두 글자가 바탕에 있음은 어쩌면 당연한 이치인 것이다.

이 장에서는 인간이 그림과 예술을 만들어 나가는 과정을 '혁신'의 관점에서 돌아보고자 한다. 역사는 돌고 돌듯이 혁신의 물줄기도 과거의 사례에서 현시대까지 돌고 돌며 우리에게 교훈을 던지기 때문이다. 더군다나 현시대에는 말보다는 글로, 글보다는 그림으로 소통을 더 많이 하는 세대가 늘어만 간다. 결국 그림에 의한 소통의 발전이 인간 생활의 발전 선상에 있는 것이므로, 앞으로 이후 세대들의 문화와 소통의 방법에 대한 연구도 그림과 회화의 영역이 큰 기여를 할 수 있을 걸로 기대한다.

1. 혁신의 상징, 르네상스

중세에는 크리스트교의 영향으로 사물과 그림을 보는 중심이 모두 예수와 성모를 중심으로만 한정됐다. 하지만 15세기 이후 이탈리아를 중심으로 인간과 자연의 아름다움에 눈을 돌리기 시작했다. 이후 서유럽 여러 나라로 퍼져 나갔는데 이를 인간의 본성을 위한 문예 부흥 또는 문화 혁신 운동이라고 한다. 르네상스의 기본적인 성격은 인간 본연의 사상이 기초가 된 고대 그리스나 고대 로마시대로의 복원을 추구한다. 따라서 흔히 〈문예부흥〉으로 번역되며 〈인본(人本)의 재생〉이라는 의미로도 통한다. 1860년 스위스의 역사가였던 야코프 부르크하르트는 '신이 모든 것의 중심인 그리스도교의 신본주의적 세계관에서 벗어나 인간이 모든 것의 척도였던 고대 그리스, 고대 로마 시절로 회귀하려 한 운동'을 인본주의(humanism)라고 해석했다.

만약 우리들이 화가라고 가정해 보라. 그런데 미술의 소재는 무조건 예수나 성모 혹은 신화에 나오는 신들만 가능하다고 하자. 이런 시대가 수백 년이 지나왔는데, 어느 순간 '인간'을 캔버스에 그린다고 상상을 해보자. 더구나 그 사람이 남자도 아니고 평범한 여자라면 어떨까? 어떻게 보면 이단이고, 다르게 보면 미친놈이라 할 것이다. 오늘날 값어치를 매길 수 없는 다빈치의 〈모나리자〉가 그러한 배경에서 탄생한 것이다. 그렇기 때문에 금세기 최고의 가치를 가지는 것이리라. 이렇듯 전혀 생각지도 못한 사상과 시대를 만들어 낸 것이 르네상스이다. 이에 이 장에서는 르네상스가 추구했던 여러 가지 그림이나 화가들의 사례들 중에 '혁신적인 사고와 발상'적 측면에서 어떠한 것들이 있었는가 살펴보고자 한다.

1-1. 미술에 인간을 그려내다

인간의 모습 그대로를 표현한 화가 '조토'

〈보테가 베네타〉라는 명품 브랜드를 모르는 사람이 많이 없을 것이다. 원래 명품은 디자이너의 이름을 그대로 쓰는 게 대부분이다. 그중 몇 안 되는 디자이너 이름이 아닌 브랜드가 보테가 베네타이다. '보테가'는 이탈리아어로 공방이란 뜻이다. 베네타는 지역명을 뜻한다. 따라서 베네토 지방의 공방이란 말이 이탈리아 말로 보테가 베네타이다.

이탈리아 피렌체에는 르네상스 시절 이전부터 공방이 존재했다. 이 공방에서 그림, 조각, 금세공, 건축 등 모든 예술이 다 루어지고 가르치는 장인들이 존재했다. 르네상스의 예술가들은 이 공방의 스승이거나 조수들이었는데, 르네상스 최초의 예술가라고 할 수 있는 〈조토〉도 공방의 유명한 스승이었다.

르네상스 초기 화가 중 가장 잘 알려진 인물은 조토 디 본도네다. 1266년 피렌체 북쪽 언덕에서 양치기 출신으로 태어나 치마부에의 제자가 되었고 재능을 인정받아 북이탈리아 최고의 화가 중 한 명으로 떠올랐다. 조토는 더 자유로운 화풍을 중시하던 로마의 화가 〈피에트로 카발리니〉의 영향을 받아 기존의 딱딱한 전통에 얽매이지 않고 더 개성적인 그림을 그려나갔다.

그렇다면 왜 〈조토〉가 혁신의 선구자라 할 수 있는가?

이미 설명한 바와 같이 과거 중세에는 신과 예수와 성모 정도가 그림에 표현될 수 있는 주인공이었다. 그런데 르네상스 시대에 인간이 주류로 등장하는 '인본주의'가 된 것이다. 하지만 초기에는 인간이 등장하기는 하나 대충이고 무표정하고 무감각하게 표현된 것이 대부분 작품이었다.

그러나 조토는 인간의 모습을 생생하게 살아있는 그대로의 모습으로 그리려는 최초의 화가였다. 가장 중요한 것은 사실적인 감정의 묘사다. 이전의 중세 작품들은 죄다 딱딱하기 짝이 없는 무표정에 감정을 드러내지 않았다. 그러나 조토의 작품에 등장하는 인물들은 기쁨, 분노, 수치심, 절망, 사랑 등을 그대로 드러낸다.

특히 파도바에 있는 아레나 예배당의 조토가 그린 벽화에는 인간의 감정이 세세하게 묘사되어 그려져 있다. 즉 자연과 인간의 모습을 있는 그대로의 모습으로 표현한 최초의 화가이기 때문에 오늘날까지 칭송을 받는 것이다. 또한 파도바 아레나 예배당의 그리스도와 동정녀 마리아의 생애를 그린 프레스코화는 르네상스 서사화의 선구적으로 일컬어진다. 이렇게 사실적인 표정 묘사, 투시, 명암 등을 회화에 접목하는 등 많은 업적을 남긴 조토를 후세에 이르러 르네상스 회화의 선구자적 인물로 평가하는 것이다.

그림에 원근법이 처음으로 도입되다

조토의 제자들은 그의 화풍을 충실히 이어받아 해부학, 단축법, 원근법, 빛, 옷감, 질감 등을 사실적으로 묘사했다. 르네상스 초기 회화에서 가장 눈여겨볼 점은 바로 선형 원근법의 발전이다. 15세기 전반에 걸쳐 소실점과 원근법을 사용해 2차원 평면 안에 3차원 공간을 구현하기 위해 시도했었다. 원근뿐만 아니라 자연광에 의한 빛의 묘사도 한층 자연스러워져서 이전보다 훨씬 사실적인 그림을 그리는 게 가능해졌다.

특히 그의 제자 마사초는 살아있는 인간의 모습을 한층 더 당당하게 표현했다. 브란카치 예배당에 그려진 마사초의 작품 〈헌금〉은 정확히 하나의 소실점을 가지고 있으며, 빛과 어둠의 강한 대비를 통해서 작품에 입체감을 준다. 또한, 예배당 측면 아치에 그려진 '선악과를 받는 아담과 이브'는 반대편에 그려진 아름다운 인물화와 명확한 대조를 이루며 아담과 이브의 욕망을 부각한다. 마사초는 1428년 26세의 나이로 세상을 떠났지만, 그가 남긴 작품들은 훗날 레오나르도 다빈치와 미켈란젤로에게도 영향을 준다.

르네상스의 산물, 유화적 기법이 만들어지다

15세기 네덜란드의 화가 〈얀 반 에이크(Jan van Eyck)〉는 북부 르네상스의 주요 인물 중 하나이다. 그는 1390년경에 태어났으며, 1441년에 사망한다. 주로 네덜란드 지역에서 활동하였으며, 부르고뉴 지배자들에게서 후원을 받으며 화가로서의 명성을 얻는다.

따라서 얀 반 에이크는 주로 후원자들의 초상화와 종교화를 그린다. 그의 작품은 섬세한 디테일과 현실적인 표현력으로 알려져 있으며, 오일 페인팅 기법을 발전시킨다. 특히 그의 초상화는 인물의 피부 텍스처, 의상의 섬세한 질감, 반사와 광택을 통해 현실감을 전달했다.

여기서 중요한 것은 아마유의 비중을 다양하게 섞어 보면서 오늘날 가장 대중적인 기법인 유화를 발명하게 된다. 그 이전에는 프레스코화로 그림이 오래가지 못하고 깊이감을 표현하는 데 한계가 있었던 터였다. 유화 기법은 원근법이 발견된 것과 함께 회화의 좋은 재료의 발견으로 그림의 깊이감을 더 표현할 수 있게 된 것이다. 이는 얀 반 에이크 '아르놀피니 부부의 결혼식'에 잘 드러나 있다.

【 혁신 포인트 】 조토와 그 제자들의 무엇을 혁신했나?

① 르네상스 시대의 혁신 화가 〈조토〉

조토는 인간의 모습을 생생하게 살아있는 그대로의 모습으로 그리려는 최초의 화가였다. 가장 중요한 것은 사실적인 감정의 묘사다. 이전의 작품들은 죄다 딱딱하기 짝이 없는 무표정에 감정을 드러내지 않았다. 그러나 조토의 작품에 등장하는 인물들은 기쁨, 분노, 수치심, 절망, 사랑 등을 그대로 드러낸다.

② 서사화의 선구자 〈조토〉

파도바 아레나 예배당의 그리스도와 동정녀 마리아의 생애를 그린 프레스코화는 르네상스 서사화의 선구작으로 일컬어진다. 이렇게 사실적인 표정과 묘사 그리고 투시와 명암까지 회화에 접목하며 그림에 예수의 이야기를 서사적으로 표현하는 등 많은 업적을 남긴 조토를 후세에 이르러 르네상스 회화의 선구자적 인물로 평가하는 것이다.

③ 〈조토〉의 제자들이 처음으로 원근법을 만들다

조토의 제자들에게서 가장 눈여겨볼 점은 바로 선형 원근법의 발전이다. 15세기 전반에 걸쳐 소실점과 원근법을 사용해 2차원 평면 안에 3차원 공간을 구현하기 위해 시도했던 것이다. 원근뿐만 아니라 자연광에 의한 빛의 묘사도 한층 자연스러워져서 이전에 비해 훨씬 사실적인 그림을 그리는 게 가능해졌다.

> ④ 제자 〈마사초〉, 다빈치와 미켈란젤로에 영향을 끼치다
>
> 조토의 제자 마사초는 살아있는 인간의 모습을 한층 더 당당하게 표현한 화가였다. 브란카치 예배당에 그려진 마사초의 작품 〈헌금〉은 정확히 하나의 소실점을 가지고 있으며, 빛과 어둠의 강한 대비를 통해서 작품에 입체감을 준다. 또한 예배당 측면 아치에 그려진 '선악과를 받는 아담과 이브'는 반대편에 그려진 아름다운 인물화와 명확한 대조를 이루며 아담과 이브의 욕망을 부각한다. 이런 작품들은 훗날 레오르나도 다빈치와 미켈란젤로에게도 영향을 끼친다.

1-2. 르네상스 최고의 혁신가, '레오나르도 다 빈치'

피렌체 교외에서 천재가 태어나다

1452년 레오나르도 다 빈치는 이탈리아 피렌체 교외에 있는 토스카나 빈치 마을에서 태어났다. 아버지가 레오나르도의 재능을 인식한 뒤, 레오나르도 다 빈치가 14살이 되던 해에 피렌체로 이사를 가 안토니오 델 베로키오(Andrea del Verrocchio) 공방에 들어가 그림을 배우기 시작했다.

이후 20살이 되어 베로키오의 그림 '예수의 세례'에 조수로 참여해 꼬마 천사 두 명을 맡아서 그렸는데, 당시에 일반적이던 템페라 기법을 바탕으로 네덜란드에서 개발되어 새로 알려지기 시작한 유화를 같이 실험해서 그렸다. 이런 다빈치의 기

법을 본 당대의 유명한 화가 베로키오는 다빈치의 천재성에 감복하여 두 번 다시 붓을 잡지 않았다는 야사가 전해지기도 한다.

기마상을 조각하기 위해 말을 해부하다

밀라노의 지배자 루도비코 스포르자의 요청으로 밀라노 시내에 건립될 〈기마상〉 제작을 다빈치에게 의뢰했다. 이에 레오나르도 다 빈치는 곧바로 제작에 들어가지 않고 말의 근육이 어떻게 움직이는지 정확히 알기 위해서 해부를 결심했다. 그 정도로 다빈치는 꼼꼼하고 치밀한 성격의 예술가였다. 드디어 1493년 기마상에 쓰일 말의 실물 모양이 완성되었다. 이 작품은 밀라노 사람들에게 큰 충격을 주었다. 왜냐하면, 기존에 보던 것과는 비교할 수 없을 정도로 정교하고 생동감 있는 모형이었기 때문이다. 이는 레오나르도 다 빈치가 어릴 때 해부학을 공부한 결과로 해석된다. 이런 결과 다빈치는 다른 화가들과는 달리 인체와 동물의 근육 하나하나까지 섬세하게 표현하려고 노력했다.

세기의 명작 최후의 만찬

밀라노의 지배자 루도비코는 산타마리아 델레 그라치에 성당의 식당에 벽화를 그려달라고 레오나르도 다 빈치에게 의뢰했다. 레오나르도 다 빈치는 그림이든 조각이든 세심한 관찰이 우선이었다. 예를 들면 〈최후의 만찬〉에서 유다의 얼굴을 그리기 위해서는 유다처럼 고민이 깊은 사람의 얼굴을 직접 관찰하기 위해 며칠을 밀라노 시내를 돌아다니며 사람들의 얼굴을 살핀 것이다.

이런 결과 레오나르도 다 빈치는 작품을 완성하지 못한 경우가 많은데, 밀라노의 지배자 루도비코의 동상을 수년간 연구만 하다가 완성하지 못한 일도 있으며, 오스만 제국의 마호메트 2세의 초상화를 그리다가 마호메트 2세가 도무지 끝이 안 보이는 제작 기간에 질려서 돌려보냈다는 설화가 있을 정도였다. 이외에도 오스만 제국 보스포루스 해협에 다리를 다빈치가 디자인했는데 당시 기술로서는 '도무지 이런 다리를 만들 수 있느냐'고 오스만 제국 황실에서 부정적으로 판단하여 끝내 이뤄지지 못한 적이 있다.

1498년 드디어 〈최후의 만찬〉이 완성되었다. 완성까지 총 3년이 걸렸다. 그게 레오나르도 다 빈치가 추구한 완벽성에 따른 결과다. 그렇게 완성된 〈최후의 만찬〉은 한 사람 한 사람의 감정이 보는 이에게 그대로 전달되는 레오나르도 다 빈치의 걸작 중에서도 훌륭한 작품이다. 예수를 중심으로 왼쪽 세 번째가 유다인데, 팔꿈치를 괴고 배신의 죄책감에 떨고 있는 모습 그대로를 표현했기 때문이다.

새로운 회화 기법으로 혁신을 추구하다

레오나르도는 그림을 그리는 실력 자체로도 출중했지만, 새로운 화법의 실험이라는 면에서 높게 평가할 만한 인물이다. 한마디로 혁신을 하기 위해 태어난 인물이다. 따라서 자신의 그림에 새로운 시도를 하는 것을 두려워하지 않았다.

당시 이탈리아 최초로 기름을 사용한 유화 기법을 시도한 화가 중 하나였다. 그 결과 '모나리자'에서 공기 원근법을 처음으로 구사해 내는 등 좋은 결과도 여러 차례 얻어냈다. '암굴의 성모'나 '에르마인을 안고 있는 숙녀'는 르네상스 최고의 초상화로 손꼽히는 명작들이다.

반대로 지나치게 실험정신이 투철했던 나머지 프레스코 그림에 프레스코와는 상극인 유화 기법을 써서 그림이 그대로 녹아내리는 바람에 망치는 일도 있었다. 이게 그 유명한 〈앙기아리 전투〉이다. 이는 동 시간대에 미켈란젤로와 대결로도 유명했던 작품인데, 한마디로 완패를 했다. 왜냐하면, 그림을 그리는 도중에 그림이 녹아내리기 시작하자 그림을 빨리 말리기 위해 화로까지 동원했지만, 결국 아랫부분 일부를 제외한 작업분이 전부 녹아내리는 바람에 그대로 버려졌다고 한다. 이후 미켈란젤로는 '카시나 전투'라는 작품을 그려내지만, '앙기아리 전투'는 현재 라파엘로, 루벤스 등 다른 화가들의 스케치 모사 밖에 남아있지 않다.

수 십 년에 걸친 모나리자의 완성

레오나르도는 '앙기아리 전투'의 밑그림을 그리던 중 세계에서 가장 유명한 그림을 남기게 된다. 피렌체의 부자였던 프란체스코 델 조콘다의 아내 '리자 조콘다'의 초상화를 의뢰받게 된다. 레오나르도는 '앙기아리 전투'를 그리는 동시에 조콘다 부인의 초상화도 열심히 그렸다.

그러나 조콘다 부인이 여행지에서 사망하는 바람에 결국 그림은 레오나르도의 손에 남게 되었다. 모나리자 외에도 레오나르도의 작품 중에는 미완성이 많다. 왜냐하면, 너무 완벽함을 추구한 나머지 중간에 그리는 것을 포기한 게 많았기 때문이다. 그 와중에 〈모나리자〉는 레오나르도가 그린 작품 중 가장 완벽함에 가까운 작품이라 할 수 있다.

1516년 프랑수아 1세의 초청으로 프랑스 루아르강의 앙부아즈 궁에 기거하게 되고, 여기서 〈모나리자〉가 완성된다. 거의 10년도 더 걸려 수정에 수정을 거듭한 작품이 바로 모나리자이다.

2017년 11월, 레오나르도의 그림인 〈살바토르 문디〉가 무려 4억 5천만 달러(약 5,900억 원)에 경매로 팔리면서 인류 역사상 가장 비싼 예술품이 되었다. 그렇다면 〈모나리자〉는 과연 얼마나 가치가 있을까? 그건 독자분들의 상상에 맡길 뿐이다.

【 혁신 포인트 】 레오나르도가 추구한 혁신

① 미술에 해부학을 접목하다

밀라노의 지배자 루도비코 스포르자의 요청에 의해 밀라노 시내에 건립될 〈기마상〉 제작을 다빈치에게 의뢰했다. 하지만 다빈치는 곧바로 제작에 들어가지 않고 말의 근육이 어떻게 움직이는지 정확히 알기 위해서 해부를 결심했다. 그리고 나서야 드디어 1493년 기마상에 쓰일 말의 실물 모양이 완성되었다. 이 작품은 기존에 보던 것과는 비교할 수 없을 정도로 정교하고 생동감 있는 모형이었다. 이는 다빈치가 어릴 때 해부학을 공부한 결과로 해석된다.

② 예술가로서의 완벽주의

레오나르도 다빈치는 예술가로서의 〈완벽〉을 추구하는 사람이었다. 따라서 그가 작품 구상에 들어간 후 작품 활동을 시작했음에도 작품을 완성시키지 못한 경우가 많다. 예를 들면 밀라노의 지배자 루도비코의 동상을 수년간 연구만 하다가 완성하지 못한 일도 있으며, 오스만 제국의 마호메트 2세의 초상화를 그리다가 마호메트 2세가 도무지 안되겠다 싶어 취소를 하기도 했다.

③ 최후의 만찬과 모나리자의 완성

그러나 이런 완벽주의야말로 금세기 최고의 작품을 만들 수 있는 원인이 되기도 했다. 1498년 드디어 〈최후의 만찬〉이 완성되었다. 완성까지 총 3년의 시간이 걸렸다. 그게 다빈치가 추구한 완벽성에 따른 결과다. 그렇게 완성된 '최후의 만찬'은 한 사람 한 사람의 감정이 보는 이에게 그대로 전달되는 다빈치의 걸작 중에서도 훌륭한 작품이다. 특히 〈모나리자〉는 죽을 때까지 레오나르도가 수정에 수정을 거듭한 최후의 작품이기도 하다.

④ 항상 새로움을 시도한 〈혁신가〉

그 당시 이탈리아 최초로 기름을 사용한 유화를 시도한 화가들 중 하나였다. 레오나르도는 그 자신이 최고의 경지에 올랐음에도 이렇듯 새로운 기법이나 방식에 대해서는 거리낌 없이 배우려는 자세를 가지고 있었다. 지나치게 실험정신이 투철했던 나머지 프레스코 그림에 프레스코와는 상극인 유화 기법을 써서 그림이 그대로 녹아내리는 바람에 망치는 일도 있었다. 이게 그 유명한 '앙기아리 전투'이다.

그리고 '모나리자'에서 공기 원근법을 처음으로 구사해 내는 등 좋은 결과도 여러 차례 얻어냈다. '암굴의 성모'나 '에르마인을 안고 있는 숙녀'는 르네상스 최고의 초상화로 손꼽히는 명작들이다. 이렇듯 레오나르도는 새로운 시도를 하는 혁신가이자 예술가였다. 이런 혁신의 정신이야말로 이후 레오나르도가 걸작을 남기는데 큰 역할을 하게 된 것이다.

⑤ 혁신은 끝이 없다

〈모나리자〉는 레오나르도가 드린 작품 중 가장 완벽함에 가까운

> 작품이라 할 수 있다. 1516년 프랑수아 1세의 초청으로 프랑스 루아르 강의 앙부아즈 궁에 기거하게 되고, 여기서 〈모나리자〉가 완성된다. 거의 10년도 더 걸려 수정에 수정을 거듭한 작품이기 때문이다.
>
> 2017년 11월, 레오나르도의 그림인 '살바토르 문디'가 무려 4억 5천만 달러(약 5,900억 원)에 경매로 팔리면서 인류 역사상 가장 비싼 예술품이 되었다.
>
> 〈모나리자〉는 국가 소유라 경매에 나올 수 없다. 그러나 누구에게 물어봐도 세상에서 가장 비싼 그림은 모나리자라고 모든 이들이 답을 할 것이다.

1-3. 르네상스의 거장 - '미켈란젤로 부오나로티'

피렌체 인근에서 혁신의 아이콘이 태어나다

미켈란젤로는 1475년 3월 6일에 카센티노의 카프레세에서 아버지 로도비코 부오나로티와 어머니 프란체스카 부오나로티 사이에서 태어났다. 어머니는 병약해서 그가 6살 때 세상을 떠나 어렸을 때 시골에 있는 유모의 집에 맡겨졌는데, 이때 유모의 남편은 세티냐노 출신의 석수장이였다. 석수장이 밑에서 자라게 된 미켈란젤로의 배경은, 이후 조각가로서의 재능이 두드러지게 되는 데 있어서 가장 큰 영향을 주었을 것으로 판단된다.

그러나 마을 행정관인 아버지 로도비코 디 레오나르도 디 부오나로티 시모니는 미켈란젤로를 예술가로 키우는 걸 탐탁하게 여기지 않았다고 한다. 왜냐하면, 그 당시 유럽의 상황을 보면 예술가들에 대한 취급이 그렇게 좋은 편이 아니었기 때문이다. 이러하기에 몰락한 귀족이었지만, 그래도 귀족이라는 자존심이 있던 아버지는 미켈란젤로가 공부로 할 수 있는 직업을 갖길 원했고 미술가가 되고 싶다고 했을 때 아버지는 크게 분노했다.

미술가의 길에 들어서다

미술에만큼은 남다른 재능을 보인 미켈란젤로를 보고, 아버지는 결국 미켈란젤로가 13세 되던 해에 피렌체에서 유명했던 화가 도메니코 기를란다요의 제자로 들어가게 허락했다. 그러나 미켈란젤로는 1년 만에 그곳에서 나오게 된다. 그 이유는 스승의 능력이 성에 차지 않았다는 것으로 알려져 있다. 그러나 실제로는 기를란다요의 능력이 떨어졌다기보다 미켈란젤로가 너무 뛰어났던 것이었고, 특히 회화보다는 조각에 관심이 더 갔기 때문에 회화 선생이었던 기를란다요 밑에서 배움을 계속할 필요가 없었기 때문이기도 하다.

이후 미켈란젤로는 메디치 가문의 수장 로렌초 데 메디치의 초빙으로 15살에 팔라초 메디치에서 공부하게 된다. 로렌초 메디치는 예술을 사랑했고 젊은 예술가에 아낌없는 지원을 해주는 거로 유명했다. 이런 환경 아래에서 로렌초의 아들들을 가르치기 위해 초빙된 당대의 저명인사들과 학자들을 만나 플라톤 철학을 배우고, 그들에게서 수준 높은 토론을 경청했으며, 라틴어·문학에 대해서도 굉장히 수준 높은 소양을 갖추게 된다.

특히 그는 단테의 신곡을 좋아한 것으로 알려졌는데, 훗날 조각과 회화뿐만이 아니라 건축, 시 등 그의 예술작품 전반에 걸쳐 자신의 예술작품에 고통과 순교, 그리고 구원의 주제를 늘 표현하게 된다.

피에타를 조각하다 - 미켈란젤로의 독창성

24세가 되던 해 미켈란젤로는 〈피에타〉로 순식간에 거장의 반열에 올랐다. 지금도 이 작품은 모든 피에타에 관한 조각 중 최고로 평가받는다.

(1) 미켈란젤로의 피에타는 성모 마리아의 아름다움을 표현한 뛰어난 작품이다. 그리고 이 피에타는 지나치게 젊고 아름다운 성모 마리아로 표현하고 있다. 이에 대해 일부 사람들은 마리아가 너무 젊다고 이질감을 느낀다고도 한다. 하지만 미켈란젤로는 동정녀인 성모 마리아는 속세의 나이에 오히려 영향을 받지 않기에, 일부러 젊고 아름답게 조각했다고 알려져 있다.

(2) 성모 마리아에 반해 예수의 모습은 그저 힘없이 축 늘어진 인간의 모습이다. 이것이 오히려 예수의 죽음을 슬프고도 아름답게 표현한 작품으로 유명하다. 어머니는 젊고 아름답게 표현하고, 세상을 구원한 예수는 한없이 힘없고 나약한 인간의 모습으로 비교해서 만들었다는 것이 경이로울 따름이다.

(3) 미켈란젤로는 〈피에타〉의 조각상에 원근법을 적용한 것으로 유명하다. 사실 피에타상의 실제 크기는 2m 이상으로, 상당히 크다. 특히 성모 마리아가 유난히도 더 크게 그려져 있다. 이는 아래쪽에서 석상을 올려다보았을 때 예수의 시신만 보이지 않게 하려고 일부러 성모 마리아의 모습을 2배 정도 크게 조각했기 때문이라고 한다.

(4) 엄마가 아들의 눈길을 외면하고 있다. 다른 미술가의 피에타 작품들은 마리아가 아기 예수와 눈을 맞추거나, 뺨을 맞대고 있는 경우가 대부분인데 '계단의 성모'를 포함한 미켈란젤로의 피에타 조각 작품에서는 마리아가 아들의 얼굴을 외면하고 있는 것이 특징이다. 이는 아마도 이것은 미켈란젤로가 어릴 때 어머니를 여읜 것이 반영된 것이 아닐까 하는 추측하는 사람들이 있다. 하지만 오히려 작품에서 미켈란젤로는, 마리아가 아들의 얼굴을 외면하도록 해서 아들을 처참하게 잃은 그 슬픔의 표현을 극대화한 것이 아닐까, 라고 해석하는 사람들이 더 많다.

인간의 완벽한 조각, 다비드상

　피에타의 유명세 덕분에 20대 초반의 나이에 거장의 반열에 오른 미켈란젤로는 1501년 8월 16일 산타마리아 델 피오레 성당 위원회로부터 대성당의 북쪽 부벽에 올려놓을 다윗을 조각해달라는 주문을 받고 계약서에 서명했다. 돌팔매로 거인 골리앗을 물리친 다윗을 통해 압제로부터 시민의 자유를 쟁취한 피렌체를 나타내려는 의도가 담긴 작품이었다.

　(1) 버려진 대리석으로 다비드를 만들다
　미켈란젤로에게 주어진 대리석 덩어리는 1464년부터 다른 조각가들이 작품을 만들려고 착수했지만, 도중에 번번이 작업이 중단된 채 창고 구석에 방치된 상태였다. 1475년에 조각을 맡았던 안토니오 로셀리노가 초벌 작업으로 돌을 다듬어놔서 다비드가 골리앗의 머리를 밟고 있는 전통적인 자세를 나타내기에는 대리석의 여유분이 모자랐고, 이에 따라 미켈란젤로는 골리앗을 향해 새총을 쏘려는 자세를 선택했다. 밤낮없이 매달려 작업에 매진한 결과 3년 만인 1504년 높이 5m가 넘는 다비드상이 완성되었다.

　(2) 대리석으로 조각한 섬세함의 극치
　다비드상이 세상에 공개되자 세간의 반응은 가히 열광적이었다. 다비드의 발가락은 실제보다 크게 표현되어 전투를 목전에 둔 긴박한 상황을 강조한다. 목의 핏줄은 팽팽하게 드러났고, 꽉 다문 입과 찡그린 눈썹, 깊은 주름은 내적 긴장을 표현한다. 특히 다비드의 눈은 먼 곳의 특정 대상을 강렬하게 응시하는 듯 보인다. 동시대의 화가인 조르조 바사리는 다비드 상을 가리켜 '고대와 근대, 그리스와 로마의 그 어떤 조각상보다 뛰어나다는 것에는 의심의 여지가 없다. 미켈란젤로의 다비드를 본 사람이라면 그 어떤 다른 조각가의 작품도 볼 필요가 없다'라고 극찬했다.

(3) 전사의 엄숙한 결의를 표현

미켈란젤로가 제작한 〈다비드〉는 승리를 거둔 모습이 아니라 전투를 결심한 전사의 엄숙한 결의와 긴장감을 표현한 것이다. 단호하고 바짝 경계하는 모습의 소년 다비드는 투석기를 어깨에 짊어지고 균형 있는 자세를 취하고 있다. 전체적인 신체 구도는 한쪽 다리에 몸 전체 무게를 지탱하고 나머지 다리는 편안한 자세를 취하는 것으로 나타난다. 특히 뒤로 뺀 다리는 안정된 자세와 동시에 행동 직전의 반동 자세를 나타냈다.

(4) 도나텔로를 뛰어넘다

장엄한 걸작을 성당 부벽에 둘 수 없다고 판단한 오페라 델 두오모는 다비드상이 새롭게 놓일 장소를 정하기 위해 피렌체 시민 30인의 위원회를 소집한다. 위원회의 결정에 따라 다비드 상은 시뇨리아 광장에 있는 도나텔로가 제작한 유디트와 홀로페르네스 청동상을 대체했다. 이후 400년 가까이 광장에 우뚝서 있던 다비드는 공해로 인한 훼손을 막기 위해 1873년 아카데미아 미술관으로 옮긴 뒤 복제품을 설치해서 전시되고 있다.

(5) 관객의 시선으로 제작하다

미켈란젤로의 〈다비드상〉은 고개는 왼쪽으로 돌리고 왼쪽 팔로 왼쪽 어깨에 투석기를 짊어졌으나 인물의 엉덩이와 어깨를 반대 각도를 향하여 몸의 형태가 전체적으로 S자 모양의 곡선이 되었다. 다소 비현실적인 신체 비율은 미켈란젤로의 조각 작품 중 이례적인 것으로, 머리와 손, 특히 오른손의 크기는 전체 신체보다 유난히 거대하다. 이는 작품이 본래 대성당의 지붕에 위치할 것을 고려한 것으로 아래에서 올려다보았을 때 더욱 두드러지게 보이도록 고려한 것이다. 앞서 설명한 피에타상도 비슷한 설정이 있었다.

시스티나 예배당 천장화의 탄생

아담의 창조(우리나라에서는 천지창조로 불림)를 포함한 것으로 유명한 시스티나 성당의 천장화에 대해 저명한 미술 역사학자 에른스트 곰브리치 교수는 인류 역사상 가장 위대한 회화 작품이라 칭찬했다.

(1) 세계에서 가장 손이 빠른 예술가

미켈란젤로는 성당의 천장을 다 덮은 이 거대한 회화를 경이적인 속도로 마쳤다. 보통 화가들은 그 10분의 1의 크기인 벽화도 3년 동안 그렸지만, 이 못생기고 왜소한 예술가가 시스티나 소성당의 천장을 4년 만에 그렸다. 그것도 남들을 훨씬 능가하는 자질을 보이며 끝내니 주변의 반응은 놀라움을 넘어선 경악이었고, 거기에 일반 벽화와 달리 미켈란젤로는 천장화였다.

더구나 1508년 작업에 착수하고 처음 1년 동안 제법 빠르게 진도를 나가 1년 만에 50%를 완성하는 무시무시한 속도를 보였지만, 교황청이 제대로 봉급을 지급하지 않아 조수들이 몽땅 피렌체로 떠나버렸다. 이 때문에 미켈란젤로도 본의 아니게 손을 놓을 수밖에 없었고, 교황청이 다시 급료 지급을 시작한 1511년 10월에야 새로운 조수들을 고용해 작업을 재개, 1512년 9월까지 약 11개월에 걸쳐 나머지 절반을 완성해 천장화 전체를 완성하였다. 그러니 실제 작업 기간은 약 2년인 셈.

(2) 벽화보다 어려운 천장화를 그리다

천장화라는 것이 조금만 잘못하면 회반죽이 얼굴로 떨어지기 일쑤고, 이런 과정으로 그려내려면 회반죽이 마르기 전에 그림을 그려야 하기에 매우 힘들고도 힘든 작업이었다. 거기에 그림을 그리려고 자세를 잡는 것 자체가 힘들고 전체적인 구도를 살피기도 어렵다. 그리고 설치해야 할 장비들도 많고, 결정적으로 추락사나 다칠 수 있다는 문제점도 내재하고 있어서 매우 위험한 작업인 것이다.

(3) 미켈란젤로 혼자서 그려낸 역작

작품의 제작 과정에도 우여곡절이 많았다. 교황청이 제대로 봉급을 지급하지 않아 미켈란젤로와 시작 후 1년 동안 함께 한 조수들이 몽땅 피렌체로 떠나버렸다. 이에 교황청이 밀린 급여를 다시 주기 시작한 1511년 10월에야 새로운 조수들을 고용해 작업을 재개했다. 하지만 새롭게 고용한 조수들과 호흡이 잘 맞지 않아 약 1년 동안은 미켈란젤로 혼자서 거의 다 작업을 맡아 했다고 한다.

(4) 해부학을 이용해 인간의 섬세함을 표현하다

미켈란젤로의 해부학에 대한 지식과 조각기술은 인물이 보여주는 다양한 자세에서 분명하게 드러난다. 이 인물들은 미켈란젤로가 고대 그리스와 로마 조각에 바친 찬사라 할 수 있다. 그가 그린 삼백 장의 예비 드로잉은 '실물 크기의 밑그림'으로 확대되어 천장으로 옮겨졌다. 그는 인물들의 몸짓과 움직임에 초점을 맞추었다. 중심 패널은 천지창조부터 노아의 방주까지 창세기에 나오는 장면으로 이루어져 있다. 주요 패널의 장면을 보충해 주는 역할을 하는 열 개의 메다이용에는 구약 성서에 나오는 이야기가 형상화되었다.

(5) 함정을, 오히려 기회로 미술의 역사를 만들다

그 당시 유명한 건축가 브라만테는 시스티나 소성당을 개축하는 일을 맡았었는데, 그만 천장이 쩍 하니 갈라지고 만다. 그 결과 브라만테는 은하수 그림으로 대충 가려놓고 외부 벽에 축대를 댄 건물이 무너지는 것은 일단 막았다. 하지만 이 일로 인해 교황의 분노를 사게 될 거라는 건 자명한 일이었다. 따라서 이런 실수를 다른 이에게 넘기기 위해 본인 대신 미켈란젤로를 후임으로 추천했다는 것이다. 당시 미켈란젤로는 그림을 그리기도 했지만, 기본으로는 조각가로서 이름을 날렸다. 그래서 대충 미켈란젤로에게 덮어씌워 그가 잘 처리해도 좋고, 만약 잘 처리하지 못해도 죽는 건 미켈란젤로가 될 테니 말이다. 왜냐하면, 브라만테와 미켈란젤로는 그 당시 건축 분야에서 라이벌이었기 때문이다.

(6) 미친 듯이 열중하라. 집중하라. 성공하라

시스티나 성당 천장화는 교황 율리우스 2세가 1508년에 로마의 성 베드로 대성당 재건축의 목적으로 주문한 것이다. 본질에서 자신을 조각가로 생각한 미켈란젤로는 처음에는 이 프로젝트를 맡는 것을 탐탁지 않아 했다.

그러나 미켈란젤로는 본인이 해왔던 다른 작업처럼, 이 작업도 진행하는 내내 장화를 벗지 않아서, 장화 속 내피가 피부에 붙어버려 장화를 벗어낼 때 살점하고 같이 뜯겨져 나갔다고 한다. 이런 열정의 산물로서 이 프로젝트는 그의 일생 중 최대의 걸작을 만들게 된다.

미켈란젤로의 또 하나의 역작, 최후의 심판

미켈란젤로의 여러 작품이 그렇듯 이것도 내막을 알면 알수록 복잡한 심경이 들 수 있는 작품이다. 전쟁과 종교의 혼란에 빠진 유럽은 끝내 가톨릭에 대한 실망감에, 독일에서부터 출발한 종교 개혁의 돌풍에 빠져들어서, 그런 혼란한 시기에 만들어진 미켈란젤로의 작품인 만큼 여러모로 복잡한 배경들이 깔려있다.

(1) 인간의 피폐한 심경을 작품에 담다

미켈란젤로는 1533년 중순 당시의 교황 클레멘스 7세에게 시스티나 성당의 제단 위 벽에 '최후의 심판도'를 그리라는 명을 받았다. 클레멘스 7세가 이 그림을 주문한 것은 신성 로마 제국군에 의한 로마의 점령과 약탈 등 재난의 연속에 대한 분노의 감정을 달래기 위한 것이었는데, 1534년 교황의 선종으로 이 작업은 일단 중지된 것처럼 보였다. 그러나 클레멘스 7세의 뒤를 이어 교황이 된 바오로 3세가 다시 이 작업을 의뢰함으로써 1535년 4월 16일 발판의 조립이 시작되었다. 그리하여 1541년 가을, 면적 $167.14m^2$의 벽면에 인간이 취할 수 있는 모든 모습을 한 총 391명의 인물상이 드러났다.

(2) 인간의 갈망을 구원하다

중앙에 있는 예수의 형상은, 이제까지 흔히 그려졌던 모습과는 사뭇 다르게 나타나고 있는데, 수염도 나지 않은 당당한 나체의 남성상으로 표현되어 있다. 그 곁에는 성모 마리아가 앉아 아래에 있는 인류를 부드러운 눈빛으로 내려다보고 있다. 두 사람 주위를 성자들이 원형으로 둘러싸듯 서 있다. 여기는 천사에 가까운 성자들의 세계이다. 그 주변에서 죽은 자들이 살아나, 혹은 천상으로 올라가고, 혹은 지옥으로 떨어진다.

(3) 혁신의 정점, 등장인물을 모두 나체로 나타내다

사실 현대에 남아 있는 그림은 일종의 '수정본'이다. 원래의 작품은 쫓겨나든 거두어들여지든, 모든 등장인물들이 실오라기도 없는 말 그대로 나체 상태였다. 이는 종말 앞에서 한낱 인생은 그저 하느님께 구해달라고 갈구해야만 할 뿐인 미천한 존재임을 강조한 것이다. 이러한 주제에 더하여 로마를 약탈한 자들은 지옥에 떨어져라라는 분노의 표현까지 깔려있는 것이다.

이러다 보니 당대에도 수많은 성직자는 '이런 나체화는 성당에 어울리지 않는다'라고 탄원했다. 하지만, 바오로 3세는 적당히 이 작품을 두둔했고, 끝내 성직자들도 탄원을 그만뒀다.

(4) 작품 속에 원망을 직접 그려 넣다

당시 교황의 의전 담당관 '비아지오 다 체세나' 추기경은 나체로 그려진 미켈란젤로의 그림을 보고, 나체는 거룩한 장소에 적절하지 못하며 홍등가에나 어울리는 것이라고 혹평을 했다.

사실 로마에서 가장 성스러운 장소에 두기에 좀 뭣한 그림이기도 하고, 애초 후원자가 교황청이었기에 미켈란젤로는 이런 혹평에 대해 불만을 표할 수 없었다. 하지만 성격이 괴팍한 미켈란젤로는 그림 속에서 추기경에 대한 소소한 복수로 대신에 했다. 6년 반에 걸친 이 그림 제작 과정에서 4구역의 오른쪽 아래에 있는 카논의 배 부분에 추기경에 대한 복수의 의미로 '지옥의 수문장 미누스'로 표현된 비아지오 다 체세나 추기경을 직접 그려놓았다. 특히 미누스의 귀는 당나귀 귀로 표현되었는데 당나귀의 귀는 무지하다. 즉, 무뇌하다는 상징이고, 성기마저 뱀이 물고 있게 그려 인간의 성적 방종에 대한 하느님의 가혹한 심판을 보여준다. 사실상 성직자에게 할 수 있는 최대한의 모욕을 날린 셈이다.

(5) 놀람과 경이로 작품을 대하다

낙성식은 1541년 10월 31일. 일설에는 낙성식 당일 벽화를 본 바오로 3세가 무릎을 꿇고 '하느님, 심판의 날에 저의 죄를 묻지 마소서'라고 말했다고 한다. 얼마나 그림을 보고 현실처럼 느꼈는지를 알 수 있게 하는 대목이다.

한편 이 작품은 미켈란젤로에 의한 '신곡'이라 할 수 있다. 단테가 그의 생애 중 만났던 사람들을 평가하여 지옥, 연옥, 천국에 그 위치를 매긴 것처럼 글을 썼는데, 미켈란젤로는 시각적 표현으로 심판자 그리스도를 중심으로 천상의 세계에서 지옥의 세계로 차례를 매겨 나간 것이다. 일반적으로 이 그림은 크게 천상계, 천사들, 죽은 이의 부활, 승천, 지옥으로 끌려가는 무리의 5개 부분으로 나뉜다.

【 혁신 포인트 】르네상스 미술 최고의 혁신가, 미켈란젤로

① 관객의 시선으로 제작하다

〈다비드상〉의 경우, 고개는 왼쪽으로 돌리고 왼쪽 팔로 왼쪽 어깨에 투석기를 짊어졌으나 인물의 엉덩이와 어깨를 반대 각도를 향하여 몸의 형태가 전체적으로 S 모양의 곡선이 되었다. 이는 다소 비현실적인 신체 비율이다. 특히 머리와 손, 특히 오른손의 크기는 전체 신체에 비해 유난히 거대하다. 이는 작품이 본래 대성당의 지붕에 위치할 것을 감안한 것으로 아래에서 올려다보았을 때 더욱 두드러지게 보이도록 고려한 것이다.

② 세계에서 가장 손이 빠른 예술가

미켈란젤로는 성당의 천장을 다 덮은 이 거대한 회화를 경이적인 속도로 끝마쳤다. 그 당시의 보통 화가들은 천장화의 10분의 1의 크기인 벽화도 3년 동안 그려야 가능했다. 그러나 미켈란젤로는 시스티나 소성당의 천장을 4년 만에 그렸다. 그것도 남들을 훨씬 능가하는 자질을 보이며 끝내니 주변의 반응은 놀라움을 넘어선 경악이었다.

③ 벽화보다 어려운 천장화를 그리다

천장화라는 것이 조금만 잘못하면 회반죽이 얼굴로 떨어지기 일쑤고, 이런 과정으로 그려내려면 회반죽이 마르기 전에 그림을 그려야 하기에 매우 힘든 작업이다. 그럼에도 불구하고 미켈란젤로가 천장화를 완성했다. 실제로 그 당시 천장화를 그리려면 자세를 잡는 것 자체가 힘들고 전체적인 구도를 살피는 것도 어렵다. 그리고 설치해야 할 장비들도 많고, 결정적으로 추락사나 다칠 수 있다는 문제점도 내재하고 있었다.

④ 해부학을 이용해 인간의 섬세함을 표현하다

메디치 가문의 후광을 통해 어릴 때부터 여러 가지 공부를 한 덕택으로 미켈란젤로는 과학이나 해부학을 미술에 응용하게 된다. 미켈란젤로의 해부학에 대한 지식과 조각기술은 인물이 보여주는 다양한 자세에서 분명하게 드러난다. 이 인물들은 미켈란젤로가 고대 그리스와 로마 조각에 바친 찬사라 할 수 있다. 그가 그린 삼백 장의 예비 드로잉은 '실물 크기의 밑그림'으로 확대되어 천장으로 옮겨졌다.

⑤ 미친 듯이 열중하라 - 혁신의 성공 열쇠

시스티나 성당 천장화는 교황 율리우스 2세가 1508년에 로마의 성 베드로 대성당 재건축의 하나로 미켈란젤로에게 특별히 주문한 것이다. 그러나 정작 자신은 회화가가 아닌 조각가로 생각했기 때문에 처음부터 이 프로젝트를 맡는 것을 탐탁지 않아 했지만, 우여곡절 끝에 떠맡게 된다.

그러나 미켈란젤로는 본인이 해왔던 다른 예술 작업처럼 이 작업도 진행하는 내내 장화를 벗지 않을 정도로 집중해서 작업했다고 한다. 장화 속 내피가 피부에 붙어버려 장화를 벗을 때 살점이 뜯겨 나갔다고 전해진다. 이런 열정의 산물로서 이 프로젝트는 그의 일생 중 최대의 걸작을 만들게 된다.

⑥ 혁신의 정점, 등장인물을 모두 나체로 그리다

사실 현대에 남아 있는 그림은 일종의 '수정본'이다. 원래의 작품은 쫓겨나든 거두어들여지든, 모든 등장인물들이 실오라기도 없는 말 그대로 나체 상태였다. 이는 종말 앞에서 한낱 인생은 그저 하느님께 구해달라고 갈구해야만 할 뿐인 미천한 존재임을 강조한 것이다. 이러한 주제에 더하여 로마를 약탈한 자들은 '지옥에 떨어져라'라는 분노의 표현까지 깔려있는 것이다.

2. 낭만주의 미술의 혁신

시대는, 새로운 시대를 요구한다

낭만주의 미술은 합리주의에 입각한 '신고전주의'에 반대하여 나타난 미술 사조이다. 객관보다는 주관을, 지성보다는 감정을 중요시한다. 또한, 개인의 개성을 존중하여 자아의 해석을 우선시하고 격정적이고도 정서적인 자유를 추구하여 상상하는 대로 동경한다는 특징을 지니고 있다.

낭만주의 예술가들은 아카데미즘, 특히 나폴레옹 제정을 정점으로 대혁명 전후에 걸친 신고전주의의 딱딱하고 까다로운 규범에 거세게 반발하였다. 그리하여 그리스나 로마적인 고전을 버리고 중세와 민족적 과거, 특히 고딕 양식을 지향하게 되고, 오리엔탈리즘을 단순한 이국적인 취미 이상으로 승화시켰다. 드디어, 자국 유럽 중심에서 아시아를 비롯한 세계화로 눈을 돌리게 된다.

규범화된 형식과 질서를 파괴하다

자기의 상상력과 숭고한 비장감, 조국애, 인간과 자연과의 융합, 등의 감정 표현, 즉 들라크루아가 말한 '순수한 환상'을 자유분방하게 발휘하고 표출시켜나갔다. 특히 프랑스의 낭만파들은 이념보다는 현실에 밀착해서 시사적인 문제나 역사적인 사건 또는 셰익스피어나 바이런 등의 문학에서 얻은 소재에 정열을 기울여 서사적이고도 서정적인 파토스적 세계를 그려내게 되었다.

시대는 새로운 혁신을 갈망한다

이처럼 낭만주의는 하나의 시대정신이며, 미술상에서는 고전주의에 대립하는 것이지만, 고전적 양식 또는 바로크 양식과 같은 독자적인 명백한 양식을 만들어낸 것은 아니다. 그럼에도 불구하고 그들은 미술 분야에서 각기 특별한 의미를 지니고 있다. 낭만주의 회화에서 본질적인 것은 그려지는 것, 곧 그냥 그리는 방법으로 그리는 주관적 표현에 있다.

부드럽고 생생한 표현 양식은 고전주의와는 대조적으로 극히 유동적이고 역동적이며, 극적인 움직임과 안에서 우러나오는 힘의 인상을 만들어냈다. 형식보다는 표현이 선행되고, 딱딱한 선이나 단정한 형태보다는 있는 그대로 생생한 것으로 산뜻하고 강렬한 색채를 우선시킨다. 이리하여 오로지 아름다운 것만이 아니라 추한 것까지도 그려내는 것이다.

형식적인 것을 배제하고, 그대로를 표현하다

건축의 경우와 마찬가지로 낭만주의 회화는 이성이나 자연이라는 이름 아래 바로크의 '꾸민 듯한 것'에 대한 반동에서 비롯된 것이다. 그리고 이 견해를 체계적으로 이론화한 사람은 그리스 미술의 '고귀한 단순성과 고요한 위대성'이라는 말을 한 미술가 J. 빙켈만이다. 그의 생각은 프랑스의 화가 비앙과 로마에 있던 독일의 화가 멩스, 스코틀랜드의 해밀턴 등에게 깊은 감명을 주었다.

낭만주의 회화의 요소는 이미 J. 미셸의 풍경화, 지로데의 인물화, 그로의 전쟁화, R. 보닝턴의 풍경화 등에 선구적으로 나타나 있었으나, 1818년 '메두사호의 뗏목'으로 물의를 일으켰던 T. 제리코에 의하여 제기되었고, 낭만파의 거장인 들라크루아에 의하여 승리를 거두게 된다.

2-1. 낭만주의의 천재 화가 '들라크루아'

낭만주의를 여는 예술가의 탄생

1798년 프랑스 파리 근교의 샤랑통 생 모리스에서 들라크루아가 태어났다. 아버지는 이름 있는 외교관이었지만 들라크루아가 7살 때 사망했다. 어머니는 유명한 궁정 가구업자의 딸이었다. 어려서부터 예술을 사랑하는 집안 분위기에 따라 음악과 연극, 고전 등에 관심을 가졌으며, 8세 때, 리세 앵페리알에 입학했다. 1814년 어머니가 사망하여 누나 집에서 살다 1815년에는 숙부의 소개로 유명한 화가인 게랭 남작의 제자가 되었다.

본격적으로 미술을 공부하다

1816년 들라크루아는 파리 보자르에 들어갔고, 이 시기에 루브르 미술관에 드나들면서 루벤스와 제리코의 작품에 영향을 받았다. 1819년 테오도르 제리코의 작품 〈메두사호의 뗏목〉을 보고 결정적으로 낭만주의를 신봉하게 되었다.

최초의 낭만주의 그림을 발표하다

1822년에는 처음으로 낭만주의 그림인 〈단테의 작은 배〉를 발표했다. 이 작품은 단테의 '신곡'에서 영감을 얻어 그린 것으로 미켈란젤로와 루벤스를 떠올리게 하는 비애감이 살아 있는 작품이다.

들라크루아는 1824년 그리스 독립 전쟁에 공감하여 〈키오스섬의 학살〉을 발표했는데, 이 작품은 키오스섬에서 그리스인이 투르크인에게 대량 학살당한 사건을 그린 것으로 1824년에 파리 살롱전에 출품했다.

들라크루아는 살롱에 출품한 '키오스섬의 학살'로 단번에 명성을 얻는 해가 되었다. 이때 고전주의의 완성자 앵그르의 '루이 13세의 성모에의 맹세'도 '키오스섬의 학살'과 함께 살롱에 동시 출품되었다. 들라크루아의 작품을 보고 보수주의자들은 회화의 학살이라고 비난했으나, 다른 많은 사람은 이것을 열광적으로 환영함으로써 명성을 얻게 되었다.

이로부터 앵그르와 들라크루아는 자타가 공인하는 라이벌이 되었고, 양극을 걷는 이 두 사람의 예술 경향은 양파로 갈라진 비평가들의 부채질로 파리의 화단을 둘로 갈라놓게 하였다.

낭만주의 시대 최고의 명작을 발표하다

들라크루아는 1827년 〈사르다나팔루스의 죽음〉을 발표했고, 이어 1830년 파리에서 일어난 7월 혁명에 동참했다. 이에 크나큰 영감을 받아서 이 사건을 기념하기 위해 〈민중을 이끄는 자유의 여신〉을 그리게 되었고, 1831년 살롱에 출품된 '민중을 이끄는 자유의 여신'으로 들라크루아는 혁명의 영광을 선양했고, 위고나 보들레르와의 친교를 통해서 낭만주의 문화 혁명에서 문학이나 연극과 긴밀히 교류하였다.

자유를 갈망하여 들고일어난 파리 시민들을 그린 이 작품에 대해서 사람들의 반응은 두 가지로 나뉘었다. 시민혁명을 아주 훌륭하게 잘 표현했다고 하는 한편, 이 그림 때문에 시민혁명을 부추기는 위험 요소가 될 거라는 의견도 있었다.

오리엔탈의 영향을 미술에 입히다

들라크루아는 1832년 프랑스 정부 사절단에 끼어 모로코를 방문했는데, 그 방문 후 그의 그림에서는 색채를 효과적으로 쓰는 법과 붉은색과 녹색, 푸른색, 오렌지색을 적절히 배합하게 되었다는 평가를 받았다.

귀국 후 1834년에 완성한 〈알제의 연인들〉은 피에르오귀스트 르누아르와 같은 화가들에게 영향을 주었다. 프레데리크 쇼팽과 조르주 상드와도 친분이 있어 그들의 초상화를 그리기도 했으며, 상드의 아들인 모리스 디드방을 가르치기도 했다. 1835년부터 1861년까지 들라크루아는 많은 수의 대형 벽화를 제작했으며, 작품에 몰두하다가 건강을 해쳐 1863년 세상을 떠났다.

【 혁신 포인트 】들라크루아의 혁신

① **낭만주의 미술의 선구자**

낭만주의는 하나의 시대정신이며, 미술상에서는 고전주의에 대립하는 것이며 회화에서의 본질적인 것은 그려지는 것, 곧 그냥 그리는 방법으로 그리는 주관적 표현에 있다고 주장했다. 부드럽고 생생한 표현양식은 고전주의와는 전혀 대조적으로 극히 유동적이고 역동적이며, 극적인 움직임과 안에서 우러나오는 힘의 인상을 만들어 낸다. 형식보다는 표현이 선행되고, 딱딱한 선이나 단정한 형태보다는 있는 그대로의 생생한 것으로서의 산뜻하고 강렬한 색채를 우선시킨다. 이리하여 오로지 아름다운 것만이 아니라 추한 것까지도 그려내는 것이다.

② 최초의 낭만주의 그림을 발표하다

1822년에는 세계 최초로 낭만주의 그림인 〈단테의 작은 배〉를 발표했다. 이 작품은 단테의 '신곡'에서 영감을 얻어 그린 것으로 미켈란젤로와 루벤스를 떠올리게 하는 비애감이 살아 있는 작품이다. 그리고 들라크루아는 1824년 그리스 독립 전쟁에 공감하여 〈키오스 섬의 학살〉을 발표했는데, 이 작품은 키오스 섬에서 그리스 인들이 투르크 인들에게 대량 학살당한 사건을 그린 것으로 1824년에 파리 살롱전에 출품한 낭만주의의 대표작이다.

③ 낭만주의 최고의 명작을 발표하다

들라크루아는 1827년 〈사르다나팔루스의 죽음〉을 발표했고, 이어 1830년 파리에서 일어난 7월 혁명에 동참했다. 이에 크나큰 영감을 받아서 이 사건을 기념하기 위해 〈민중을 이끄는 자유의 여신〉을 그리게 되었고, 1831년 살롱에 출품된 '민중을 이끄는 자유의 여신'으로 들라크루아는 혁명의 영광을 선양했고 이 작품은 낭만주의 최고의 걸작으로 꼽힌다.

④ 낭만주의 상징주의 문학과 교류하다

드라클루아는 마술가였지만, 문학에도 관심이 많았다. 특히 위고나 보들레르와의 친교를 통해서 낭만주의 문화혁명 속에서 미술과 문학, 그리고 연극과 긴밀히 교류함으로써 예술계 전반에 큰 영향을 끼친다. 특히 리얼리즘은 이런저런 방식으로 그려야 한다는 기법이나 방식으로부터 있는 그대로를 보여 주는 세계관으로 표명되었으며, 이런 경향은 예술을 인종·시대·환경의 측면에서 고찰하고자 한 역사가 H. 텐과 소설가 졸라, 시인 보들레르에게서 발견할 수 있는 경향이다. 또한 음악가인 프레데리크 쇼팽과 조르주 상드와도 친분이 있어 그들의 초상화를 그리기도 했으며,

⑤ 그림에 오리엔탈을 입히다

들라크루아는 1832년 프랑스 정부 사절단에 끼어 모로코를 방문했는데, 그 방문 후 그의 그림에서는 색채를 효과적으로 쓰는 법과 붉은색과 녹색, 푸른색, 오렌지색을 적절히 배합하게 되었다는 평가를 받았다. 이는 전부 오리엔탈의 영향으로 드라클루아의 색채의 발전에 기여하게 된다.

3. 사실주의 미술의 혁신

새로운 사조의 등장

18세기 후반 영국에서 증기기관을 필두로 산업혁명이 시작되었다. 이는 19세기 중반까지 프랑스 지역까지 크게 영향을 끼쳐 사람들의 생활에 다양한 변화를 이끌었다. 기계를 움직여 대량생산이 가능해지고, 증기 기관차를 움직일 수 있는 철도가 놓이면서 사회적 거리를 좁혔다. 이렇게 급속도로 사회가 풍요해지는 반면, 새로운 사회문제도 발생했다. 공장이 늘어나자 사람들은 농촌을 버리고 도시로 이동하기 시작했고 공장의 주인과 일하는 노동자와의 빈부격차는 벌어졌고, 자본가와 노동자라는 새로운 사회의 계급이 등장했다.

이와 같은 시대적 배경을 발판으로 19세기 중반에 새로운 미술의 움직임이 시작되었는데, 훗날 역사가들은 이를 〈사실주의〉라고 불렀다. 따라서 미술에서 사실주의는 일반적으로 19세기 중반 프랑스에서 나타난 유파를 일컫는 것으로서 G. 쿠르베와 H. 도미에, F. 밀레 등, 화가들이 지향했던 태도와 기법을 의미한다.

사실주의자들은 그 시대에 적합한 것은 당 시대의 현실 속에서 취해야 한다고 믿었으며, 그러한 믿음의 이면에는 자연과학 및 기술의 발달에 의한 자연과 사회 현실 관심의 고조, 계몽주의 사상의 파급, 프랑스 대혁명을 통한 민주주의 사회의 도래와 실증주의 철학의 확산, 산업혁명, 마르크스·엥겔스에 의한 과학적 사회주의로의 발전이란 사회적 배경과 조건이 작용하였다.

사실주의, 리얼리즘(Realism)으로 시작

사실주의라는 용어가 화가에 의해 사용되기 시작한 것은 1855년 쿠르베가 살롱에서 주목받지 못한 자신의 작품들을 모아 개최한 개인전에 '리얼리즘'이라는 이름을 부여한 때부터였다. 이미 1820년대부터 프랑스 예술계에서 언급되던 사실주의를 자신의 회화에 채택한 쿠르베는 J. A. 앵그르와의 천사(天使) 논쟁을 통해 자기의 입장을 분명히 천명한 일화로도 유명하다.

즉 고상하고 우아하며 교훈적이어야 한다는 당시의 지배적인 미적 규범과 상반되는, 즉 노동자와 평범한 사람들을 그리는 것에 대한 앵그르의 불만은 고조되었다. 그러나 이와는 다른 견해를 보인 쿠르베는 '나에게 천사를 그리라고 한다면, 천사를 보여주고 그리라고 해라. 그것을 직접 본다면 나는 그릴 수 있다'라고 대답했다.

이것은 자신이 경험하지 않은 것을 절대로 그리지 않겠다는 태도이며 그 밑바탕에는 19세기 프랑스의 '과학주의적 태도'가 깔렸다. 이런 점에서 쿠르베의 태도는 실증주의와 상응할 뿐만 아니라 에밀 졸라나 콩코르 형제의 미술사적 이론에서 발견할 수 있는 '과학주의'와 연관을 맺고 있으며 이런 면이야말로 근대정신 발현이다.

3-1. 구스타브 쿠르베

사실주의의 선구자가 태어나다

구스타브 쿠르베는 1819년 오르낭 마을에서 레지스와 실비 우도 쿠르베 사이에서 태어났다. 그의 외할아버지는 프랑스 혁명에 참전한 것을 필두로 집안 분위기는 반왕정주의 감정이 팽배했다. 법학가가 된다는 약속을 아버지에게 하고, 쿠르베는 파리로 이사를 왔다. 파리에서 법학을 전공했으나, 법학보다는 그림 그리는 것을 더 좋아했다. 그는 종종 오르낭으로 돌아와 사냥과 낚시를 하며 그림에 대한 영감을 얻었다.

법학가에서 미술가로 진로를 변경하다

원래는 법학가가 되려 파리로 갔으나 밥학도의 길을 포기하고 화가의 길을 걸었다. 그리고 쿠르베의 누이들인 조에, 젤리, 줄리엣은 그가 처음으로 그린 회화의 모델이 되었다.

본격적으로 미술을 공부하다

쿠르베는 1839년 파리로 가서 슈타우벤과 헤세의 스튜디오에서 일했다. 독립심이 강했던 그는 루브르 박물관에서 스페인, 플랑드르, 프랑스 거장들의 그림을 연구하고 그들의 작품을 모사하는 등 자신만의 스타일을 개발하는 것을 선호했다.

1846년에서 이듬해부터 1947년까지 네덜란드와 벨기에를 여행하면서 렘브란트, 할스, 그 외 네덜란드 거장들의 그림에 매료된다. 이런 영향으로 인해, 화가는 왕이나 귀족들의 들러리가 아닌, 화가 스스로 생활하는 주변의 삶을 묘사해야 한다는 쿠르베의 신념이 강화되었다.

파리 미술계를 평정하다

1848년, 그는 젊은 비평가들, 특히 샹플레리를 비롯한 신낭만주의와 사실주의자들 사이에서 큰 지지를 얻었다. 쿠르베는 1849년 '오르낭에서 저녁 식사 후'라는 작품으로 살롱 초대전에서 첫 성공을 거두었다. 샤르댕과 르냉을 연상시키는 이 작품은 쿠르베에게 금메달을 안겨주었고, 그 그림은 국가가 구매했다. 금메달은 그의 작품을 살롱에 출품할 때 심사위원의 승인을 받지 않아도 된다는 것을 의미했고, 쿠르베는 1857년까지 이 면제 특권을 누렸다.

【 혁신 포인트 】 쿠르베는 왜 혁신의 선봉자인가

① 가난한 사람들이 그림의 주인공으로

1849~50년에 쿠르베는 〈돌 깨는 사람들(1945년 연합군의 드레스덴 폭격으로 소실됨)〉을 그렸는데, 프루동은 이 작품을 농민 생활의 아이콘으로 존경하며 '그의 위대한 작품 중 첫 번째 작품'이라고 불렀다. 이 그림은 쿠르베가 길가에서 목격한 장면에서 영감을 받아 그렸다고 한다. 그는 나중에 샹플뢰리와 작가 프랜시스 웨이에게 이렇게 설명했다. '가난에 대한 완벽한 표현을 접하는 것은 흔한 일이 아니기 때문에 바로 그때 그림에 대한 아이디어를 얻었습니다.'

② 눈에 보이는 것만 그린다

그의 화가로서의 특징은 철저한 사실주의라 할 수 있다. 천사를 그려달라는 누군가의 요청에 '난 천사를 본 적이 없다. 천사를 내 눈앞에 데려다 놔라. 그때 그려주겠다'라 답한 것은 유명한 일화다. 이는 과거 신화나 공상, 지옥 등 상상으로 그리는 그림을 지양한다.

③ 자신만의 스타일을 고집

1859년에는 국제박람회에 '점잖은 그림을 낸다는 조건'으로 쿠르베에게 작품을 출품해 보라는 정부 미술관장의 권유가 있었으나 단호하게 거절했다. 그리고는 지인에게 돈을 빌려 박람회장 정면에 자리를 마련해 자신만의 개인전을 열었다. 그러나 개인전은 관람객이 없어서 실패했다. 그러나 훗날 그 개인전에 출품한 작품 중 걸작이 나왔는데, 그게 그 유명한 작품 〈화가의 아틀리에〉였다.

④ 다른 예술계에까지 영향을 끼치다

쿠르베는 자신의 이러한 태도에 대해 사회주의적이라는 당시 미술계의 비평에 맞서 '나는 혁명의 열렬한 지지자이자 공화주의자이기도 하지만 무엇보다 리얼리스트이다.'라는 말로 자기의 입장을 분명히 밝혔다.

즉 리얼리즘은 이런저런 방식으로 그려야 한다는 기법이나 방식으로부터 새로운 세계관으로 표명되었으며, 이런 경향은 예술을 인종·시대·환경의 측면에서 고찰하고자 한 역사가 H. 텐과 소설가 졸라, 시인 보들레르에게서 발견할 수 있는 경향이다.

⑤ 사회적 문제를 다루다

쿠르베는 파리 살롱에서 요구하는 화가의 최고 소명으로 여겼던 '역사화'에 관심이 없었다. 대신 그는 살아 있는 예술의 가능한 유일한 원천은 예술가 자신의 경험이라고 주장했다.

따라서 쿠르베는 구상화, 풍경화, 바다 풍경, 정물화를 그렸다. 그는 작품에서 사회문제를 다루고 농촌 부르주아지, 농민, 빈민의 노동 환경 등 저속하다고 여겨지는 주제를 그려서 논란을 불러일으켰다. 그의 작품은 나중에 오노레 뒤미에와 장 프랑수아 밀레의 작품과 함께 사실주의로 알려지게 되었다.

쿠르베에게 사실주의는 선과 형태의 완벽함이 아니라 즉흥적이고 거친 물감 처리를 수반하며, 자연의 불규칙성을 묘사하면서 예술가가 직접 관찰하는 걸 그리는 거라고 했다. 또한, 그는 삶의 가혹함을 묘사했으며, 이를 통해 예술에 대한 현대의 학문적 관념에 도전했다.

⑥ 리얼리즘으로 승화하다

쿠르베에게서 발견할 수 있는 리얼리즘 정신이 구현된 작품으로 제2차 세계대전 중 폭격으로 소실되었으나 리얼리즘의 기념비적 작품으로 알려진 〈돌 깨는 사람들〉과 그 이듬해에 그려진 〈오르낭의 매장〉일 것이다. 특히 '오르낭의 매장'에서 그는 매장의 세속적인 의미를 강조하여 이 풍경을 사회 공동체에 내재하는 하나의 사건으로 부각시켰다.

매장되는 사람은 누구라도 상관없으며 죽은 자의 영혼이 어떻게 되든, 또 내세와 어떤 관계를 있든 상관없다. 매장된 장소, 그리고 매장에 참여하는 공동체의 성격만이 이 그림의 요점인 것이다. 이것이 바로 사회적·회화적 리얼리즘이다.

쿠르베와 더불어 리얼리스트로 분류할 수 있는 동시대의 화가는 도미에와 밀레이며 쿠르베의 회화를 통해 확인한 바와 같이 리얼리즘은 당대의 현실에 대한 정직한 기록이자 현실의 규명이며 세계관의 반영이라는 점을 확인할 수 있다. 즉 리얼리즘이 오늘날까지 생명력을 지니며 다양한 형태로 전개되고 있는 점을 고려해볼 때, 리얼리즘은 하나의 사조로서 미술사 속에 박제되는 것이 아니라 언제나 새롭게 조명받는 세계관의 한 형식임을 알 수 있다.

3-2. 자연주의 화가의 상징 - 밀레

농촌을 그리는 화가가 등장하다

1814년 노르망디에서 가난한 농부의 아들로 태어났다. 1837년 파리에 가서 들라로슈의 제자가 되었고, 루브르 미술관에서 대가들의 작품을 연구하기 시작했다. 그 후 1848년 '곡식을 키질하는 사람들'이 살롱에 당선되면서 주목을 받기 시작했다. 이듬해에 바르비종으로 이사해 농민들의 생활 모습을 그렸는데, 밀레는 농부의 일을 가장 신성한 것으로 여겨 그 표현에 심혈을 기울였다. 대표작으로는 세상에 잘 알려진 〈이삭 줍는 여인들〉과 〈만종〉 등이 있다.

알아주지 않는 그림, 고난의 길을 가다

지금은 프랑스를 상징하는 화가로서 그림의 가격이 엄청 비싸지만, 생전에는 그다지 대박을 내지 못했다. 어느 정도였느냐 하면, 밀레는 생활고에 시달려 싸구려 누드화를 그려 팔아야 하던 시절도 있었다. 그러나 사실주의가 어느 정도 인정받은 말년에 접어들어서야, 명성을 얻어 돈을 벌 수 있게 되었다.

그의 친구 테오도르 루소가 말하기를, '누가 그림 한 점을 괜찮게 사 간 사람이 있다.'라고 하여 무척 기뻐했는데, 세월이 지나서 밝혀진 사실은 루소가 직접 그림을 사주었는데, 혹시 루소 자신이 샀다면 밀레가 자존심에 상처받을까 봐 거짓말했다는 걸 우연히 알게 된 적도 있었다. 루소와는 이런 인연으로 죽을 때까지 무척 친하게 지내면서 우정을 나누었다.

사상과 정치에는 관심 없는 그대로의 화가

생전에 정치적 논란에 휩싸인 적도 있었는데, 농부의 모습을 주로 그린 것을 두고 보수 우파에게 '계층 갈등을 조장하는 사회주의자'란 비판을 받기도 했다. 이에 대해 밀레는 사회주의 등의 정치와 사상에는 관심이 없다고 일축했다.

살아생전에는 몇몇 그림이 해외로 팔려나갔는데 세월이 지나 그가 재평가 받자 프랑스 루브르 박물관 측이 거액으로 밀레의 그림을 해외에서 다시 사 오기도 했다.

【 혁신 포인트 】〈이삭 줍는 사람들〉은 왜 혁신의 상징인가?

① 농촌을 배경으로 사회를 비판하다

밀레의 그림에 대한 해석에서 간혹 논쟁이 발생하기도 한다. 그 이유는 그가 사회 비판적인 철학을 가진 화가였기 때문이다. 그의 평소 철학과는 달리 만종이나 이삭줍기 등의 대표작들은 평화로운 외견상의 내용과는 달리, 그림의 배경은 역설적인 경우가 눈에 띈다. 이렇다 보니 그의 그림을 다른 관점에서 해석하며 숨겨진 메시지를 찾으려는 비평가들이 생기게 된다.

② 가난이 죽인 아이를 위한 묵념?

후대의 유명한 화가인 살바도르 달리는 만종을 보고, 감자 바구니에서 죽은 아이의 관이 느껴진다는 식으로 말하며 밀레가 단순히 '추수기의 풍요와 평화와 감사' 같은 그림이 아니라 죽은 아이를 애도하는 기도를 올리는 부모의 모습을 그렸다고 주장했다. 후대의 기술발전으로 그림에 대한 정밀 엑스레이 검사가 가능해져서 살펴보니 실제로 바구니 주변에 직사각형 형태의 펜 선이 있는 게 확인되었다. 다만 이게 실제로 관을 그린 것인지 단순히 구도를 잡기 위한 것인지는 불분명하다.

③ 하층민들의 삶을 그대로 표현

〈이삭 줍는 여인들〉의 이삭을 줍는 여인들은 수확이 끝난 후 땅에 떨어진 이삭을 줍는 최하층민들의 모습을 보여준다. 이는 그 당시 정상적인 수확물은 원칙적으로 지주의 것이나, 땅에 떨어진 이삭은 예외였기 때문이다.

④ 여인들의 복장에서 프랑스 혁명을 엿보다

그림에서 보이는 여인들의 모자와 옷의 색은 파랑, 빨강, 흰색으로 구성되어 있다. 이는 프랑스 혁명의 깃발 색을 상징한다. 밀레는 아마도 프랑스 시민혁명에 대한 갈망이 그림 속에 녹아들어 간 것으로 보인다.

⑤ 관리자와 노동자, 계급사회를 비판하다

그림에서 보면 저 멀리서 말을 타고 수확을 감시하는 감독관을 볼 수 있다. 농촌과 농민을 그림으로 그렸지만, 다른 한편으론 계급사회의 이중성을 고발하는 작품으로도 이해할 수 있는 것이다.

4. 회화의 혁신 레버리지

미술관에 가면 흑백사진이 있다

미술관에 가 본 적이 있는가?

유명 미술관에 가면 꼭 사진의 역사를 전시하는 공간이 있다. 그럼 왜 사진이 전시되어 있는가? 사진이 발명되기 전까지는 똑같이 그리는 것이 그림을 잘 그리는 시대였다. 그래서 중세 유명 화가들이 그린 초상화를 보면, 옷 주름에서부터 손가락 굴곡까지 아주 섬세하게 표현하고 있다. 마치 사진을 찍어 둔 것처럼 말이다.

'누가 더 살아 있는 듯 더 잘 그리나?' 하는 게 그림 잘 그리는 화가의 기준이 되기도 했다. 그런데 어느 날, 이 괴물 같은 사진이 발명되었다. 그때부터는 아무리 초상화를 잘 그린다고 해도 인화된 사진보다 더 정밀하고 똑같을 수는 없었다.

카메라가 발명되다

최초의 실용적인 사진기는 독일의 요한 잔에 의해 1685년 개발되었으며 휴대하고 다닐 수 있을 정도로 작았다. 그러나 이는 사진기가 실제로 사람들 사이에서 사용되기 전, 약 120년 전의 일이다. 실제로 사람들이 사용하는 카메라는 1800년대에 등장했다.

최초의 사진기는 잔의 발명품과 유사한 것들로 촬상부가 있는 상자를 앞뒤로 이동시켜 초점을 맞추었으며 이미지 기록을 위해 감광판을 빛에 노출하는 방식이었다. 1839년 구리 판을 이용한 루이 다게레의 다게레오타이프 촬영술이 발명되어 대중에게 널리 사용되었다. 1841년에는 윌리엄 폭스 텔벗이 종이에 이미지를 기록하는 캘러타이프 촬영술을 발명함으로써 본격적으로 사진이 대중화되는 길에 들어서게 되었다.

카메라, 화가들에게 절망의 수단이 되다

카메라가 대중화되고 사진이 보급되면서부터 사실상 화가들은 절망의 길로 들어선다. 사진보다 더 사실처럼 그림을 통해서 구현할 수는 없는 일이었다. 실제 근 몇십 년 동안 그림이 무엇인지 묻고 따지는 시대에 들어선다.

그래서 혁신은, 〈자극(刺戟)〉이 만들어 낸 역사이다.

엄청난 자극과 고난이 밀려올 때, 그 자극을 극복하는 새로운 창조가 혁신이다. 사진기가 발명되고 사진이 유행하는 몇십 년 동안 화가들은 넋을 잃은 채 희망 없이 살아간다. 하지만 이런 절망과 고독은 또 다른 새로운 창을 만들며 혁신이라는 이름으로 재탄당하게 된다.

제2장 미술의 혁신

더 이상 초상화가 필요 없는 시대

궁중 화가나 시중의 유명화가 모두 중요한 생계 수단은 왕이나 귀족들의 요청에 의한 그림이다. 그 대부분이 초상화나 인물화를 요구했다. 왕실에는 왕이나 왕비, 그리고 왕자나 공주의 초상화가 많이 걸려있다. 그런 역사적인 사실을 후대에 남기기 위해 궁정화가가 필요한 것이다. 그리고 귀족이나 돈이 많은, 상인들이 자신이나 가족의 초상화, 인물화가 필요할 때 화가들에게 요청해서 그림으로 남기는 것이다.

그런데 사진이 나옴으로써, 더 이상 이보다 더 잘 그릴 수 있는 화가는 존재하지 않았다. 초상화가 필요하거나 가족화가 필요하면 그냥 사진사를 부르면 실물과 똑같이 사진으로 인화할 수 있기 때문이다.

<사진>을 작품의 밑그림으로 사용하기도 하다

세상은 항상 정과 반의 연속이다. 사진도 예외는 아니다. 화가들을 절망 속에 빠뜨렸는가 하면, 화가들이 사진을 그림의 밑바탕으로 이용하기도 했다.

1830년 프랑스 다게르와 영국의 탤벗 등이 영상을 널빤지나 종이에 정착하는 방법을 발명했다. 그 이후 사진을 밑그림으로 사용해서 그림을 그리는 방법도 발전해 나갔다. 앵그르의 '샘'이라는 작품도 밑그림에 사진을 사용했고, 들라크루아와 쿠르베 등도 사진을 밑그림으로 종종 사용했다.

튜브 물감이 발명되다

오늘날 우리가 사용하는 튜브형 유화물감이 만들어진 것은 1840년대의 일이다. 튜브에 장착함으로써 유화물감을 누구나 다룰 수 있게 되었고 야외에서 그림을 그리는 일도 가능해졌다. 왜냐하면, 그전까지는 화가가 직접 물감을 개서 제조했는데, 색깔별로 외부로 이동이 쉽지 않았기 때문이다.

튜브형 물감의 발명은 풍경화를 그릴 수 있는 환경을 더 편리하게 만들었다. 더불어 접이식 이젤과 그림 상자 등도 동시에 잘 팔려나갔다. 야외로 캔버스를 들고나가서 풍경을 직접 보며 그린 유화 작품들이 늘어난 배경에는 이런 기술의 발전하였기 때문이다.

이 튜브형 물감의 발명이야말로 인상파를 만들어 낸 큰 역할을 하게 된 것이다.

혁신이 빚어낸 산물, 인상파의 등장

그러다가 '사진' 이상의 그림을 그리면서 부각된 새로운 사조가 〈인상파〉다. 굳이 사진과 똑같이 그리는 것만 능사가 아님을 알고서, 시간에 따른 빛의 강약. 그리고 시각에 따라서 달라지는 색감 등을 그림에 반영했다. 그리고 사진과 달리하기 위해서 배경은 아예 그리지도 않았다. 마네의 〈피리 부는 소년〉이 배경이 없이 사람만, 집중하는 좋은 사례이다.

인상파들은 그 시대의 진정한 〈혁신가〉였다. 그래서 인상파 그림이 다른 화풍에 비해 비싼 가격으로 팔리는 편이다. 그 이후로 후기 인상파를 거쳐서 야수파와 입체파, 초현실주의까지 이르며 현대미술은 발전하게 된다.

혁신은 새로운 시대를 창조한다.
시대는 또 다른 시대의 인간의 삶을 영위롭게 만든다.
그래서 혁신은, 인간의 역사와 분리하기가 어려운 이유다.

5. 살아남기 위한 혁신, 인상주의

현대미술의 시작

신고전주의와 낭만주의에 반대하여, 19세기 중후반 프랑스 사회 모습을 담아낸 미술의 종파이다. 대략 1863년에서 1890년 사이에 활동한 사람들로 구성되어 있다. 아틀리에서 벗어나 야외에서 순간의 '인상'을 포착하고, 빛에 따른 색의 미묘한 변화까지 화폭에 담아내려 노력했다.

따라서 현대미술과 모더니즘의 시작을 알린 미술 사조이기도 하다. 인상파는 이 인상주의의 특징을 가지고 작업한 예술가들을 칭하는 말이다. 미술에서 인상주의(impressionism)는 현대미술의 시작으로 인정받는다. 인상주의와 이전 예술의 가장 큰 차이점은, 감각에 대한 새로운 인식의 변화가 생겼다는 점이다.

빛을 연구하는 화가의 탄생

인상파를 일컬을 때, 흔히 빛을 연구하는 화가들이라고 한다. 그 이유는 사물이 영원히 똑같은 모양이나 색깔로 존재하는 것이 아니라, 빛을 받는 각도에 따라 빛의 양에 따라 그 모양이나 색깔이 변한다고 믿었던 까닭이다.

그 대표적인 그림이 모네의 〈인상, 해돋이〉다. 그 작품이 발표될 당시에는 모네의 의도를 파악하지 못한 평론가들에게 '그리다 만 작품'이라고 혹평을 받았다. 하지만 모네가 보여준 빛을 통한 임프레션(impression)을 이해하게 된 후 그 작품은 인상파의 효시가 된다.

'감각'을 중시한 화가의 등장

당시 유명 칼럼에서 말하기를, 인상주의는 '풍경 자체가 아니라 풍경이 낳은 〈감각〉을 묘사했다'라고 서술했다. 요컨대 인상주의자들은 감각이라는 것을 개념적인 영역으로 이해했다. 다시 말해 감각이라는 것은 기본으로 외부를 향해 있지만, 감각의 실체라는 것은 내면에 실존한다고 믿은 것이다.

이것이 사실주의자들과 구별되는 점은 사실주의가 현실의 기계적 재현이라는 말로 폄하되곤 했던 것에 비해 인상주의의 경우 실재를 드러내면서도 내면에 실존하는 감각을 이용한 개인의 주관성을 놓치지 않았다는 점이다. 인상주의가 현대 미술의 시작으로 인정받는 이유는 바로 이 점, 실물과 일치하는 외양을 창조하면서도 개인의 자유를 발휘하는 것 때문이다.

풍경에서 벗어나 인간의 내면까지 그려내다

그 당시 인상주의 화가들은 풍경만 그리는 것에서 벗어나. 당시 유행하는 옷을 입은 여자들이나 벌거벗은 여자를 자연의 빛 속으로 끌어내어 그렸다. 르누아르의 〈목욕하는 금발의 여인〉에서는 나무 사이로 쏟아지는 빛과 그림자가 벌거벗은 여자의 몸에서 흔들리는 모습이 너무도 생생하다. 따라서 살랑거리는 바람까지도 느낄 수 있다. 그러나 당시의 비평가들은 이 작은 색의 변화를 '마치 썩은 시체 같다'라며 악평을 했다.

혁신은 새로운 세상을 여는 창조다. 지금 그대로의 모습으로 안주하는 것은 구태다. 시대에 따라 모든 혁신은 껍질을 벗고 벗기고 새로운 모습으로 태어나야 한다. 그래야 훗날 후세들에게 새로운 세상을 창조한 선구자라는 소리를 들을 수 있는 것이다.

사실주의와 대비되는 자연주의

그 당시 일부 인사들은 인상주의자들을 '자연주의자'라고 불렀는데 이 용어에 내포된 의미에는 자연에 대한 객관적인 표현을 전제하고 있었다. 하지만 비평가들 스스로 말했듯이 인상주의자들은 자연주의라는 용어에는 맞지 않았다.

쿠르베의 사실주의에서 실생활의 대상은 노동자, 농부와 같은 하층민이었다. 하지만 인상주의에서 실생활은 부르주아의 삶으로서 나타난다. 실생활을 표현하는 태도 또한 차이가 있였다. 가령 쿠르베의 회화가 정치적인 논쟁을 던질 정도로 도발적이었다면 인상주의자들에게서 이러한 격렬함은 희석되고 오히려 즐거움과 유희가 나타난다. 또한, 쿠르베가 지방을 지향했던 것에 반해 인상주의자들은 도회적인 인상을 강하게 남겼다.

사회적 환경이 <인상주의>를 불러내다

영국의 산업혁명과 더불어 프랑스에도 자본주의가 발달하고, 발전하는 사회가 한몫하게 된다. 그 당시 파리 시민들은 풍요 속에서 주말이면 센강이 흐르는 교외에 나가 소풍을 즐기곤 했는데, 이런 좋은 배경들이 인상파 화가들의 작품 소재가 된 것이다.

또한, 그들은 큰길을 오가는 마차와 거리마다 있는 카페의 모습을 그려냈는데, 그런 풍경들 역시 당시 유행하던 거리의 모습이었다.

5-1. 에두아르 마네 - 인상파의 거두

마네가 세상에 나오다

에두아르 마네는, 할아버지가 판사이고 아버지도 판사인 유복한 집안에서 태어났다. 처음에는 아버지가 화가의 길을 허락해주지 않아 17살에 남아메리카 항로의 수습사원이 되었다. 그 뒤 해군사관학교에 지원했다가 낙방한 후 1850년에 겨우 쿠튀르의 아틀리에에 들어갔다.

그러나 학구적인 역사 화가인 쿠튀르에게 반발하여 자유 연구로 스스로 독학을 택했다. 이때 루브르 박물관 등에서 고전 회화를 자주 모사했고, 이런 덕택에 F. 할스나 벨라스케스 등 네덜란드나 에스파냐 화풍의 영향을 많이 받았다.

새로운 시선이 혁신의 시발점

1859년부터 살롱에 출품해 낙선이 잦았지만, 고티에나 보들레르부터 주목을 받게 된다. 살롱에는 1861년 입상해 겨우 수상한 적이 있으나, 이후로도 수난은 계속되었다. 1863년 전시회에 출품한 그의 작품인 〈풀밭 위의 점심 식사〉는 많은 이들의 관심과 함께 조롱을 받았다.

왜냐하면, 그는 이때까지의 회화와는 다른 관점으로 그림을 그렸기 때문이다. 당시까지만 해도 그림은 명암의 변화를 섬세하게 구분하여 전통적인 방식으로 그렸지만, 마네는 쏟아지는 햇볕 아래서 밝은 부분을 어둡게 보이고 어두운 부분도 주위 사물에서 내쏘는 반사광으로 인해 어둡게 보이지 않는다는 것이라고 주장했다.

실제로 그의 작품인 풀밭 위의 점심 식사는 어두운 부분은 하나의 색채를 가지고 그림 속의 사물들은 입체감을 잃고 평면이 되었다. 또한, 논란이 되었던 부분은, 옷을 입지 않은 나체 여성과 옷을 입은 남성을 일상적인 정경 가운데 함께 그렸다는 것이다.

인상주의의 태동 <마네>

마네는 인상주의의 선두 주자로서 훗날 여러 인상주의 화가들에게 큰 영감을 주었다. 마네가 1863년 전시회에 출품한 〈풀밭 위의 점심 식사〉는 벌거벗은 여자를 파리 교외의 풍경 속에 자연적으로 그려 넣었고, 2년 후에 출품한 〈올랭피아〉에서도 밝은 색조의 현대적인 여성 누드를 그려 새로운 감각을 전하고 있다. 이들 작품이 모네를 비롯한 훗날 인상주의 화가들에게 깊은 감명을 주었다.

마네를 따라 인상주의 화가들은 1860년대부터 이런 식의 그림을 그렸는데, 하지만 여간해서 비평가들의 인정을 받지 못했다. 그래서 이들은 스스로가 장소를 빌려서 1874년 독자적인 전시회를 열었다. '인상주의전'으로 불리는 이 그룹전은 그 후 많은 화가들이 참여하게 된다.

마네, 인상주의의 선구자가 되다

이후에도 마네의 그림은 여러 번 논란의 대상이 되었는데 그의 작품인 〈올랭피아〉는 1865년 살롱에 전시되었지만 신랄한 비판의 대상이 되었다. 이 두 작품에 대한 비난은 사실 일방적으로 이루어진 지나친 감이 많았다. 하지만 이런 계기가 훗날 그의 표현기법의 밝음과 참신성을 이끌어준 계기가 되었다.

오히려 욕을 먹었던 〈올랭피아〉 사건 이래 화단과 문단 일부에서 열렬한 지지자를 얻었고, 자신을 존경하는 피사로, 모네, 시슬레 등 청년 화가들 사이에서 이후에 대두될 '인상주의'의 길을 여는 기폭제가 된 것이다.

후세에 가장 논란거리 작품을 그리다

마네의 걸작이라 할 수 있는 〈폴리 베르제르의 술집(Un bar aux Folies Bergère, 1882)〉 역시 많은 논란의 대상이 되었으며 아주 최근까지도 미술학도와 일반인들이 즐겨 씹는 안줏거리였다.

왜냐하면, 이 그림에 등장하는 여성이 매춘부라는 주장에서부터 이 작품에서 보이는 구도는 실제로는 불가능한 구도이기 때문에, 마네는 미술의 기본도 모른다는 등 갖가지 구설에 오른 작품이다. 결국, 21세기 들어서야 사진 전문가가 그림 속의 상황을 그대로 재현한 사진을 촬영함으로써 마네의 억울함을 풀어 주었다.

<피리부는 소년>도 살롱에서 전시를 거부 당하다

이 그림은 마네의 1866년 작품으로 크기는 세로 161㎝, 가로 97㎝이다. 파리 오르세미술관에 소장되어 있다. 이 그림의 모델은 마네의 친구인 르조슨 사령관이 데려온, 황제 친위대 곡예단의 페피니에르라는 피리 부는 소년이다.

불그스름한 회색 배경 앞에 경찰 모자를 쓰고 붉은 바지를 입은 작은 키의 소년이 도드라져 보이는 그림이다. 소년은 얼굴을 정면으로 향한 채 피리를 불고 있다. 이 작품은 손과 발 부분을 빼고는 그림자가 전혀 없는 평면적인 묘사로 인물의 실재감을 표출시키고 있는데, 종이를 바른 것처럼 단순한 배경은 실재감을 강조하는 효과를 준다.

이 그림이 1866년 살롱에서 거부되자, 당시 예술의 변화를 예감했던 에밀 졸라는 신문 기고를 통해 마네의 예술을 변호하였다. 졸라는 '그렇게 간결한 필치로 그처럼 힘 있는 미적 효과를 내기란 쉽지 않다'라며 마네의 정확성과 간결성을 높이 평가하였다.

【 혁신 포인트 】〈풀밭 위의 점심 식사〉는 왜 혁신인가?

① 너무나 사실적이다

1863년 낙선전에서 선보인 〈풀밭 위의 점심 식사〉는 단숨에 사람들 입소문을 탔다. 물론 좋은 방향으로 보다는 나쁘게 악평으로 입에 오르내렸다는 것이다. '풀밭 위의 점심 식사'에 가해진 비판의 첫 번째 요점은 '너무 사실적'이라는 것. 있는 그대로 너무 적나라하게 그려졌다고 비판했다.

② 너무도 서민적이다

주제가 지나치게 현실적이고 직접적이라는 것이다. 그 당시까지의 그림의 중심적 소재는 신이나 왕족, 그리고 귀족이었다. 과거의 역사를 대변하지도 못하고 신화와 같은 먼 세계의 교훈적이고 감동적인 이야기도 아니다. 특히 나폴레옹 3세 시대의 '평범한 도시인'이 소풍 나온 장면 따위나 그려서 뭐 하자는 식으로 비판이 이어졌다.

③ 정말 못 그린 그림이다

불만인 사람들은 더구나 '그림을 너무 못 그렸다'라고도 지적했다. 이전 그림들이 붓 자국이 보이지 않을 정도로 말끔하게 그리는 것을 목적으로 한 데 반해, 마네는 붓 자국을 그냥 드러냈다. 훗날, 이 붓 자국 때문에 작가 감정하기가 쉬워져서 도리어 가치가 올라가지만, 이때만 해도 프랑스 비평가들은 너무나 보수적이었다.

④ 입체감도 전혀 없다

끝으로 그림이 입체감 없이 평평한 것도 지적을 받았다. 오늘날에도 일반인들은 이 점이 눈에 거슬릴 것이다. 하지만 역설적으로 이 평평함이 마네를 혁신의 아이콘으로 만들었다. 이후 이론가들은 마네가 '그림을 그림답게 그렸다'고 추켜세웠다. 괜히 거짓말하지 않고 솔직하게 그렸다는 것이다. 이게 나중에 '순수 회화(pure painting)'라는 말의 기원이 된다.

즉, 회화만의 특징 이외에 다른 효과는 배제한 그림이 나오게 된 것이다. 조각처럼 볼륨이 있으면 안 되고, 문학처럼 이야기가 있으면 안 되고, 건축처럼 공간감이 느껴지면 안 되고, 음악처럼 소리와 시간이 느껴지면 안 된다고 여기게 된 것이다. 역으로 이 회화 기법의 추구가 오늘날 추상화를 만든 결과를 낳게 된다.

아니나 다를까, 과거의 저항과 새로운 시선이 혁신을 창조한다.

⑤ 매춘부를 그림 속 주인공으로 하다

마네는 〈풀밭 위의 점심 식사〉 이후에도 구태와의 저항을 끝내지 않았다. 마네의 원래 성격이 반항기가 있었는지 모르겠지만, 〈올랭피아〉에서는 아예 매춘부를 등장시켰다.

⑥ 그림의 이름을 매춘부의 닉네임으로 정하다

이 그림의 모델 빅토린 뫼랑은 매춘부가 아니라 화가 지망생이었지만, 그림 속 여인에게 매춘부를 상징하는 요소를 집어넣고 제목까지 당시 매춘부들이 흔히 쓰는 가명이었던 〈올랭피아〉로 지었다.

⑦ 옷을 벗은 현실 속 여인을 데려오다

그전까지의 서양 전통 회화에서 그릴 수 있었던 누드화는 여신 밖에 없었다. 즉 비현실의 존재를 그린 것이었는데, 마네는 그 앞에 현실의 누드를 끌어온 것이다. 앞서 〈풀밭 위의 점심 식사〉 역시 마찬가지지만, 이는 그 당시 사람들을 매우 불편하게 했다.

⑧ 그림 속 주인공과 대화를 하다

이 그림이 불편한 또 다른 이유는, 그림 속 여자가 거만하게 날 노려다 본다는 것이다. 근데 이게 또 후대 학자들에게 큰 평가를 받는 요인이 된다. 왜냐하면, 이는 연극성을 제거한 것으로 평가받았기 때문이다. 우리는 상대가 내 눈을 마주 보지 않고 없는 듯이 행동하는 걸 '연극하는 것 같다'라고 말하곤 한다. 이전 회화에서 그림 속 등장인물들은 마치 관람자가 없는 듯이 행동하는 것처럼 그려졌다.

⑨ 감성을 그대로 표현하다

마네 그림의 특징으로 여겨지는 건, 초상화에서 인물의 '내면'이 느껴지지 않는다는 것이다. 사람들은 '인물이 정물화같이' 그려졌다는 말까지 할 정도였다. 후대 연구자들은 바로 이 부분에서 마네가 새로운 근대성을 보여주었다고 말한다. 마네는 오늘날 도시인의 감성 그대로 초상을 그린 것이다. 오늘날 도시 사람들은 무덤덤하게 그냥 지나치며 가끔 바라볼 뿐, 타인에게 감정을 드러내려 하지 않는다. 마네는 바로 이 무심함, 냉담함을 그린 것이다.

5-2. 인상주의의 완성 – 클로드 모네

최고의 거장이 세상에 나오다

1840년 프랑스 파리에서 태어났다. 소년 시절을 영국 해협의 항구 도시인 르아브르에서 보냈으며, 그곳에서 화가 외젠 부댕을 만나 야외에서 그림을 그리며 자연광 묘사에 대한 기초적인 화법을 배웠다. 또한, 이 과정에서 네덜란드의 풍경화가 요한 바르톨드 용킨트를 알게 되었고, 그로부터 공기 중의 빛을 포착해 내는 기법을 익혔다. 훗날 모네는 용킨트를 가리켜 자신이 예술가의 눈을 키우도록 가르침을 베풀어준 진정한 거장이라 말하기도 했다.

새로운 친구들을 만나다

모네는 1859년 19세 때 파리로 가서 아카데미 쉬스에서 카미유 피사로와 만났다. 1860년 군대에 징집되어 1년간 알제리 주둔지에서 복무했으며, 1862년 장티푸스에 걸려 전역했다. 그는 파리로 돌아와 샤를 글레르 밑에서 '르누아르, 시슬레, 바지유' 등과 어울리며 공부했다. 이들의 우정은 훗날 새로운 미술의 움직임을 탄생시키는 밑거름이 된다.

<인상, 해돋이>를 발표하다

1873년 화가, 조각가, 판화가 등으로 이뤄진 무명 예술가 협회를 조직했는데, 이것이 훗날 인상주의의 모태가 되었다. 1874년 첫 번째 그룹전을 열어 〈인상, 해돋이〉를 출품했다. 이 전시를 관람한 비평가 루이 르로이는 모네의 〈인상, 해돋이〉에 대한 조롱의 의미를 담아 처음으로 인상주의라는 말을 사용했다. 그리고 인상파란 이름이 모네를 중심으로 한 화가 집단에 붙여졌다. 모네는 이후 1886년까지 모두 8회 동안 이어진 인상파 전시에서 5회에 걸쳐 여러 작품을 출품하여 인상파 지도자로서의 위상을 굳혔다.

훗날 추상화에 영향을 끼치다

모네는 거의 실명해가는 상태에서도 빛에 따라 달라지는 정원의 모습을 표현하기 위해 죽기 1년 전인 1925년까지 붓을 놓지 않았다. 죽어가는 노화가의 마지막 투혼인 셈이다. 눈이 잘 보이지 않는 상태에서 그린 그의 말기 회화가 추상화에 영향을 미쳤다고 보는 견해도 있다.

오리엔탈과 저패니즘에 빠지다

모네 역시 당대 프랑스 화단의 유행을 따라서 상당한 수준의 자포네스크 취향을 보여주었다. 첫 번째 아내 카미유에게 기모노를 입히고 그린 초상화로, 심지어 배경조차도 일본 그림이 그려진 부채로 도배했다. 지베르니의 자택 정원도 당시 유행했던 일본식 정원처럼 꾸미기 위해 일본식 다리를 세워 놓아서, 지베르니의 정원을 그린 작품에서 이 다리를 자주 볼 수 있다. 일본인에게도 상당한 호감을 보여 일본 귀족들을 집으로 초대해 식사를 대접하기도 했다.

이런 오리엔탈에 심취한 결과, 수련이나 기타 모네의 작품들에 등장하는 동양적이고도 정적인 미가 그림 속에서 은은히 빛을 발하고 있다.

빛을 그리는 화가의 탄생

클로드 모네가 르아브르에서 보낸 유년 시절은 그가 훗날 작품을 창작하는 데 있어서 커다란 영향을 미쳤다. 그는 이곳에서 노르망디 바닷가와 자연을 탐험하며 시간을 보냈다. 그는 이곳에서 급격히 변화하는 날씨가 자연의 모습에 미치는 효과를 관찰할 수 있었다.

모네에게 '겉모습으로의 현실', '빛이 보여주는 세상'은 매 순간 변화하여 생성되는 과정에 있었고, 이를 포착하려는 노력은 새로운 기법을 낳았다. 기존의 살롱 양식으로는 이 변화와 생명력을 전달하는 것이 불가능하다는 것을 깨달은 모네는 새로운 기법, 즉 '인상파 양식'을 시도한다. 빛의 변화를 포착하려는 붓은 속도를 내야 했고, 그 결과로 그림에는 짧게 끊어지는 자유분방하고 거친 붓 자국이 가득했다.

원래 정해진 색은 없다. 빛에 따라 변화할 뿐,

색 표현 역시 이전의 양식과는 달랐다. 모네에게 있어서 물체의 고유색이라는 것은, 기억과 관습이 만든 뇌의 편견일 뿐이었다. 그의 '눈'이 바라본 대상의 색채는 빛과 대기, 주변의 색에 영향을 받아 〈매 순간 새롭게 만들어지는 것〉이었다. 전통적인 회화는 한 대상을 다른 대상과 명확히 구분했으나, 모네는 대상을 구별하지 않고 윤곽선이 빛과 대기에 의해 이어져 있는 것으로 표현했다.

이런 과정에서, 전통적 의미의 선원근법, 구도, 채색, 드로잉 등의 회화 기법은 무의미해졌다. 이로써 모네는 회화에서 자유의 영역을 넓혔을 뿐 아니라, 다른 예술가와 대중들에게 대상을 바라보는 새로운 '눈'을 가르쳐 주었다.

시간과 빛의 흐름을 위해 연작을 만들다

시간과 계절의 변화에 따라 어떻게 변하는지에 매료되었던 모네는 '건초더미(1894)', '포플러(1892)', '루앙 대성당(1894)', '수련(1914)'과 같은 연작 시리즈에서 새로운 경지에 이르렀다. 이 작품들은 똑같은 풍경이 시간의 변화에 따라 다양하게 변하는 모습을 각기 다른 그림들로 그린 것이다. 명암이 마치 고체처럼 만질 수 있는 실체를 가진 것으로 보여, 회화 역사상 이정표가 되는 작품들이다.

모네의 후기 활동은 지베르니에 있는 수련 연못에 초점이 맞춰져 있다. 작품들은 초대형의 벽화와 같은 캔버스 형식을 취했다. 식물들과 물의 색이 추상적인 환영 속에 녹아있고, 물감을 십자형으로 두껍게 칠하여 독특한 질감을 창조했다.

인상파의 탄생, 끝까지 임프레션(impression)

인상주의라는 말 자체가 클로드 모네의 그림 중 매우 중요한, 〈인상, 해돋이〉라는 작품에서 시작이 된다. 이 그림은 1874년 모네, 피에르오귀스트 르누아르, 에드가 드가를 포함한 일군의 화가들이 개최했던 '앵데팡당 전(展, Salon des Artistes Indépendants)'에 처음으로 선보였는데, 이 전시에 대한 비평문에서 비평가 루이 르루아는 〈인상, 해돋이〉가 스케치에 지나지 않는다고 비난했으며, 부정적인 의미에서 이 전시회에 '인상주의자의 전시회'라는 별칭을 붙였다. 하지만 이들은 인상주의자라는 단어를 자랑스럽게 받아들였다.

심지어 다른 인상파 화가들조차 빛의 변화를 포착하는 데에만 집중해서 대상 자체의 형태를 파악하기 어렵고 무게감이 떨어진다는 인상주의의 한계를 자각하고 화풍을 바꿀 때까지도 모네는 끝까지 인상주의 화풍을 고수했다. 인상주의를 시작하고 인상주의를 끝까지 지킨, 실로 인상파의 아버지라고 할 수 있는 인물. 오늘날 인상파라고 말할 때 떠올리는 작품 대부분이 바로 그의 작품이었다.

【 혁신 포인트 】 사진을 거부한, 새로운 혁신의 탄생

① 새로운 창을 열다 – '인상, 해돋이'

1874년 모네는 첫 번째 그룹전을 열어 '인상, 해돋이'를 출품했다. 이 전시를 관람한 비평가 루이 르로이는 모네 그림에 대한 조롱의 의미를 담아 처음으로 〈인상주의〉라는 말을 사용했다. 그 이후 인상파란 이름이 모네를 중심으로 한 화가 집단에 붙여졌다.

② 화가의 집념이 추상화에 영향을 끼치다

모네는 나이가 들어 눈이 보이지 않는 상태에서도 빛에 따라 달라지는 정원의 모습을 표현하기 위해 최선을 다했다. 특히나 죽기 1년 전인 1925년까지 앞이 잘 보이지 않는 상황에서도 붓을 놓지 않았다. 죽어가는 노화가의 마지막 투혼인 셈이다. 그러나, 혁신은 특이한 곳에서 찾아온다. 눈이 잘 보이지 않는 상태에서 아무렇게나 덧칠된 그의 말기 회화가, 훗날 〈추상화〉에 이르는데, 영향을 미치게 되었다.

③ 빛을 그리는 화가의 탄생

클로드 모네는 유년 시절에 노르망디 바닷가와 자연을 탐험하며 시간을 보냈다. 그는 이곳에서 급격히 변화하는 날씨가 자연의 모습에 미치는 효과를 관찰할 수 있었다. 모네에게 '겉모습으로의 현실', '빛이 보여주는 세상'은 매 순간 변화하여 생성되는 과정이었다. 따라서 이를 포착하려는 노력은 새로운 기법을 낳았다. 기존의 살롱 양식으로는 이 변화와 생명력을 전달하는 것이 불가능하다는 것을 깨달은 모네는 새로운 기법, 즉 '인상파 양식'을 시도한다. 빛의 변화를 포착하려는 붓은 속도를 내야 했고, 그 결과로 그림에는 짧게 끊어지는 자유분방하고 거친 붓 자국이 가득하게 되었다.

④ 색이란, 빛에 따라 변화한다

모네에게 있어서 물체의 고유색이라는 것은, 기억과 관습이 만든 뇌의 편견일 뿐이었다. 그의 〈눈〉이 바라본 대상의 색채는 빛과 대기, 주변의 색에 영향을 받아 매 순간 새롭게 만들어지는 것이었다. 전통적인 회화는 한 대상을 다른 대상과 명확히 구분했으나, 모네는 대상을 구별하지 않고 윤곽선이 빛과 대기에 의해 이어져 있는 것으로 표현했다.

⑤ 시간과 빛의 흐름을 따라 그리다

시간과 계절의 변화에 따라 색이 어떻게 변하는지에 매료되었던 모네는 '건초더미', '포플러', '루앙 대성당', '수련' 등과 같은 연작 시리즈에서 새로운 경지에 이르렀다. 이 작품들은 똑같은 풍경이 시간의 변화에 따라 다양하게 변하는 모습을 각기 다른 그림들로 그린 것이다. 명암이 마치 고체처럼 만질 수 있는 실체를 지닌 것으로 보여, 회화 역사상 이정표가 되는 작품들이다.

⑥ 인상주의의 아버지로 불림

인상주의라는 말 자체가 클로드 모네의 그림 중 매우 중요한, 〈인상, 해돋이〉라는 작품에서 시작이 된다. 이 작품을 시작으로 모네를 비롯한 이들에게 인상주의자라는 단어가 씌여졌고, 화가들은 그 말을 오히려 자랑스럽게 받아들였다.

6. 후기 인상주의 혁신

후기 인상주의란?

1910년 겨울 런던의 그래프론 화랑에서 개최한 전시회에서 영국의 미술평론가 로저 프라이가 〈마네와 후기 인상주의전〉이란 표제에서 유래한 명칭이다. 이와 같이 후기 인상주의란 표현처럼 특정한 예술운동이나 단일한 경향을 가리키는 말은 아니다. 일반적으로 마네와 클로네 모네, 피사로, 시슬리 등의 인상주의와 그 당시 유행했던 점묘주의로서의 신인상주의에 대한 반동으로 전개된 화풍이다. 신인상주의는 이전보다 견고한 화면 구성을 구하려 했던 경향과 표현 내용을 중요시했던 경향이 높다.

후기 인상주의 특징

가장 대표적인 화가로 세잔(1839~1906), 반 고흐(1853~1890), 고갱(1904~1948), 이 세 명만을 가리키는 경우가 더 많다. 3인 모두 초기에는 인상주의에 참가했으나, 세잔은 인상주의 작품이 물체의 형태가 불꽃 속에 용해되어 공간 표현이 모호해지는 것이 회화로는 문제가 있다고 생각했다.

　이런 의구심에서부터 물체의 실제와 고전적 작품의 견고한 화면을 구성하며 입체주의로의 길을 열었고, 반 고흐는 정열적인 감정의 표현을 강하게 함으로써 표현주의와 야수주의의 선구자가 된다. 고갱도 상징주의적 색채를 짙게 구현함으로써 인간의 삶과 죽음에서 특히 영적인 표현을 통하여 인상주의를 탈피했다. 그는 순색의 넓은 색 면에 의한 기법을 개발하여 나중에 입체주의 탄생에 새로운 이정표를 마련했다. 따라서 후기 인상주의는 인상주의에서 출발하여 그것을 더욱 발전시킴으로써 그 개성적인 표현 방법을 정립하였고, 다가오는 20세기 회화인, 포비즘(야수주의), 큐비즘(입체주의), 표현주의와 가교 역할을 했다는 의미에서 그 의의가 있다.

6-1. 빈센트 반 고흐

금세기 최고의 천재 화가가 태어나다

　1853년 3월 30일, 네덜란드 남부 노르트브라반트주 쥔더르트에서 개혁교회의 목사 테오도뤼스 반 고흐와 아나 코르넬리아 반 고흐 부부의 아들로 태어났다.

　고흐에게는 태어나자마자 죽어버린 형이 있었는데 그 형의 이름도 빈센트 빌럼이었다. 그의 형이 같은 이름을 가지고 있었기 때문에 고흐는 살면서 죽은 형을 대신해 살고 있다는 생각을 항상 했다고 한다. 그게 고흐의 불행을 자초했다고 얘기하는 사람들도 있다. 고흐는 죽은 사람을 대신하여 살고 있었기 때문에 항상 죽음을 생각하며 살았다고 한다.

어릴 때의 고흐는 그냥 평범한 아이였다. 고흐가 태어난 지 2년 후에 여동생 아나 코르넬리아가 태어났고 그로부터 다시 2년 후에 고흐의 평생 친구이자 동반자가 된 남동생 테오가 태어났다.

어머니의 미술가적 재능을 받다

고흐의 미술적 재능은 직접적으로는 어머니에게서 물려받았다. 어머니 아나 코르넬리아는 직접 야생화를 스케치하거나 직접 만든 꽃다발을 수채화로 그리는 등 미술을 취미생활로 즐겼으며 어린 고흐가 9살 때 개를 보고 그린 스케치는 어머니의 영향이 보이는 희귀한 자료다.

미술 교사의 수업에서 기본을 익히다

1866년에 틸뷔르흐의 빌럼 2세 국립중학교로 진학했다. 이 학교는 당시에는 매우 이례적으로 미술이 교과 커리큘럼에 도입되어 있었다. 네덜란드 출신으로 파리에서 명성을 쌓은 화가 콘스탄츠 코르넬리스 하위스만스가 이 학교의 미술 교사였는데 고흐는 하위스만스 밑에서 기본적인 미술 수업을 받았다.

미술가가 아닌, 미술 공구상으로 키워지다

고흐가 16세가 되던 해 큰아버지 센트의 주선으로 헤이그의 미술상인 구필 화랑에서 일을 시작하게 된다. 고흐 큰아버지 본명은 빈센트 반 고흐로 고흐와 똑같은 이름이다. 고흐의 아버지 테오도뤼스와 우애가 남달랐던 센트는 헤이그에서 화상으로 성공한 사람이었다. 특히 센트는 프랑스의 바르비종파를 접하고 나서 바르비종파의 화풍이 득세할 것을 예측하고는 바르비종파의 그림들을 수집해 헤이그에서 판매했다.

자연주의의 대가 밀레의 영향을 받다

바르비종파의 특징 중 하나는 자연을 그리는 것이었고, 일반적으로 아틀리에 안에서 상상으로 그림을 그리던 방식에서 벗어나, 밖으로 나가 스케치를 하고 그것을 바탕으로 그림을 그리는 방식이 점차 대세가 되어갔는데 센트는 이런 추세를 놓치지 않아서 큰 성공을 거두었던 셈이다. 고흐의 미술에서 자연이 큰 비중을 차지하는 점과 바르비종파의 대부인 밀레의 영향을 받게 하는 데 큰아버지의 역할을 끼쳤다.

바르비종파를 네덜란드에 소개한 큰아버지 센트의 영향도 있었지만, 고흐는 구필 화랑에서 판화로 복제된 밀레의 '이삭 줍는 사람들'을 보고 상당한 충격과 감동을 하였다. 고흐는 밀레를 존경했고, 밀레의 그림은 고흐의 미술에 큰 영향을 미쳤다.

미술 공구상에서 해고를 당하다

1876년 전도유망한 화상의 길을 가고 있던 고흐는 구필 화랑의 런던지점을 내기 위해서 런던에 파견되었으나 고도로 산업이 발전한 런던에서 본 가난한 노동자들의 비참한 현실에 대한 충격과 하숙집 주인의 딸인 외제니 로예를 사랑했지만, 실연을 당하게 된 아픔이 겹치면서 일이 어긋나기 시작했다.

특히 이 시절의 고흐는 미술의 관점에 대해 손님과 논쟁을 자주 벌였던 탓에 화랑에서 해고가 되고 만다. 그러나 이 해고가 나중에 고흐가 미술가의 길로 들어설 수 있는 계기가 된 것이다. 그 당시 해고가 되지 않고 돈벌이가 쏠쏠했다면, 오늘날 화가로서의 고흐와 그의 그림을 마주할 수는 없었을 것이다.

가난한 이들에게 관심을 돌리다

고흐의 미술 철학이란 것이 공부한다고 해서 생겨난 것이 아니라, 가난한 노동자들이 널려 있는데 엘리트와 귀족 중심의 미술이 무슨 의미가 있나 라고 생각을 했고 구필 화랑이 취급하던 살롱 수상작 등 엘리트 중심적인 그림에 동감하지 못하게 된 것도 미술을 대하는 관점을 바꾸는 계기가 되었었다.

브뤼셀로 온 고흐는 화가가 되기 위해 조언을 구했다. 브뤼셀의 미술 아카데미에 들어가는 게 상식적이고 일반적 코스이긴 했지만, 고흐는 독학으로 실력을 쌓는 것을 더 좋아했다. 고흐가 브뤼셀에 왔을 때 동생 테오는 화상의 길을 가면서 회사에서 승진 중이었다. 그 시절 테오는 파리 미술계에 불던 인상주의나 종합주의 같은 새로운 미술 사조들을 편지로 형 고흐에게 알려주는 역할을 하기도 했다.

하지만 원래 미술이란 게 글로 쓴다고 이해할 수 있는 성질의 것도 아니었기 때문에 고흐의 인상주의나 새로운 미술 사조에 대한 이해는 상당히 늦은 편이었다. 그러나 그 때문에 오히려 고흐의 독특한 화풍이 생겨날 수 있었다고 보는 시각이 지배적이다.

그림의 사조를 바꾸게 된, 운명의 여자 '시엔'

고흐는 크리스티네 클라시나 마리아라는 여인과 동거를 하게 되면서 그의 미술 사조는 괴팍함을 띤다. 고흐는 그녀를 시엔이라고 불렀는데 그녀는 매춘부인 데다 딸이 하나 있었고 고흐와 만났을 때는 임신 중이었다.

그러나 고흐는 사회에서 버림받고 소외된 사람들에 대한 애정이 남달랐고, 비극적인 여성들에게 끌렸던 점이 그녀를 사랑하게 된 요인이 되었다. 이런 사랑의 실패와 소외된 사람들에 대한 연민은 나중에 고흐의 화풍을 결정하는데, 중요한 역할을 하게 된다.

그림의 주인공을 귀족이 아닌, 서민으로 바꾸다

1885년 3월 어느 날, 고흐는 호르트라는 농부의 집을 지나 치다가 마침 그 집에 우연찮게 들어갔다. 그때 호르트의 가족들은 석유램프 불빛 아래서 감자를 먹고 있었다. 고흐는 이 광경을 그림으로 그리기로 결심한다.

이후 고흐는 들라크루아의 색채론에 빠져들었으며, 이런 가운데 미완성이던 감자 먹는 사람들을 다시 그리기 시작했다. 감자 먹는 사람들은 고흐의 전기를 정리하는 대작이자, 고흐가 보리나주에서부터 그토록 원했던 가난하고 소외된 사람들을 그리고 싶다는 열망의 성취였다.

남프랑스를 동경하다

고흐는 일본의 우키요에 영향을 받아 렘브란트와 밀레의 어두운 화풍이 주류였던 인상주의에서 벗어나 밝은 화풍을 시도한다. 또한, 대도시의 생활에 싫증을 느꼈고 그는 프랑스의 시골 아를로 이주해 그곳에서 계속 그림을 그린다.

특히 자기의 화풍이 변화함에 따라 네덜란드의 도시나 파리의 모습이 너무 어둡다는 것을 깨닫고 밝은 빛깔의 남프랑스를 동경했다. 이는 나중에 남프랑스에 정착해서 많은 그림을 그리는 계기가 되었다.

영원한 친구 폴 고갱을 만나다

아를에서 화가들의 공동체를 꿈꾸었던 고흐는 아는 화가들에게 모두 편지를 써 보내서 화가 공동체를 만들자고 제안했다. 그런 제안에 응했던 사람은 유일하게 폴 고갱 정도였다. 사실 고갱으로서는 이 제안이 나쁠 게 없었는데, 고흐의 동생인 테오가 생활비를 대주는 식이었기 때문에 늘 돈 문제로 고생하던 고갱에게도 고흐와의 공동생활은 나쁘지 않은 제안이었다.

그러나 두 사람의 성격과 그림에 대한 관점 차이가 일어나면서 공동생활은 결국은 실패하게 된다. 왜냐하면, 고흐는 밀레의 영향을 받아 자연을 있는 그대로 그리는 것을 좋아한 반면, 고갱은 기억에 의존해서 창의적으로 그리는 것을 선호했다.

이런 두 사람의 관점 차가 극명하게 드러난 것이 아를에서 고흐가 친하게 지낸 카페 여주인 〈지누의 초상화〉였다. 고흐가 그린 지누의 초상화는 인간 내면의 순간을 포착하려는 의도였던 반면, 고갱은 지누를 마치 남자를 유혹하는 창녀 같은 인상으로 그려냈다.

고흐, 자신의 귀를 자르다

두 사람의 갈등이 결정적으로 폭발한 그림은 바로 고갱이 그린 〈해바라기를 그리는 반 고흐〉였다. 고흐의 그림에서 인물들은 대부분 뚜렷한 눈동자를 보여주지만, 고갱이 그린 고흐는 흐리멍덩한 모습으로 보였다. 고흐는 고갱이 자신이 제정신이 아니라고 조롱하기 위해서 그림을 그린 것으로 생각했고 결국, 고흐는 술집에서 고갱과 술을 마시다가 술잔을 집어 던지며 자신의 분노를 표출했다.

고갱이 고흐와 합친 지 두 달이 지난 1888년 12월 23일, 고흐는 정신병 발작을 일으켰고 면도칼로 자신의 귀를 잘라버렸다. 고갱의 회고에 의하면 고흐가 면도칼을 들고 자신을 노려보며 나타나서 자신을 찌를 듯해 보였지만 노려보기만 하고서는 나가버렸다. 그 뒤에 귀를 잘라버린 것으로 보이며, 잘라낸 귀를 가끔 만나던 사이인 라셸이라는 창녀에게 건네주었고 그걸 보고 기겁한 라셸이 경찰에 신고했다.

정신병원 환자로서 불후의 명작을 남기다

1889년 5월 8일, 고흐는 아를을 떠나 생레미 정신병원으로 가게 되었다. 생레미 시절이야말로 고흐의 후기 걸작으로 일컬어지는 작품들이 여러 개 나왔다. 그 유명한 〈별이 빛나는 밤〉이 대표작이다. '별이 빛나는 밤'은 미국의 시인 휘트먼의 영향을 받은 것으로 전해지는데 이 시기 그림들에서 일부 연구자들은 고흐의 죽음에 대한 움직임을 읽을 수 있다고 보기도 한다.

왜냐하면 별과 사이프러스 나무인데, 사이프러스 나무는 서양에서는 한번 자르면 다시는 뿌리가 나지 않는 탓에 죽음을 상징하는 나무로 여겨졌다. 아를 시절에 강렬한 색채의 해바라기를 그린 것과는 상반된 태도라는 지적이다. 또한 별은 영원을 상징하는 것으로 죽음을 은유한 것이라는 해석이 나오고 있다.

자살로 생을 마감하다

1890년 7월 27일, 고흐는 결국 쇠약해진 몸과 정신을 이겨내지 못하고 프랑스제 권총인 리볼버로 자살을 시도한다. 하지만 심장을 아슬아슬하게 빗나갔으며, 즉사하지 않고 총알이 가슴을 관통해 척추에 걸려 손상을 입은 채 피투성이로 무려 거리가 1.6km에 달하던 여관으로 와서 쓰러졌는데, 여관 사람들이 두 명의 의사를 데려왔고 총알을 빼낼 수 있었다. 그러나 고흐는 이틀 후인 1890년 7월 29일에 숨을 거두었다.

너무 비참하게 맞이한 형의 죽음에 충격을 받은 테오 반 고흐마저 정신병이 심해져서, 형이 죽은 지 6개월 후인 1891년 2월 25일 서른넷의 나이로 형의 길을 따라갔다. 형처럼 직접적인 자살을 한 것은 아니었지만 사실 자살이나 다름이 없는 죽음이었고 형제는 비참한 시대의 희생자가 되며 나란히 곁에 묻혔다.

명작의 대부분은 당대에 악평, 후대에 호평

살아 있을 당시 고흐는 화가로서 실패했다. 생전 단 한 작품만이 판매됐는데 1890년에 〈아를의 붉은 포도밭〉을 안나 보흐라는 인물이 400프랑에 구매했다. 평론가가 전시회에서 고흐의 그림을 보고 비평가 구스타브 칸이 평론한 글이 하나 남아 있다. '반 고흐는 색의 명암이나 색조의 정확성에 그리 연연하지 않고 붓을 격렬하게 놀려서 거대한 풍경을 그렸다. 양탄자를 향해 얼룩덜룩한 책더미가 놓여있다. 연구에는 괜찮을

법한 모티프이지만 회화의 소재로는 적합하지 않다.'

한편으로 생각해 보면 고흐가 그림을 그린 기간이 10년이다. 초창기 걸작 〈감자 먹는 사람들〉로부터 계산하면 고흐가 대작을 그렸던 기간은 약 5년이다. 사람들에게 빨리 인정받으면 좋겠지만 이 정도 무명 기간을 거친 후에 인정받는 화가도 적지 않다.

고흐 사후 30년 정도가 지나서는 전 세계에서 사랑받았던 것을 고려할 때, 만약 고흐가 장수했더라면 말년에 명성을 누렸을 수도 있다. 물론 고흐의 정열적인 성격이 목숨을 빨리 앗아갔고, 사후였기 때문에 걸작을 남길 수 있는 원동력이 되기도 했다.

고흐 사후, 서서히 걸작을 알아보다

테오의 아내 요한나에게는 한 살이 안 된 아들 빈센트 반 고흐 주니어와 무명 화가 빈센트 반 고흐의 그림 수백 점이 남았다. 요한나는 영어, 프랑스어, 네덜란드어를 할 수 있는 재원이었다. 테오와 친분이 있던 미술계 인물들을 중심으로 고흐의 작품을 소개했고 1892년 네덜란드의 큰 화랑인 뷔파 화랑과 올덴젤 화랑에 고흐의 그림을 전시하는데 성공한다.

사후 15년인 후인 1905년 스데델리크 뮤지엄에서 무려 484점의 작품을 전시한 대규모 회고전이 열렸다. 유럽 전역에서 평론가들이 찾아왔고 고흐는 거장의 반열에 올랐다. 이 회고전 다음에 작품 가격이 2~3배 올랐다.

그리고 1916년 미국으로 이동하여 3년 동안 전시회를 열며 고흐의 그림을 홍보했다. 그 이후 1930년대부터 빈센트 반 고흐는 전 세계적 인기를 가진 대중적인 화가가 되었다.

태오의 아들인 조카 빈센트 반 고흐 주니어는 물려받은 그림을 네덜란드 정부에 기증하여 1973년 〈반 고흐 미술관〉을 세웠다. 이곳은 현재 네덜란드의 대표 관광 명소가 되었다.

시류에 타협하지 않는 고집이, 새로운 화풍을 만들다

고흐가 화가가 된 방법은 순전히 자신이 존경하던 화가들의 그림을 보고 그것을 묘사하면서 기교를 익혀나가는 방식이었다. 당연히 이런 방식은 다른 화가들에 비해서 발전 속도가 느려 보일 수도 있지만, 오히려 이 덕분에 고흐는 독특한 자신만의 화풍을 만들 수 있었다.

만약 고흐가 처음부터 파리로 가서 인상파 조류를 접했다면 자신의 개성이 사라졌을 수도 있다. 그러나 고흐가 일관적으로 자기 작품에 대해 '자신의 정념을 표현하는 것'을 하나의 화두로 아카데미즘을 계속해서 부정해왔다.

또한, 인상파를 접할 때도 훌륭하다고는 생각하나 자신과 맞지 않는 부분이 있기에 꼭 따라야 할 필요가 있는 것은 아니라고 생각했다. 이런 고집으로 고흐는 개성 있는 화풍을 획득했을 가능성이 크다.

【 혁신 포인트 】 반 고흐, 그는 왜 시대의 혁신가인가?

고흐는 당대 최고의 화가이다. 무엇이 그를 위대하게 만들었는가? 그 이유는 간단하다. 〈새로운 세상으로의 갈망〉이라는 혁신 포인트가 그림에 있기 때문이다.

① 서민화가 - 가난한 이들에게 관심을 두다

고흐는, 여느 미술가들과 달리 '파리 시내에 가난한 노동자들이 널려 있는데 엘리트와 귀족 중심의 미술이 무슨 의미가 있나?'라고 생각을 했다. 특히 살롱의 수상작 등 엘리트 중심적인 그림에 동감하지 못하며 본인의 미술을 대하는 관점을 바꾸는 계기가 된다.

〈감자 먹는 사람들〉은 반 고흐가 그린 초기 회화 가운데 상대적으로 커다란 사이즈에 여러 사람을 등장시킨 최초의 그림이다. 특히 지저분하고 조악한 농부들의 일상을 있는 그대로 표현함으로써 그림에 진실을 담으려 했다. 그는 테오에게 써 보낸 편지에서 이렇게 표현했다.

'우연히 한 가정을 지나다가, 램프 불빛 아래에서 감자를 먹는 사람들을 보았다. 이때 접시로 내민 손을 보았고, 그 손은 자신을 닮은 바로 그 손이었다. 그리고 그 손으로 땅을 파서 심었고, 기르고 캐냈다는 것을 분명히 보여주려 했다. 그 손은, 손으로 하는 노동과 정직하게 노력해서 얻은 식사를 암시하고 있다.'

② 인간과 자연을 그리다

고흐가 그림을 그리기 시작한 초기 무렵에는 밀레처럼 농촌의 애환을 그리는 〈농민 화가〉가 되고 싶어 했다. 그 무렵 고흐는 구필 화랑에서 판화로 복제된 밀레의 〈이삭 줍는 사람들〉을 보고 상당한 충격과 감동을 하였고 그런 영향으로 고흐는 밀레를 존경했고, 밀레의 그림은 고흐의 미술에 큰 영향을 미쳤다.

특히 당시에 유행하던 바르비종파의 특징 중 하나는 자연을 그리는 것이었고, 일반적으로 아틀리에 안에서 상상으로 그림을 그리던 방식에서 벗어나, 밖으로 나가 스케치를 하고 그것을 바탕으로 그림을 그리는 방식이 점차 대세가 되어갔는데 고흐는 이런 추세를 놓치지 않았다.

③ 인상주의를 벗어나다 - 남프랑스의 아름다운 자연을 구현

고흐는 일본의 우키요에의 영향을 받아 렘브란트와 밀레의 어두운 화풍이 주류였던 인상주의에서 벗어나 밝은 화풍을 시도한다. 또한, 대도시의 생활에 싫증을 느꼈고 그는 프랑스의 시골 아를로 이주해 그곳에서 계속 그림을 그린다.

특히 네덜란드의 도시나 파리의 모습이 너무 어둡다는 것을 깨닫고 밝은 빛깔의 남프랑스를 동경했다. 이는 나중에 남프랑스에 정착해서 많은 그림을 그리는 계기가 된다.

④ 고흐만의 독자적인 화풍을 완성하다

만약 고흐가 처음부터 파리로 가서 인상파의 조류를 접했다면 자신의 개성이 사라졌을 수도 있다. 그러나 고흐는 일관적으로 자기 작품에 대해 스스로 평하기를 '그림이란 자신의 정념을 표현하는 것'을 하나의 화두로 삼았다. 그런 연유로 학교에서 똑같이 배우는 아카데미즘을 계속해서 부정해왔다. 어쩌면 이런 고집적이고 독창적인 방식이 새로운 화풍인 '후기 인상주의'를 태동시킨 계기가 된 것으로 볼 수 있다.

⑤ 별을 통해 인간을 꿈꾸다

고흐는 '별을 보는 것은 언제나 나를 꿈꾸게 한다.'라고 했으며 '왜 하늘의 빛나는 점들에는 프랑스 지도의 검은 점처럼 닿을 수 없을까? 타라스콩이나 루앙에 가려면 기차를 타듯이, 우리는 별에 다다르기 위해 죽는다.'라고 했다. 이 시기에 그의 필치는 더욱 두꺼워지고 더욱 열정적으로 변했으며, 꿈틀거리는 듯한 선은 별의 광채를 한층 두드러지게 한다. 이 시기의 특징인 회오리치는 듯 꿈틀거리는 필치는 강렬한 색과 결합하여 감정을 더욱 격렬한 표현이다. 이 곡선의 화필은 굽이치는 운동감을 표현하면서, 그림 전체를 율동적인 흐름으로 통합하였다.

'별이 빛나는 밤'은 빈센트 반 고흐의 대표작 중 하나이다. 이 작품은 고흐가 고갱과 다툰 뒤 자신의 귀를 자른 사건 이후 생레미의 요양원에 있을 때 그린 것이다. 반 고흐에게 밤하늘은 무한함을 표현하는 대상이었고, 이보다 먼저 제작된 아를의 〈밤의 카페 테라스〉나 〈론 강 위로 별이 빛나는 밤〉에서도 별이 반짝이는 밤의 정경을 다루었다. 반 고흐는 동생 테오에게 쓴 편지에서 '오늘 아침 나는 해가 뜨기 한참 전에 창문을 통해 아무것도 없고 아주 커 보이는 샛별밖에 없는 시골을 보았다.'라고 했다.

⑥ 정신병을 앓던 2년 반, 300여 점을 완성하다

고흐가 그 삶의 마지막 몇 년은 정신병과 싸우며 그린 작품들이다. 공동생활을 하고 있던 고갱과 다투다가 자기 귀를 자른 고흐는 아를의 병원에서 퇴원한 후에도 간혹 발작을 일으켜 '나는 자신에게 주어진 미치광이 역할을 그대로 받아들이려고 생각한다.'라며 1889년 5월 아를에서 가까운 상 레미의 정신병원에 입원하게 된다.

37년의 짧은 삶을 산 빈센트 반 고흐(1853~1890)는 오랜 우회의 길을 걷다가 27세가 되던 1880년에야 화가의 길에 들어, 불과 10년의 작품 생활 끝에 그림의 역사를 빛내는 숱한 명작을 남겼다. 그것도 발작과 퇴원이 되풀이된 그의 마지막 삶의 2년 반을 보낸 아를 시대에 약 200점, 상 레미 시대에 약 100점의 그림을 남겨, 이 기간이야말로 고흐 예술의 참다운 전성기였다.

⑦ 20세기 포비즘 화풍 선구적 역할

고흐의 이러한 화풍은 포비즘(fauvisme) 또는 야수파라고 불리는 20세기 사조에 영향을 미친다. 야수파는 감동을 격렬한 순수 색채로 표현한 것이 특징인데, 이는 고흐의 영향이 크다고 할 수 있다. 반면 야수파는 미세한 색조 분할 수법과는 대비되게 단순화된 굵은 필촉과 순도가 높은 원색을 사용했다.

> 특히 포비즘은 인상파의 빛에 의한 명암법은 거부하지만, 강렬한 색채와 격렬한 정신의 표현은 반 고흐에게서 영향을 받았고, 대상으로부터 독립된 색과 형에 의한 조형 질서를 표현한 점은 고갱으로부터 영향을 받는다.

6-2. 입체파의 아버지, 폴 세잔

세잔, 프랑스에서 출생하다

폴 세잔은 1839년 1월 19일, 남프랑스에 있는 엑상프로방스에서 태어났다. 태어나고 약 한 달 뒤인 1839년 2월 22일에는 그의 할머니를 대모로, 삼촌인 Louis를 대부로 성당에서 세례를 받았다. 원래 세잔은 이탈리아 피에몬테주 서부에 있는 체사나라는 마을에 살았는데, 그들의 성 세잔은 본래 이탈리아에서 유래된 이름이다.

그의 아버지인 루이스 아우구스테 세잔은 어느 은행의 공동 창업자였는데, 이 은행은 폴 세잔이 살아 있는 동안 번영하여 경제적인 지원을 지속하여 받을 수 있었다. 그뿐만 아니라 폴은 큰 유산을 상속받을 수 있었다.

파리의 거장들과 교류하다

어린 시절부터 화가가 되기를 꿈꿨으나 아버지의 강권에 못

이겨 1859년 엑스대학교의 법학과에 입학했다. 그러나 화가가 되려는 그의 욕망은 꺾이지 않아 1861년 법률 공부를 그만두고 파리로 향했다. 그는 학창 시절부터 절친하게 지냈던 에밀 졸라의 권유로 파리의 아카데미 쉬스에서 미술 공부를 했다. 여기에서 카미유 피사로, 아르망 기요맹 등을 만나, 후에 인상파 화가들과 인연을 맺는 계기가 되었다.

1860년대 중반까지 세잔과 피사로의 친분은 스승과 제자의 관계였는데, 이로 인해 피사로는 세잔에게 중대한 영향을 끼치게 되었다. 둘이 함께 10년이 넘게 풍경화를 그리면서 둘의 관계는 합작하는 평등한 관계로 발전하였다. 세잔의 초기 작품 중에는 풍경화가 많은데 그중에는 특히 상상으로 그려진 중후하고 큰 풍경화가 이때 그려진 것들이다.

인상파의 영향을 받다

나중 그의 작품들은 직관적인 관찰과 빛을 이용한 화풍을 띠게 되었다. 그럼에도 불구하고 그의 성숙한 작품에서는 거의 건축에 가까운 굳어진 스타일을 추구하였다.

세잔은 한평생 그가 실제 눈에 보이는 것에 가장 가깝게 표현할 수 있는 화법을 찾아 가장 현실적으로 표현하려고 노력했다. 결과적으로 그는 구조적으로 간단한 형태와 간단한 색채를 사용하였다. 그는 '나는 무언가 단단하고 박물관 속 미술처럼 오래가는 인상(impressionism)을 만들고 싶다.'라고 강조했다.

미술가로서 좌절을 겪다

그의 초기 파리 생활은 순탄하지 않았다. 그는 미술 공부를 시작한 아카데미 쉬스의 몇몇 학생들만큼 기교가 뛰어나지 못하다는 것을 알게 되자 곧 심한 우울증을 겪었다. 결국, 6개월 만에 고향인 엑상프로방스로 돌아왔다.

에콜 드 보자르 입학시험에 떨어진 후, 독학으로 파리에서 기오망·피사로·모네·드가·르누아르 등 인상파 화가들과 교류하였다. 그동안 프로이센·프랑스 전쟁과 도시 생활에 싫증을 느껴 여러 번 시골에 내려가 있기도 하였다.

파리에서의 어둠의 시기(1861~1870)

세잔은 1862년 화가로서 성공할 것을 다짐하며 다시 파리로 갔다. 그다음 해인 1863년, 나폴레옹 3세는 새로운 법령을 만들어 아카데미에 전시되어야 하는 작품들을 거부할 수 있도록 법을 개정했다. 작품 전시가 거부된 작가 중에는 당시 혁신적이라고 평가받던 어린 인상파 화가들도 있었다. 세잔은 그들의 스타일에 영향을 받았지만, 그들과 사회적인 관계는 좋지 않았던 것으로 보인다.

이 시기에 그의 작품들은 어두운 색깔의 사용과 검은색의 비중이 높은 것이 특징이다. 이건 분명 리얼리즘이나 인상파에서 볼 수 있던 색채의 사용이다. 그 이전에 그리던 수채화들과 스케치들과는 크게 대조된다. 표현의 격렬함 또한 그의 전 작품들과 크게 대비되었다.

　1866년, 쿠르베의 예시에서 영감을 얻은 세잔은 팔레트 나이프를 이용하여 작품 몇 개를 그렸다. 대부분이 인물화인 이 작품들을 두고 세잔은, '비싼 에너지를 나타내기 위한 거친 단어'라고 불렀다. 당시 비평가들은 세잔의 팔레트 나이프 작품들을 두고 '이것은 현대 표현주의의 발명이기도 했지만, 감정을 표출하는 수단으로 활용되는 예술의 첫 등장이기도 하다.'라고 평가했다.

인상파의 색채가 엿보이다

　1870년 7월 보불전쟁이 발발하고 세잔과 부인 마리오르탕스 피케는 파리를 떠나 마르세유 근처에 있는 레스타그로 향했다. 그곳에서 세잔의 작품 테마는 대부분이 풍경화로 변하였다. 1871년 1월에 세잔은 병역 기피자로 낙인찍혔지만, 그 다음 달인 2월에 전쟁이 끝나면서 세잔과 그의 부인은 1871년 여름에 다시 파리로 돌아왔다.

　1872년 1월, 아들 폴(Paul)이 태어나고 그들은 파리 근처에 있는 오베르쟁발두아즈로 이사를 했다. 세잔의 어머니는 세잔의 가정사에 대한 소식을 간혹 들을 수 있었지만 세잔은 아버지의 분노를 두려워하여 아버지에게는 소식을 알리지 않았다. 이처럼 세잔은 아버지와 사이가 좋지 않았고, 아버지로부터 겨우 100프랑만을 사용할 수 있도록 허가받았다.

카미유 피사로는 당시 퐁투아즈에 살고 있었다. 오베르와 퐁투아즈에서 세잔과 피사로는 함께 풍경화를 그렸다. 오랜 세월이 흐르고, 세잔은 피사로의 제자로 소개했으며, 그를 '하나님 아버지'라고 부르며 '우리는 모두 피사로의 가지이다.'라고 말하기도 했다. 피사로의 영향 아래 세잔은 어두운색을 탈피하여 그의 캔버스는 한층 더 밝아지기 시작했다.

마르세유 지방에 오르탕스를 벗어나 세잔은 파리와 프로방스 사이로 이사하여 그의 첫 전시회(1874)와 인상파 전시회(1877)를 열었다. 그러나 세잔이 전시한 그림들은 우스웠고, 잔인했으며, 빈정거림의 대상이었다. 비평가 루이 르루아는 세잔이 그린 쇼케의 초상화를 보고 '임신한 여자 태아가 산모의 이상한 머리 형태와 오래된 부츠를 보고는, 세상에 태어나기도 전에 황달에 걸릴 것 같다.'라고 폄하하듯 말하기도 했다.

1870년대 들어서면서 세잔은 인상주의 화가들과 교류했다. 특히 피사로에게서 인상주의 기법 및 이론을 배우고 함께 야외로 나가 그림을 그렸다. 세잔은 스스로를 진정한 인상주의 화가로 생각하지는 않았지만, 1874년 제1회 인상파 전시에 참여했다.

인상파를 뛰어넘는 독자적인 영역을 창조하다

세잔은 인상파에서 주목했던 광선에 관심을 가졌으나, 빛과 명암의 표면적인 분석을 넘어 기본이 되는 형태를 탐구했다.

1877년 제3회 인상파 전시를 고비로 그는 점차 인상파를 벗어나는 경향을 보였고, 구도와 형상을 단순화한 거친 터치로 독자적인 화풍을 개척해 나갔다. 이때의 작품이 더욱 발전하여 후에 야수파와 입체파에 큰 영향을 주었으며 '근대 회화의 아버지'로 불리는 동기가 되었다.

세잔의 그림은 처음 1870년경에는 어둡고 격정적인 상태를 에로틱하게 표현하여 환상적인 분위기를 주었으나, 카미유 피사로의 외광 묘사에 자극을 받은 후 화면이 급속히 밝고 단순화되어 갔다. 그러나 살롱에 출품한 작품들이 낙선함으로써 인상파에서 떠나, 모네의 견실성을 뼈대로 한 형과 색깔의 과묵한 표현에 집중, 긴밀한 구성을 갖추는 그의 독자적인 세계를 형성해 나갔다.

사물의 단순화한 형태를 추구하다

세잔은 '자연은 표면보다 내부에 있다'라고 말하고 정확한 묘사를 하기 위해 사과가 썩을 때까지 그렸다는 일화가 있다. 이처럼 그는 인상파의 사실주의를 추진시켜 단순한 시각적·현상적 사실에서 다시 근본적인 물체의 파악, 즉 자연의 형태가 숨기고 있는 내적 생명을 묘사하는데, 목적을 두었다.

사물에 내재한 구, 원뿔, 원기둥을 추구하는 화가였다. 엄밀히 말하면 사물의 가장 단순한 형태를 추구하는 화가였다. 특히 그는 구의 원형을 사과로 택했음이 분명하다. 사과를 그린 그림이 두 손으로 셀 수 없을 만큼 많기 때문이다. 그것도 그림마다 한두 개가 아니라 잔뜩 그렸다.

사물의 근본 질서를 그림에 표현하다

세잔의 이런 접근법은 후대에 영향을 많이 끼쳤는데, 근본적인 물체의 질서를 파악하고 표현하려는 시도 때문에 미학이나 철학에서 자주 언급되는 작가이기도 하다. 이런 점에서 그를 20세기 미술사에 등장한 입체파의 시조로 평가하기도 한다.

최초로 살롱에 입선하다

1882년 세잔은 드디어 대망의 살롱 전시회에 입선하게 된다. 그리고 3년 후 1895년에 세잔은 화상 볼라르의 기획으로 첫 개인전을 열어 더 많은 대중에게 이름을 알렸다. 말년에 그는 고향인 엑상프로방스에 돌아와서 작품에만 몰두했으며, 1900년경부터는 재능과 독특한 화풍이 널리 알려지기 시작했다.

그리고 '자연의 모든 형태는 원기둥과 구, 원뿔에서 비롯한다.'라는 견해를 밝힐 만큼 자연을 단순화된 기본적인 형체로 집약하고, 색채와 붓 터치로 입체감과 원근법을 나타내는 새로운 기법으로 회화의 또 다른 가능성을 보여주었다.

비록 생전에는 그림이 그렇게 비싸게 팔리지는 않았지만, 그나마 좋은 평을 받았기 때문에 그럭저럭 화가로서 가난함을 오래 겪지도 않았다.

정물화에서 새로운 화풍을 시도하다

세잔은 자신의 미술이 더 '단단하고 오래도록' 지속하기를 원했다. 오랫동안 플랑드르 미술에 감명을 받았던 세잔은 플랑드르의 대가들이 사용한 것과 유사한 색조로 정물화를 그렸다. 세잔의 정물화 가운데 가장 잘 알려진 작품은 〈사과와 오렌지〉다. 이 그림은 무미건조한 주제를 위대한 미술로 끌어올렸다. 세잔은 정물 그림과 초상화에도 많은 걸작을 남겼으며, 1907년 개최된 대규모 회고전은 젊은 아방가르드 미술가들에게 강렬한 인상을 주었고, 세잔의 작품은 현대미술의 발전에 지대한 영향을 끼쳤다.

그림 속에서, 감정의 본연으로 회귀하다

세잔은 풍경화나 자신의 흥미를 끄는 주제들을 반복적으로 다시 그렸다. 작품 활동의 여러 단계마다 그림이 불러일으키는 다양한 감정들에 따라, 수많은 재창작을 시도했다. 말년에 그의 작품은 조화롭고 몽환적으로 채색된 누드화 습작들로 특징 지워지는데, 그중 〈목욕하는 사람들〉이 말년에 그린 작품들 중 가장 유명하다.

【 혁신 포인트 】 폴 세잔의 시대를 뛰어넘은 혁신

① 인상주의를 극복하다

세잔은 파리의 아카데미 쉬스에서 미술 공부를 하는 동안, 여기에서 카미유 피사로, 아르망 기요맹 등을 만난 후에 인상파 화가들과 인연을 맺는 계기가 된다. 하지만 그는 당대의 인상파들보다 더 나아간 새로운 화풍을 고민하게 된다. 나중의 그의 작품들은 직관적인 관찰과 빛을 이용한 화풍을 띠게 되었다. 여기에서 더 나아가 세잔의 성숙한 작품들에서는 거의 건축에 가까운 굳어진 스타일을 추구하는 경향을 보인다. 특히 세잔은 한평생 그가 실제 눈에 보이는 것에 가장 가깝게 표현할 수 있는 화법을 찾아 가장 현실적으로 표현하려고 노력했다. 결과적으로 그는 구조적으로 간단한 형태와 간단한 색채를 사용하였다.

② 예술가의 집요함 – 사과(apple), 사과 그리고 또 사과

세잔은 처음에 정물화로 사과를 그린다. 그리고 무언가 부족했는지 다시 사과를 그린다. 초기의 사과 정물화를 보면 터치의 형태도 불안정하고 무언가 미완성의 냄새를 풍긴다. 특히나 그 당시 화풍으로 보면 그림을 잘 그리지도 못하고 뭔가 엉성한 느낌조차 있었으니, 비평가들에게 혹평만 들으면서 살롱에서도 계속 낙선한다. 그러면서도 줄기차게 사과를 그리고 또 사과를 그렸는데, 이게 나중에 그 유명한 세잔의 정물화가 될 줄은 누가 알았으랴? 세잔은 화가의 사상이나 생각, 그리고 태도에 변화에 따라서 그림도 변해야 한다고 생각했었다. 과거 정물화는 놓여있는 것을 똑같이 그리면 잘 그리는 그림에서 인간의 사상과 생각을 화폭에 반영했기 때문에 오늘날 천재 화가, 혁신가로 이름을 날리게 되었다.

뉴턴의 사과가 과학계를 뒤집었고, 세잔의 사과는 미술계를 뒤집는다. 사과를 바라보는 눈빛이나 사고의 체계에 따라 사물은 변하는 것이다.

③ 시리즈의 대가 – 아내의 초상화만 수십 편

여러 화가 중 시리즈물이 있기로 유명했던 화가가 세잔이다. 그는, 그의 작품에 만족하지 못했던 습관이 있었던 거 같다. 그러니까 만족이 안 되니까 또다시 그리게 되고, 그러다 보니 시대별 시점별 시리즈물로 보존되어 오늘날 세잔의 화풍 변화를 읽을 수 있는 중요한 그림이 된다. 특히 정물화를 그리다가 만 듯한 어정쩡한 화풍에서 훗날 포비즘이나 큐비즘의 탄생에 영향을 미치게 되었다.

④ 원근법은 화가 마음이나 의지에 있는 것

르네상스 시대의 천재 화가들이 구현한 방법의 하나가 그림에서의 원근법이다. 오늘날, 이 원근법이 제대로 구현이 안 된 작품도 많이 남아 있는 게 현실이다. 그릴 줄을 몰랐기 때문에 발생한 일이다. 특히나 19세기 후반에는 화가들에게 원근법은 상식 중의 가장 기본인 상식이었다.

그러나 세잔의 정물화에서 원근법을 파괴한 작품을 다수 볼 수 있다. 그럼 왜 세잔은 기본의 기본인 원근법을 파괴했을까? 이는 세잔은 독특한 그의 화풍에서 출발한다. 세잔은 원근법조차도 화가의 마음속이나 사상 속에 존재하는 것으로 본 것이다. 즉 화가가 가까이 보고자 하는 것은 가까이 존재하는 것이고, 멀리 있다고 느끼면 멀리 존재하게 그리는 것이다.

⑤ 모든 사물은 원추, 원통, 구로 구성

세잔은 그림을 그리면서 모든 사물은 단순화, 특징화하는데, 심혈을 기울였다. 그렇게 하다 보니 결국 모든 사물은 구나 원통, 원추로 구성되어 있다고 생각했다. 이게 가장 단순한 형태의 사물이라고 본 것이다. 결국, 이 단순화 특징화하는 화법에서, 나중에 포비즘이나 큐비즘으로 발전하게 만드는 원동력이 됐다고 볼 수도 있다.

⑥ 현대미술 입체파의 아버지로 불림

세잔이 그린 〈목욕하는 여인들〉을 보면 완성된 그림인지 미완성된 그림인지 헷갈린다. 사실, 이 그림은 미완성으로 보는 것이 합리적이다. 세잔으로서는 이 그림도 앞으로 세부적으로 더 보강을 필요했을 것이다.

그러나 이 〈목욕하는 사람들〉이란 작품에서 보여주는 것처럼 붓의 터치가 입체적이고 단순화 한데서 향후 입체파를 탄생시키는 계기가 된 것이다. 이런 연유로 세잔을 큐비즘, 즉 입체파의 아버지로 부르는 것이다.

제3장

문학의 혁신

미술의 역사가 혁신이라는 산물과 따로 두고 이해하기 어렵듯이, 문학의 세계도 미술의 세계와 따로 두어 해석하기 어렵다. 즉 예술의 사조는 그 맥을 같이하며, 벽이라는 저항을 만나고 새로운 세상을 원하는 마음으로 기존의 질서를 깨부수기도 한다. 따라서 이 장에서는 르네상스 문학이 후대에 끼쳤던 영향과 그리고 문학 작가들이 어떤 혁신적 마인드로 스스로 채찍질하며 새로운 세상을 열어가는 새로운 창을 만들어 왔는지를 살펴보고자 한다.

　미술이나 문학이나 과거나 구태를 벗어나고자 하는 열정과 새로운 세계에 대한 혁신의 갈망은 동일한 가치를 추구한다. 필자는 문학의 혁신이라는 이 장을 통해 인간의 본연을 찾기 위한 몸부림으로 얼룩진 단테와 보카치오를 중심으로 펼쳐졌던 르네상스 초기 문학에 대해 살펴보고자 한다. 그리고 이어서 르네상스 후반기의 전성기를 이끌었던 현대소설과 현대문학의 시초인 두 사람, 즉 셰익스피어와 세르반테스의 문학적 혁신 가치를 살펴보려 한다. 끝으로 현대시를 탄생시킨 프랑스 상징주의에 대해서 얘기해 봄과 동시에 현대시의 아버지인 보들레르와 랭보에 대해서, 그들이 과연 고뇌와 인간적인 절망에 대해 어떤 방법으로 극복을 했는지, 그 혁신적 문학의 가치를 알아보려 한다.

필자는 2022년부터 중앙대학교 문예창작학과 전문가 과정에서 詩를 계속 배우고 있다. 원래 글쓰기를 좋아했기 때문에 체계적으로 문학에 대해 배우고자 하는 마음 때문에 고명한 교수들에게 문학의 역사에 대해 공부를 하고 있는 중이다. 학교를 다니는 동안 시인으로 등단했고 몇 군데 공모전에 수상하는 경력도 쌓았다. 드디어 2024년 필자의 첫 시집이 발간을 준비 중이고, 2023년에는 자기계발서인 〈영업의 품격〉이라는 책도 출간했었다.

이런 와중에 필자가 알고 있는 시와 문학의 세계가 혁신이라는 함수와 깊은 관계로 어우러져 있다는 것을 알 수 있었다. 따라서 필자의 문학에 대한 지식과 그동안 공부했던 경험을 통해 〈문학의 혁신〉이라는 분야에 대해 지금부터 설명드려 보고자 한다.

1. 르네상스 시대 문학의 혁신

 교황의 세력은 약해지고 공업도시들이 발달하면서 중세를 지탱하던 장원제도가 붕괴된다. 루터와 칼뱅의 종교개혁이 일어나고 국왕은 시민계급과 손잡고 중앙집권제의 기틀을 마련하게 되는 것도 이 시점이다.
 이러한 변화와 더불어 '신화' 중심의 사회에서 '인간' 본연의 사회로 돌아가려는 새로운 현상들을 후세 사람들은 〈르네상스〉나 〈문예부흥〉으로 일컫게 된다. 즉 교리와 종교에 억눌렸던 시대에서 인간성의 회복을 스스로 찾으려 했다는 데 르네상스의 의미가 있는 것이다.

 따라서 르네상스 문학의 특징은 문학의 공간이 신과 교회 중심에서, 인간 중심으로 이동했다는 것을 말한다. 부르주아 계급의 성장으로 문학에 있어서도 이상주의와 쾌락주의가 등장하게 되고, 지리상의 발견이나 의학, 수학, 천문학, 인쇄술의 발명 등으로 사회 현상을 과학적으로 해석하게 되는 것이다. 특히 인간에 대한 신뢰심과 자긍심을 바탕으로 이성과 지성이 사고의 근간을 이루게 되는 시기가 바로 르네상스이다.

이 시대의 문학작품들 역시 이런 사회적 경향들의 영향을 받았다. 실제 생활에서는 관능적인 사랑을 추구하면서도 문학에서는 플라토닉 러브를 테마로 많이 삼은 게 그러한 방증이다. 뿐만 아니라 지적인 대상물과 그들 자신을 위한 상상력을 소중히 여겼고, 더 자유롭고 쾌적한 삶의 방식과 환경을 열망했으며 인간의 경험에 대한 영역을 가능한 더 멀리 확대하려는 의지에 불타기도 했다.

1-1. 알리기에리 단테

문학 역사상 최고의 예술인이 탄생하다

단테는 1265년 5월 30일 이탈리아의 중부 피렌체에서 태어났다. 유년 시절의 단테의 삶에 관해서는 무엇보다도 소년 시절에 경험한 베아트리체와의 인연을 주제로 하는 자서전적인 〈새로운 삶〉에서 어느 정도 짐작할 수 있다. 단테가 9살이 되었을 때 폴코 포르티나리의 딸 동갑내기 베아트리체를 처음으로 멀리서 보고 애정을 느끼게 되었으며, 이 진귀한 유년 시절의 경험은 나중에 단테의 인생행로를 좌우하게 된다.

그러나 단테는 12세 때인 1277년 젬마 도나티와 약혼을 하게 되며, 이런 와중에도 베아트리체를 사랑했지만 결국 베아트리체는 24세로 사망한다. 그리하여 1291년 약혼녀인 도나티와 결혼하게 된다. 하지만 단테는 이때 사랑했던 베아트리체를 〈신곡〉에서 천국에 동행하는 것으로 표현할 만큼 그의 인생에 큰 영향을 끼쳤다.

작가이자, 여러 분야를 학습한 정치가

단테는 피렌체에서 1275년부터 1294년에 걸쳐 약 20여 년 간 신학을 비롯하여 다방면에 걸쳐 교육을 받은 것으로 여겨 지고 있다. 단테는 특히 브루네토 라티니 밑에서 많은 것을 배 웠다고 술회하고 있다. 〈신곡〉이란 작품에서 드러나듯이 단테 는 중세 스콜라 철학을 깊이 연구했으며, 스콜라의 근간이 되 는 아리스토텔레스 철학도 배운 것으로 알려졌다. 현재는 작 가로 제일 유명하지만, 당대에는 정치가로도 명망이 있었다. 특히 1300년에는 피렌체를 다스리는 6명의 행정장관 중 1명 이기도 했다.

대서사시 '신곡'을 발표하다

단테가 1308년부터 쓰기 시작해 죽기 1년 전인 1320년에 완 성한 대표작 서사시이다. 신곡은 이탈리아 문학에서 가장 뛰 어난 작품이자 인류 문학사에 길이 남을 위대한 작품으로 널 리 평가받는다.

원제목은 한국어로 번역하면 〈단테 알리기에리의 코미디(희 극)〉가 된다. 신곡(神曲)이라는 번역명은 일본의 작가 모리 오가이가 새로 만들어낸 단어이다. 한자 그대로 '신성스러운(神) 노래(曲)'라는 뜻. 노래(曲)라고 한 것은 몇 가지 이유가 있는데, 행의 마지막 음절이 맞춰지는 압운이 계속해서 3번씩 반복되며, 한 행은 전부 11음절로 구성되어 마치 판소리처럼 이탈리아어로 노래를 부를 수 있기 때문이다.

서양문학사 최고의 작품 - <신곡>

단테의 신곡은 하느님의 섭리와 구원, 그리고 그를 대하는 인간의 자유의지 문제를 중심으로 서구의 기독교 문명을 집대성한 문학작품이다. 다루는 범위는 예술과 문학, 역사, 전설, 종교, 철학, 정치학, 천문학, 자연 과학 등 인간의 삶과 지식에 관계되는 거의 모든 분야에 걸쳐 있다. 내용뿐만 아니라 형식에서도 신곡은 균형과 절제를 통하여 문학작품이 구현할 수 있는 최고의 업적을 이루어냈다.

이후 수많은 비평가들은 단테를 우주의 보편성을 지닌 시인으로 평가했고, 뛰어난 문학적 장치의 설계자로 인정했다. 신곡과 함께 단테는 호메로스, 세르반테스, 셰익스피어 등과 어깨를 나란히 하는 서양 문학사 최고의 위치에 존재하고 있다.

신곡에서 다루는 주요 내용

단테는 고대 로마 최고의 시인 베르길리우스와 젊은 시절

짝사랑했던 베아트리체의 인도를 받아 사후세계인 지옥, 연옥, 천국을 여행하며, 신화 혹은 역사의 인물들을 만나 이야기를 나눈다. 이를 통해 당시 기독교 신앙과 윤리 및 철학을 고찰하는 내용이다.

신곡이 '코메디아(희곡)'라고 불리워진 이유는, 극중의 단테가 천국에 이르게 되므로 결국 해피 엔딩이기 때문이다. 특히 당대의 문화계의 특성 중 하나인, '진지한 책은 전부 라틴어'로 씌여졌고 라틴어가 아닌 각 나라의 방언으로 적힌 것은 '진지하지 않은 것'으로 취급되었다. 그런데 〈신곡〉은 당시 단테가 이탈리아 피렌체 방언을 섞어서 만든 이탈리아어로 쓴 책이므로, 신곡을 코메디아라고 불리게 된 것이다.

또한, 특히 지옥 편에서는 악인들과 사회를 조롱하는 풍자에 가까운 장면이 많다. 결말이 해피 엔딩이라는 점에서 단테는 코메디아라는 제목을 붙였지만 1555년 베니스판 이래 희곡 앞에 'Divinia(神의)'가 추가되어 지금은 'La Divina Commedia Di Dante'로 불리고 있다.

책의 내용은 지옥편, 연옥편, 천국편인 세 가지 부분으로 나뉘는데, 대중에겐 가장 쉬운 지옥편이 잘 알려졌다. 편마다 33곡으로 구성되고, 첫 장의 서곡을 더해 총 100곡으로 이루어졌다.

지방어인 토스카나 방언으로 씌여지다

〈신곡〉은 당시의 문어인 라틴어가 아닌, 토스카나 방언으로 저술되었다. 이런 까닭으로 신곡에서의 언어학적 위치는 이탈리아어의 생성과 발전에 적지 않은 영향을 끼쳤다. 근대까지 유명한 저작들은 모두 라틴어로 저술되었으므로 당시 단테의 〈신곡〉은 르네상스의 문화에 대한 도전적이고도 특이한 작품이었던 것이다.

특히 그 시대에 당시의 지역 언어로 작품을 쓴 덕분으로, 아직도 이탈리아어 연구에 큰 도움을 주고 있으며, 실제로 당 시대의 이탈리아어 연구에도 적지 않은 영향을 끼쳤다.

신곡에서 가장 뛰어난 부분은 <지옥편>

지옥에서의 형벌은 대부분 자신이 저질렀던 죄를 다시 되돌려받는 형식이다. 바람을 피우면 바람에 날아다니고, 과하게 탐식하면 괴물에게 먹히고, 인색하거나 낭비하면 돈주머니 같은 돌을 굴리는 형벌을 받는다.

이를 지상에서의 악행과 똑같이 대응하는 지옥의 형벌이라고 해서 '콘트라파소(Contrapasso)'라고 한다. 예를 들어 앞을 내다보는 점술가들은 더 이상 앞을 내다보지 말라는 뜻으로 머리를 180도 뒤로 돌리는 형벌을 받으며 위선자들은 겉은 화려하지만 속으로는 고통스러운 금빛의 납 망토를 입는 형벌을 받는 식이다.

르네상스 철학인 '인간'중심의 문학으로 승화

특이하게도 배신과 배반의 죄보다 이단이나 신성모독의 죄가 더 낮은 죄로 분류된다. 단테가 살았던 중세 시대는 신에게 이르는 길이 구원이자 행복이었기에, 가장 큰 죄는 신을 어기는 일이 되는 것이 상식적일 것이다.

따라서 신성 모독자를 지옥의 가장 밑바닥에 두어야 하는데, 단테는 그러지 않았다. 이는 정치가로서의 단테가, '신'의 입장보다는 어느 정도 〈인간〉을 기준으로 인간의 중심에서 죄의 경중을 살폈기 때문이다.

단테이즘을 만들다

서양 문학사의 한 획을 그은 작품인 신곡으로 유명하며 실제로도 단테의 거리, 단테이즘, 그리고 단테를 연구하는 사람을 부르는 단테 학자 등 13세기 인물인 그의 저서들이 21세기인 지금도 학술적으로 연구되며 새로운 해석이 계속 나오고 있을 정도다. 그 정도로 단테의 신곡은 문학사적으로 그 의미를 훨씬 크게 두어야 한다.

모국어 이탈리아어의 위상을 높이다

무엇보다 단테는, 중세에서 르네상스로 이행하던 시기의 이탈리아를 대표하는 석학이자 작가이다. 또한, 중세의 문을 닫고 이탈리아어의 아버지로 알려진 르네상스의 문을 연 선구자라 할 수 있다. 그가 모국어 문학의 길을 제시했기에 페트라르카·보카치오·밀턴·초서의 문학이 탄생하게 되었다.

지금에서 생각해 봐도 라틴어의 저속한 버전으로 취급받던 모국어 이탈리아어가 라틴어보다 오히려 우월하다는 단테의 주장은 당시 지식인들에게 한글 창제와 비슷한 충격이었다. 그래서 단테는 현대 이탈리아어의 아버지다.

단테 이후 표준 이탈리아어가 탄생하다

대부분의 국가에서 표준어는 근대국가의 산물이지만 특히 소규모 도시국가가 난립해 있던 이탈리아에서는 각 지역마다 고대 로마에서 사용한 라틴어에서 파생된 방언들을 일상 언어로 삼았다. 이런 각 지역 방언들은 서로 말이 안 통하는 건 아니지만 같은 언어의 방언이라고 하기에는 또 미묘하게 차이가 큰 상황이었다. 그리고 이런 방언들 사이에서 '표준 이탈리아어'가 탄생하는 과정에서 중심축 역할을 한 것이 바로 단테가 사용한 언어였다. 그리하여 현대 이탈리아어는 토스카나 방언을 표준화한 것이 되었다.

결과론적으로 이탈리아 표준어의 모체가 된 것은 토스카나 방언이고, 자신의 저작을 통해 토스카나 방언을 갈고닦은 단테가 실질적으로 현대 이탈리아어의 아버지라는 것은 부인하기 어렵다. 또한 이전까지 주로 라틴어를 쓰던 토스카나 지방의 교양인들이 지역 언어로 문화생활을 하는 경우가 많아진 것 역시 단테가 자기 작품에서 사용한 언어의 완성도가 높았기에 단테의 언어를 기반으로 대화하기 시작했기 때문이다.

문학은 대중의 산물이어야 한다

문학은 지식인의 전유물이 아니며 대중이 문학을 쉽게 접할 수 있어야 한다는 그의 생각은 혁명적이었다. 미국 태생의 영국 문인인 토머스 스턴스 엘리엇은 '단테와 셰익스피어가 세계를 양분한다. 둘 사이에 3번째 인물은 없다'라고 주장했다. 영국 사회 비평가 존 러스킨은 단테가 '전 세계의 중심적 사고의 인간'이라고 평했다.

대중문화에도 영향력이 상당한데 서구에서 사후세계, 특히 지옥을 묘사한 모든 창작물은 크든 작든 신곡 지옥편의 영향을 받았다.

【 혁신 포인트 】 르네상스 문학의 혁신 선구자, 단테

① 인류 역사상 가장 위대한 작품 〈신곡〉

단테가 1308년부터 쓰기 시작해 죽기 1년 전인 1320년에 완성한 대표작 서사시이다. 신곡은 이탈리아 문학에서 가장 뛰어난 작품이

자 인류 문학사에 길이 남을 위대한 작품으로 널리 평가받는다.

이후 비평가들은 단테를 우주의 보편성을 지닌 시인으로 평가했고, 뛰어난 문학적 장치의 설계자로 인정했다. 신곡과 함께 단테는 호메로스, 세르반테스, 셰익스피어와 어깨를 나란히 하는 서양 문학사 최고의 위치에 있다.

② 토스카나 방언으로 씌여지다

〈신곡〉은 당시의 문어인 라틴어가 아닌, 토스카나 방언으로 저술되었다. 이런 까닭으로 신곡에서의 언어학적 위치는 이탈리아어의 생성과 발전에서 적지 않은 영향을 끼쳤다. 근대까지 유명한 저작들은 모두 라틴어로 저술되었으므로 당시 단테의 〈신곡〉은 르네상스의 문화를 담은 도전적이고 특이한 작품이다. 특히 그 시대에 당시의 지역 언어로 작품을 쓴 덕분으로, 아직도 이탈리아어 연구에 큰 도움을 주고 있으며, 실제로 당 시대의 이탈리아어 연구에도 적지 않은 영향을 끼쳤다.

③ 지금까지 인간이 생각하는 '지옥'의 표준을 제시

지옥에서의 형벌은 대부분 자신이 저질렀던 죄를 다시 되돌려 받는 형식이다. 바람을 피우면 바람에 날아다니고, 과하게 탐식하면 괴물에게 먹히고, 인색하거나 낭비하면 돈주머니 같은 돌을 굴리는 형벌을 받는다. 이런 사상은 지금의 우리가 상상하는 지옥과 유사하고 단테 이후의 모든 예술인은 단테의 지옥을 그 표준으로 삼는다.

④ 〈인간〉 중심의 문학으로 승화

특이하게도 배신과 배반의 죄보다 이단이나 신성모독의 죄가 더 낮은 죄로 분류된다. 단테가 살았던 중세 시대는 신에게 이르는 길이 구원이자 행복이었기에, 가장 큰 죄는 신을 어기는 일이 되는 것이 상식적일 것이다. 그러나 단테는 인간과 인간 사이에서 일어난 죄를 더 큰 죄로 간주한다.

이는 당시의 사상이나 상식으로는 감히 상상조차 하기 어려운 설정이다. 단테가 그린 신곡에서는 '신'의 입장보다는 어느 정도 〈인간〉을 기준으로 인간의 중심에서 죄의 경중을 살폈기 때문이다.

⑤ 단테이즘을 만들다

단테는 르네상스 사람이었지만, 지금 현시대에서도 문학자들이 단테를 연구하고 있다. 실제로도 단테의 거리, 단테이즘, 그리고 단테를 연구하는 사람을 부르는 단테 학자 등 13세기 인물인 그의 저서들이 21세기인 지금도 학술적으로 연구되며 새로운 해석이 계속 나오고 있을 정도다. 그 정도로 단테의 신곡은 문학사적으로 그 의미를 훨씬 크게 두어야 한다.

⑥ 단테 이후 표준 이탈리아어가 탄생하다

대부분 국가에서 표준어는 고대 로마에서 사용한 라틴어에서 파생된 방언들을 일상언어로 삼았다. 이런 각 지역 방언들은 서로 말이 안 통하는 건 아니지만 같은 언어의 방언이라고 하기에는 또 미묘하게 차이가 큰 상황이었다. 그리고 이런 방언들 사이에서 '표준 이탈리아어'가 탄생하는 과정에서 중심축 역할을 한 것이 바로 단테가 사용한 언어였다. 그리하여 현대 이탈리아어는 토스카나 방언을 표준화한 것이 되었다.

⑦ 라틴어 보다 모국어 이탈리아어의 위상을 높이다

무엇보다 단테는, 중세에서 르네상스로 이행하던 시기의 이탈리아를 대표하는 석학이자 작가이다. 또한 중세의 문을 닫고 이탈리아어의 아버지로 알려져 있는 르네상스의 문을 연 선구자라 할 수 있다. 그가 모국어 문학의 길을 제시했기에 페트라르카·보카치오·밀턴·초서의 문학이 탄생하게 된다.

지금에서 생각해 봐도 라틴어의 저속한 버전 취급받던 모국어 이탈리아어가 라틴어보다 오히려 우월하다는 단테의 주장은 당시 지식인들에게 한글 창제와 비슷한 충격이었다. 그래서 단테는 현대 이탈리아어의 아버지다.

⑧ 문학은 대중의 산물이어야 한다

문학은 지식인의 전유물이 아니며 대중이 문학을 쉽게 접할 수 있어야 한다는 단테의 생각은 그 당시 기준으로는 가히 혁명적이었다. 미국 태생의 영국 문인인 토머스 스턴스 엘리엇은 '단테와 셰익스피어가 세계를 양분한다. 둘 사이에 3번째 인물은 없다'라고 주장했다. 또한 대중문화에도 영향력이 상당한데 서구에서 사후세계, 특히 지옥을 묘사한 모든 창작물은 크든 작든 신곡 지옥편의 영향을 받았다.

1-2. 조반니 보카치오(1313~1375)

산문시의 대가, 탄생하다

　보카치오는 1313년 피렌체 인근에서 태어났다. 그의 아버지는 피렌체의 부유한 상인이자 환전상이었다. 1326년 아버지가 나폴리 은행의 점장이 되어 그의 가족은 나폴리로 이사를 하게 되었다. 보카치오는 은행에서 수습생으로 일했지만, 그에게 은행에서 일하는 것은 맞지 않았던 듯하다. 그는 아버지에게 대학에서 법을 배우게 해 달라고 설득하여 6년 동안 나폴리 대학에서 법, 문학, 과학 등을 배웠지만 이 또한 은행업과 마찬가지로 그에게 흥미를 불러일으키지 못했다.

문학에 눈을 뜨다

　보카치오는 문학에 대해서는 깊은 감격과 의욕을 가져 열심히 독학하였다. 당시 문예부흥 운동이 한창이던 나폴리에서 그는 유쾌한 사교 모임에도 참여하고 친구도 사귀며 인문학자에 의해 고전 문학에 눈을 뜨게 되었다. 그런 가운데 한 여성에 대한 열렬한 연애 경험은 그의 청년기 문학 창조에 중요한 계기가 되었다. 1330년대에 아버지에 의해 나폴리 왕을 소개받으면서 동시에 나폴리 왕의 딸을 만났는데, 이때 보카치오는 사랑에 빠져 보카치오의 여러 시편에서 종종 그녀를 묘사했다는 이야기가 있다. 하지만 이 즈음 나폴리에서는 당시 이탈리아 반도를 휘감고 있던 문예부흥의 분위기를 접하고 고전 문학과 인문주의에 대한 흥미를 갖게 되는 시점이었다.

흑사병이 데카메론의 영감이 되다

1338년 아버지가 피렌체에서 파산하고 어머니는 그 후에 사망하였다. 보카치오는 1341년 전염병을 피해 고향인 피렌체로 돌아가서 작품 활동을 하다가 1347년 라벤나에서 후원자를 찾기 시작했는데 1349년에 그의 아버지가 피렌체에서 유행한 중세 흑사병으로 사망하는 바람에, 어머니에 이어 아버지까지 그의 가족을 모두 잃게 되었다.

이때 보카치오는 생업을 위해 피렌체시의 공무원이 되었다. 이 당시의 경험을 바탕으로 보카치오는 피렌체의 흑사병을 피해 교외로 피난한 10명의 남녀가 열흘간 편지를 주고받는 소설인 〈데카메론〉을 창작했으며 이 작품은 그의 대표작이 된다.

평생의 스승을 만나다

1350년부터 보카치오는 본격적으로 피렌체 정부에서 일하게 되었다. 이 즈음 청년 시대로부터 만나고자 소원했던 시인이자 문학가인 페트라르카를 만나게 된다. 그의 만족과 기쁨은 비길 데가 없었으며 친교는 더욱더 두터워져 죽을 때까지 계속되었다. 1362년 점쟁이가 말한 죽음의 예언을 믿은 그는 은둔 생활로 들어가 모처럼의 고전 연구를 그만두려 하였으나 페트라르카의 권유로 연구를 계속하였다. 그러나 노령과 빈곤, 질병에 시달린 나머지 나폴리에도 피렌체에도 흥미를 잃어 고국에 돌아가 숨어 살며 고전 연구에 몰두하였다. 특히 페트라르카의 죽음(1374)에 크게 충격을 받아 전년에 피렌체 정부의 요청에 의해 맡았던 〈신곡〉의 강의도 중단하였다. 그 후 얼마 지나지 않아 생애를 마감하였다. 이처럼 페트라르카는 단테의 인생에서 중요한 멘토 역할을 했다. 한편 페트라르카는 보카치오에게 창작한 작품을 태우거나 팔지 말라고 설득하기도 했는데, 그의 설득 덕분에 현재 보카치오의 작품들은 산토 스피리토 수도원에 온전히 남아있다. 1374년 페트라르카가 죽자 보카치오는 크게 낙담하여 모든 일을 그만두고 체르탈도에서 은거했으며 이듬해인 1375년에 보카치오도 페트라르카를 따라서 사망하게 된다.

제자는 소설가, 스승은 최고의 시인

르네상스 시대 이탈리아의 시인이자 작가, 동시대 시인인 페트라르카와 함께 이탈리아 르네상스를 대표하는 시인으로 평가받는다. 다만 그의 대표작인 〈데카메론〉이 산문 작품이기 때문에 오늘날에는 시인보다는 르네상스 산문 문학의 대표자로 평가받고 있고, 그의 스승인 페트라르카가 당대의 운문 문학의 대표자로 평가받는다.

최초의 단테 연구가 - 보카치오

보카치오가 〈데카메론〉을 쓴 것은 나폴리에서 돌아와 페스트가 창궐하던 피렌체에 머물던 때로, 그는 피렌체 정부를 위하여 외교사절로 활동하거나 시정에 참여하기도 했다. 1360년대에 보카치오는 문학 작가로서의 길을 접고 인문학 연구에 헌신하지만, 인문학자로서의 삶은 그렇게 순조롭지 않았다. 하지만 그가 남긴 학술서들은 이탈리아의 인문주의는 대단히 중요한 위치에 있다. 말년에 피렌체, 시의 요청으로 단테의 신곡을 강의하고 '단테의 인생'이라는 전기도 집필하는 등 그는 최초의 단테 연구자였다.

[데카메론 해부]

산문이 리얼리즘에 근거하다

〈데카메론〉은 어떤 점에서 역작으로 평가받는 것일까? 먼저 데카메론의 내용이 인간의 현실을 있는 그대로 재현했다는 점에서 찾을 수 있다. 거기에서는 어떠한 보편적 원리나 진실도 전면에 드러나지 않는다. 그러한 것들이 구석으로 밀려나는 대신에 무수히 다양한 현실의 존재들이 글로써 펼쳐진다. 그 의미는 결코 단순하게 정리될 수 없을 테지만, 이른바 리얼리즘에 기대어 설명할 수 있을 것이다. 구체적인 사물과 체험을 구체적인 언어로 재현하는 리얼리즘의 자세와 방식이 생명력으로 작용하고 있기 때문이다.

내세 중심의 세계관에 현실 세계를 반영하다

〈데카메론〉은 중세 인간의 삶을 총체적으로 지배한 내세 중심적 세계관의 어두운 장면을 들춰냈고, 현실 세계에서 펼쳐지는 삶의 다채로운 모습들을 당 시대의 대중 언어였던 이탈리아어에 담아내면서 새로운 시대를 열었다. 〈데카메론〉이라는 말에는 그리스어로 '10'이라는 뜻이 담겨있는데, 과연 이 책에는 10이라는 숫자가 곳곳에 도사리고 있다. 우선 페스트를 피하여 피에솔레 언덕에 모여든 젊은 남녀는 10명이다. 이들은 월요일에 시작하여 그리스도의 수난일인 금요일과 토요일을 제외하고 2주일에 걸쳐 모두 10일 동안 각각 하루에 하나씩 총 100편의 이야기를 주고받는다.

최초의 산문 서사시를 완성하다

〈데카메론〉은 하루마다 이야기의 주제가 정해져 있으며, 하루의 이야기가 끝날 때마다 춤과 노래로 마무리한다. 100편으로 이루어진 단테의 신곡을 흉내냈다는 말도 있으나, 다루는 내용과 형식은 크게 다르다. 단테는 치밀하게 운율을 맞춘 복잡한 운문 형식으로 신의 거대한 세계를 쌓아올리지만, 보카치오는 쉽고 친근한 산문으로 사랑과 욕망, 행복, 운명과 같은 인간의 주제를 일상의 삶에 연결하여 풀어낸다.

작가의 세계관을 역사적 소재로 반추하다

데카메론에 실린 100편의 이야기가 모두 보카치오의 순수한 창작물은 아니다. 중세부터 전해 내려오던 역사적 사건과 설화, 민담 등에서 소재를 따온 얘기들이 함께 실려 있다. 그러나 보카치오는 다양한 얘깃거리들을 자신의 세계관에 비추어 재해석하여 수평적인 구성과 사실적인 문체로 담아냈다.

첫 번째 날부터 열 번째 날까지 100편의 이야기는 단지 수평적으로 나열되어 있다. 열 번째 날의 주제가 전체를 총괄하는 의미를 담고 있지만, 전체 이야기들을 수렴하는 것은 아니다. 이야기들은 그 하나하나가 세상의 모습을 마치 자갈들처럼 늘어놓는다. 게다가 사실적인 문체를 사용함으로써 독립적인 나열의 효과를 증폭시킨다.

르네상스 시대의 인간상을 반영하다

보카치오는 〈데카메론〉을 30대 중반에 피렌체에서 썼다. 그 전의 작품들은 나폴리의 밝은 궁정 사회의 분위기에서 쓴 것이라 느낌이 사뭇 다르다. 피렌체로 옮기면서 그는 당시 번성하던 상인 계층의 세계관에 호응하게 되었을 것이다. 그 결과 근대 부르주아의 시민의식과 현실주의적 세계관이 고스란히 담겨있다. 그런 면에서 근대 여명기의 사회와 인간 내면의 풍경들을 우리에게 잘 보여준다.

단테의 베아트리체와 보카치오의 피암메토

한편, 〈데카메론〉은 작가 자신의 에로틱한 삶과 관련이 있다는 설도 있다. 그는 결혼하지 않았으나 다섯 명의 자식을 두었다고 한다. 또 어머니를 모르는 사생아로서, 어머니를 낭만적으로 채색하여 여러 작품에 등장시켰다. 단테에게 베아트리체가 있었듯 보카치오에게도 동안 창작의 영감을 준 피암메토가 있었는데, 그녀도 어머니의 변형이라는 말이 있다.

페트라르카가 살린 데카메론

보카치오는 〈데카메론〉을 그리 탐탁하게 여기지 않았던 것 같다. 그뿐만 아니라 자신의 다른 문학 작품들도 부끄럽게 여겼으며, 더욱이 라틴어가 아닌 이탈리아어로 썼다는 것을 후회했다. 페트라르카가 만류하지 않았더라면 작품들을 불태워 버렸을지도 모른다.

그가 그렇게 홀대한 작품 중 하나가 지금까지 그를 영원한 고전 작가로 살아 있게 만든 것은 묘한 일이다. 그러나 그가 의도했든 아니든 데카메론에는 살과 피로 이루어진 구체적인 일상의 인간들이 살아 있으며, 그들은 시대를 뛰어넘어 언제나 새로운 얼굴로 부활하고 있다.

인간의 영원한 이상 = 사랑

데카메론은 다양한 인물과 사건을 통해 인간의 삶을 다채롭게 재현하고 있지만, 그 모든 것을 결속시키는 하나의 힘을 지니고 있다. 그것은 사랑이다. 사랑은 자기에 대한 것이든 남에게 받거나 주는 사랑이든, 선하거나 악하게 표출된 것이든, 어떤 식으로든 전체를 관통하는 주제다.

여기에 나오는 수많은 인물은 사랑의 힘으로 행동하고 살아간다. 사랑은 그들의 표정과 동작을 역동적으로 만들 뿐만 아니라 땅과 바다, 숲, 태양이 작열하는 사막, 폭풍우가 몰아치는 바다, 밤이면 이상한 일이 일어나는 도시의 흔한 뒷골목까지도 우리가 생생하게 볼 수 있도록 해주었다.

데카메론에서 사랑은 늘 고결하지는 않다. 때로는 더러운 술수에서 나오거나 지저분한 욕정으로 치달리며 비극적인 결말을 맞이하기도 한다. 이렇듯 다채롭게 데카메론을 가득 채우는 사랑이 마침내 고귀한 결말로 향하는 것은 열 번째 날에서다. 열 번째 날의 주제는 사랑이 깃든 관대한 행동으로 명성을 얻는 사람들의 얘기다.

페스트의 시대가 역작을 탄생시키다

데카메론에서 열 명의 남녀가 모인 것은, 당시 피렌체를 휩쓴 페스트를 피하기 위해서였다. 페스트에 직면한 당시 사람들은 모든 것이 너무나 쉽게 사라져 없어지는 상황에 큰 충격을 받았다. 열 명의 남녀는 페스트의 공포를 피하려 했고, 쉽게 사라지는 인간의 삶에 저항하여 쾌락을 추구하고자 했다.

그러나 그들이 들려준 100편의 이야기들에서 인간의 삶은 쉽게 사라지는 만큼 치열하게 응전해야 할 것으로 나타난다. 삶은 언제라도 사라지지만, 그렇기에 더 뜨겁게 사랑해야 할 대상이 되는 것이다. 그래서 자신의 재능과 도전 의식으로 자신의 불행을 언제라도 뒤집는 낙천적이고 투지에 찬 개인들을 곳곳에서 발견할 수 있다.

르네상스 시대의 근본, 인간이 중심이 되다

그것은 이탈리아 르네상스의 전면적인 특징이었으며, 당대의 인간이 추구한 구원의 내용이었다. 단테가 영원한 진리를 상상한 것처럼 보카치오도 역시 영원한 구원을 상상한다. 보카치오가 꿈꾼 구원은 지상의 구원이다. 단테의 구원은 신앙과 섭리로 이루어지지만, 보카치오의 구원은 삶에 대한 사랑과 도전 그리고 그를 통해 쌓아 올리는 명성을 통해 이루어진다. 명성은 인간이 스스로 기억을 영원하게 만드는 길이며 스스로 유한성을 이 세상에서 연장하는 길이다.

보카치오가 명성이라는 새로운 이상을 제시한 것은 스러져 없어질 수밖에 없는 우리의 운명에 대처하기 위해서였다. 그런 면에서 보카치오는 르네상스 시대의 사람들이 희구했던, 지상의 구원을 향한 열망을 예고하고 개척한 작가이자 혁신가였다.

종교를 평등하게 인식하다

보카치오는 기독교를 정면으로 부정하기보다는, 기독교를 유대교와 이슬람교와 같은 다른 종교들과 동등하게 놓았다. 데카메론에 등장하는 기독교 성직자들은 당대의 지배 세력임에도 불구하고 대부분 조롱과 풍자의 대상으로 삼았고, 이교도들을 편견 없이 관찰하고 묘사한 부분도 여럿 발견되었다.

여러 종교를 긍정하는 보카치오를 회의론자라고 비판할 수도 있다. 그러나 보카치오 역시 확고한 종교를 갖고 있다. 그것은 인문주의적 의미에서 말하는 재능이라는 종교다. 그가 말하고자 하는 재능이라는 것은, 중세의 낡은 내세 주의적 세계관에 맞서 개인의 권리와 존엄성을 옹호하는 의미를 지닌다. 이는 13세기 이래 봉건사회의 모순이 심화하였던 이탈리아반도에 일기 시작한 변화와 관계가 있다.

지상과 인간세계의 구원이 되다

당시 여전히 지배적이었던 기독교의 세계관에서 보카치오

가 탈주하는 모습은 강렬하다. 하느님의 빛 속에서 해체되며 행복을 느꼈던 단테가 제시한 기독교적 구원과 달리, 보카치오는 험난하지만, 개인의 실존을 지속시키는 지상의 구원을 추구한다. 보카치오의 인물들은 다가올 세상을 준비하기보다는 삶의 세계가 제공하는 즐거움을 더 골똘히 생각한다. 데카메론의 성취는 이런 시대정신의 쾌활하고 사실적인 묘사에 있다. 거기서 다른 세상의 신비는 급진적으로 거부되고 죄의식은 부드럽게 사라졌다.

여성과 성을 부각하다

데카메론에서 개인의 실존적 가치는 여성성과 함께 두드러진다. 오랫동안 이 책이 포르노그래피라는 평가를 받아온 것은 보카치오가 창조한, 재기 넘치는 여성들이 주도하는 장면들과 그 사실적 묘사 때문이다. 오늘날 고전으로 인정받는 작품들을 생각하면 여기에 등장하는 여성들의 발랄한 모습은 어쩌면 이해하기 힘들 수도 있다. 그러나 성애의 묘사는 그 정도가 지나치지 않고 더욱이 그 자체가 목적도 아니다. 데카메론은 최근까지 교황청에 의해 금서로 낙인찍힌 고전이었고, 그래서 오히려 수많은 사람이 호기심에 가득 차서 몰래 읽었다.

등장인물은 수적으로는 남성이 여성보다 훨씬 많고 귀족과 성직자가 상인과 하층 계급보다 많지만, 여성과 상인 그리고 하층 계급의 사람들이 빠지면 얘기가 성립되지 않는다. 특히 여성의 역할은 지대하다. 보카치오는 여성이 자신에게 창작의 영감을 주는 신이라고 공언한 적도 있다.

여성의 입을 통해 사회 개혁을 말하다

데카메론은 현실에 기초한 합리적 쾌락주의가 결을 이룬다. 쾌락의 화신으로 등장하는 여성들은 대개 활발하고 재능이 뛰어나며 낙관적이다. 세상의 도덕은 물론이고 기독교의 교리에도 무심하다. 그들의 언어는 발랄하고 음탕하게 들리기도 하지만, 논리정연하고 설득력이 있으며 때로는 사회 개혁의 힘을 내비치기도 했다.

그중에서 남편을 두고 다른 남자와 놀아난 필리파를 얘기한 부분을 살펴보자. 그녀는 남편에게 고소를 당하자 법정에 서서 자신의 욕망을 제어하는 사회의 법을 통렬하게 비판한다. 법은 만인에게 평등하고 만인의 동의 위에 세워져야 하지만, 자기를 법정에 세운 법은 여성을 고려하지도, 여성의 동의를 구하지도 않았다는 것이다.

르네상스 시대, 남녀의 평등성을 주창하다

여성도 남성처럼 욕정을 갖고 있으며, 자연스러운 욕정을 충족시킬 권리 또한 남성과 똑같이 갖고 있다는 것이다. 이런 주장은 사실 자연스러운 것이지만, 또한 사회의 근본 체제를 뒤

흔드는 것이기도 하다. 필리파가 표출한 체제전복적인 힘은 우리 시대에서도 여전히 살아 있다. 필리파의 죄는 우리 사회에서 제법 최근까지 법으로 금지되어 있는 소위 간통죄이기 때문이다.

데카메론의 여자들은 지극히 평범한 사람들이다. 평범하지 않게 보인다면 그것은 아마 우리가 여성을 신비하게 혹은 그 반대로 비하해서 보기 때문일 것이다. 여성의 성적 해방은 개인의 욕망을 긍정하고 능력을 최대한 발휘하도록 장려하는 새로운 인본주의 시대에 걸맞은 것이었다.

당대를 그대로 재현한 리얼리스트

이 책에 실린 백 가지 이야기에서 음울한 분위기는 별로 찾아볼 수 없다. 당시 페스트가 돌던 끔찍한 상황에서 나온 것이라고는 도저히 생각할 수 없을 정도다. 어두운 지옥의 그림자도 없지만, 깊은 명상의 흔적도 없다. 다만 당대의 모순과 부조리를 경쾌한 필치로 그려내고 새로운 세계를 쾌활하게 제시하고 있을 뿐이다. 보카치오를 리얼리스트라고 부를 수 있는 것은 이처럼 당대의 현실을 있는 그대로 그려냈기 때문이다.

보카치오의 눈에 비친 현실은 특정한 계층이나 특정한 기준에 따라 잘린 단면이 아니라, 수없이 자잘하게 세분화한 계급과 직업들로 이루어져 있다. 등장인물들은 대부분 세상을 있는 그대로 받아들인다. 그들은 '사는 게 다 그렇지요' 하고 말한다. 그런 한편 그들은 저마다의 운명에 충실하다.

중용적 차원에서의 작가의 역할

작가로서 그가 바라보는 세상은 때로는 모순된 것이거나 이중적이다. 여성은 자유로운 존재이면서 남성에 기대는 이중적인 모습으로 그려지고, 기독교는 진정성을 갖춘 든든한 안식처인 동시에 조롱과 경멸의 대상으로 등장한다.

그러나 보카치오는 거짓말을 하지 않았다. 그런 모순과 이중성은 당대 현실의 얼굴이었기 때문이다. 보카치오는 자유인이었다. 그의 솔직한 상상에 동참하고 그의 발랄한 언어를 읽노라면 우리는 어느새 우리의 삶에 가까이 다가선 보카치오를 만나게 되었다.

【 혁신 포인트 】 데카메론은 왜 '혁신의 산물'인가?

① 인간 본성의 리얼리즘을 깔고 있다

리얼리즘은 딱히 정의 내리기가 곤란할 정도로 넓은 개념이긴 하지만, 대개는 현실을 있는 그대로 재현하려 한 작품이라면 리얼리즘에 속한다고 볼 수 있다. 보카치오의 데카메론 역시 현실의 결을 어루만지면서 위안을 얻고 독자들에게 현실의 바탕 위에서 위안을 주고자 했다는 점에서 리얼리즘 문학에 속한다고 할 수 있다.

② 종교의 모순을 지적하다

그는 당대를 지배한 기독교의 내세 중심주의를 거부했는데, 사실 그가 거부한 것은 하느님의 존재가 아니라 현세를 희생시키면서 내세의 구원만 종용하는 교회 제도였다. 교회가 주는 구원의 메시지를 헛되고 기만적인 것으로 여기는 그는 그런 희망을 접고 현실에 눈을 돌렸다.

③ 종교를 평등하게 인식하다

보카치오는 기독교를 정면으로 부정하기보다는, 기독교를 유대교와 이슬람교와 같은 다른 종교들과 동등하게 놓는 입장에 있다. 데카메론에 등장하는 기독교 성직자들은 당대의 지배 세력임에도 불구하고 거의 대부분 조롱과 풍자의 대상으로 삼은 반면, 이교도들을 편견 없이 관찰하고 묘사한 부분이 그러한 증거다. 그가 말하고자 하는 종교라는 것은, 중세의 낡은 내세주의적 세계관에 맞서 개인의 권리와 존엄성을 옹호하는 의미를 지닌다.

④ 세계 최초의 산문 서사시

하루마다 이야기의 주제가 정해져 있으며, 하루의 이야기가 끝날 때마다 춤과 노래로 마무리한다. 단테는 치밀하게 운율을 맞춘 복잡한 운문 형식으로 신의 거대한 세계를 쌓아 올리지만, 보카치오는 쉽고 친근한 산문으로 사랑과 욕망, 행복, 운명과 같은 인간의 주제를 일상의 삶에 연결하여 풀어낸다. 이래서 데카메론을 중세 시대 산문시의 효시로 불렀다.

⑤ 시대의 인간상을 반영하다

보카치오는 〈데카메론〉을 30대 중반에 썼다. 그전의 작품들은 나폴리의 궁정 사회의 분위기에서 쓴 것이라 느낌이 사뭇 다르다. 피렌체로 옮기면서 그는 당시 번성하던 상인 계층의 세계관에 호응하게 되었을 것이다. 그 결과 근대 부르주아의 시민의식과 현실주의적 세계관 양쪽이 고스란히 담겨있다. 그런 면에서 근대 여명기의 현실 사회와 가진 자와 평민 사이의 인간 내면의 풍경들을 우리에게 잘 보여주었다.

⑥ 거룩한 주제로서의 사랑

데카메론은 다양한 인물과 사건을 통해 인간의 삶을 다채롭게 재현하고 있지만 그 모든 것을 결속시키는 하나의 힘을 지니고 있다. 그것은 〈사랑〉이다. 사랑은 자기에 대한 것이든 남에게 받거나 주는 사랑이든, 선하거나 악하게 표출된 것이든, 어떤 식으로든 전체를 관통하는 주제다. 여기에 나오는 수많은 인물들은 사랑의 힘으로 행동하고 살아간다.

⑦ 인간이 문학의 중심이 되다

인간은 이탈리아 르네상스의 전면적인 특징이며, 당대의 인간이 추구한 구원의 내용이 주류를 이룬다. 보카치오가 꿈꾼 구원은 지상의 구원이다. 단테의 구원은 신앙과 섭리로 이루어지지만, 보카치오의 구원은 삶에 대한 사랑과 도전 그리고 그를 통해 쌓아 올린 명성을 통해 이루어진다. 그런 면에서 보카치오는 르네상스 시대의 사람들이 희구했던, 지상의 구원을 향한 열망을 예고하고 개척한 작가였다.

⑧ 여성과 성을 부각하다

〈데카메론〉에서 개인의 실존적 가치는 여성성과 함께 두드러진다. 오랫동안 이 책이 포르노그래피라는 평가를 받아온 것은 보카치오가 창조한, 재기 넘치는 여성들이 주도하는 장면들과 그 사실적 묘사 때문이다. 데카메론은 최근까지 교황청에 의해 금서로 낙인찍힌 고전이었고, 그렇기 때문에 오히려 수많은 사람들이 호기심에 가득 차서 몰래 읽었다.

⑨ 르네상스 시대, 남녀의 평등성을 주창하다

여성도 남성처럼 욕정을 갖고 있으며, 자연스러운 욕정을 충족시킬 권리 또한 남성과 똑같이 갖고 있다는 것이다. 이런 주장은 사실 자연스러운 것이지만, 또한 사회의 근본 체제를 뒤흔드는 것이기도 하다. 백년도 넘는 그 당시 필리파의 죄는, 최근에서야 우리 사회에서 법으로 폐지된 소위 간통죄이기 때문이다. 이 정도로 보카치오는 백년 이상을 앞서간 시대의 혁신가였던 것이다.

⑩ 미래지향적 작가 정신

〈데카메론〉은 중세에서 벗어나 근대로 진입하던 시기에 나왔다. 보카치오는 새로운 시대를 일찌감치 감지하고 묘사했는데 그가 재현한 개인성, 평등, 민주주의와 같은 근대적 가치들은 지금도 우리가 사는 사회의 기본 틀을 이룬다.

보카치오는 몇백 년 전에 당대에 다루기 힘든 소재들을 다루었고, 그게 시민과 사회와 인간의 본성을 기반으로 한 미래지향적 작가의 시선이다. 지금 현시대에서 활동하고 있는 작가들의 소명을 몇백 년 전의 시선으로 보여주는 것이다.

2. 르네상스 최고의 혁신 문학가

2-1. 윌리엄 셰익스피어

영국의 천재 작가가 탄생하다

1564년 잉글랜드 중부의 스트랫퍼드어폰에이번에서 아버지 존과 어머니 메리와의 사이에서 맏아들이자 8남매 중 셋째로 태어났다. 부친은 부유한 상인으로, 피혁 가공업과 중농(中農)을 겸하고 있었다. 아버지가 읍장까지 지낸 유지였으므로, 당시의 사회적 신분으로서는 중산계급에 속해 있었기 때문에 셰익스피어는 풍족한 소년 시절을 보냈다.

당시 스트랫퍼드어폰에이번에는 훌륭한 초·중급학교가 있어서 라틴어를 중심으로 한 기본적 고전교육을 받았으며, 뒤에 그에게 필요했던 고전 소양도 이때 얻은 것으로 볼 수 있다.

문학청년, 글쓰기를 좋아하다

셰익스피어는 어린 시절부터 글쓰기를 좋아했는데, 늘 글쓰기 때문에 학교에서 내준 숙제를 깜빡하고 하지 못하는 경우도 잦았다. 그리고 여기저기 돌아다니면서 글쓰기를 즐기다 보니까 학교에 결석하는 일도 잦았다.

며칠 후 부모에게 이 사실을 실토하며 학교에 다니지 않겠다고 하였지만, 아버지는 성격이 둥글고 쾌활한 사람이었기에 이런 행위를 꾸중하지 않고 아들의 의견을 존중해 주었고, 윌리엄은 13살 때이던 1577년에 학교를 자퇴하였다.

영국의 문화 융성기에 접어들다

1590년을 전후한 시대는 엘리자베스 1세 여왕 치하에서 국운이 융성한 때였으므로 문화면에서도 고도의 창조적 잠재력이 요구되었던 시기였다. 이러한 배경을 얻어 그의 친분은 더욱 빛날 수 있었다. 당시의 연극은 중세 이래 민중적·토착적 전통이 고도로 세련되었으며, 특히 그리스·로마의 고전을 소생시킨 르네상스 문화의 유입을 맞아 새로운 민족적 형식과 내용의 드라마를 창출해 내려는 때이기도 하였다.

페스트가 문화의 환경을 바꾸다

1592~1594년 2년간에 걸친 페스트 창궐로 인하여 극장 등이 폐쇄되었고, 때를 같이하여 런던 극단도 전면적으로 개편되었다. 이때부터 신진 극작가인 셰익스피어에게 본격적인 활동의 기회가 주어졌다. 그는 당시의 극계(劇界)를 양분하는 세

력의 하나였던 궁내부 장관 극단의 간부 단원이 되었고, 그 극단을 위해 작품을 쓰는 전속 극작가가 되었다. 그는 이 극단에서 조연급 배우로서도 활동했으나 극작에 더 주력하였다.

천재 시인으로서의 셰익스피어

셰익스피어는 언어로 구성되는 모든 것에 통달하였고 당연히 시도 탁월했다. 오늘날 모든 서사에 따른 기본 기술을 정립시켰으며 이 기간을 전후해서 시인으로서의 재능도 과시하여 '비너스와 아도니스(1593)'와 '루크리스(1594)' 등 두 편의 장시(長詩)를 발표하기도 하였다.

그 당시 잉글랜드의 시는, 르네상스 초기에 이탈리아의 시 형식 칸초네가 토머스 와이엇에 의해서 잉글랜드로 들어왔다. 그 뒤로 14행시 5음보 정형시인 소네트가 잉글랜드의 모든 작가가 쓰기 시작했고, 이때 들어온 소네트의 형식은 이탈리아의 시인인 프란체스코 페트라르카(보카치오의 멘토)가 정립한 것이어서 페트라르카식 소네트라고 부른다. 페트라르카식 소네트는 그 시작부터가 사랑하는 연인에 대한 찬양에 가까운 찬미였기에, 100년 이상 시간이 지나면서 온갖 클리셰가 난무하게 되었고, 1580년대 후반 인기가 식어가는 중이었다.

셰익스피어 고유의 소네트를 만들다

셰익스피어가 이 진부해진 소네트 형식으로 참신한 내용을 담아내면서 인기를 끌었고, 지금까지 그 명성을 전한다. 또한, 셰익스피어는 종전의 소네트와는 다른 내용을 담아내기 위해 자신만의 소네트 형식을 만들어낸다.

페트라르카식 소네트는 1개의 옥텟(octet, 8행의 묶음)과 1개의 섹스 테스(sextet, 6행의 묶음)로 구성되어 있으며, 8행에서 볼타(volta)라 하여 시상의 전환이 일어나고, ABBA ABBA CDC CDC의 리듬 구조를 따른다. 그러나 셰익스피어의 소네트는 3개의 쿼텟(quartet, 4행의 묶음)과 하나의 커플릿(couplet, 2행의 묶음)으로 이루어져 있으며, ABAB CDCD EFEF GG의 각운 구조를 따른다. 그래서 이런 소네트들을 따로 분류하여 셰익스피어식 소네트라고 한다.

셰익스피어의 철학이 새로운 형식을 창조하다

셰익스피어가 이렇게 새로운 형식을 창조한 것은 기존의 페트라르카 소네트 형식으로는 자신이 쓰고자 하는 내용을 담아내기에 적절치 않다고 판단했기 때문이다. 전술했듯이, 페트라르카 소네트의 내용은 연인에 대한 맹목적인 찬양과 찬미다. 셰익스피어의 소네트도 연인에 대한 찬미가 주된 내용을 이루기는 하나, 페트라르칸 소네트와의 차별점은 어느 정도의 논리성이 존재한다는 것이다.

맹목적으로 연인의 아름다움을 찬미하기만 했던 페트라르

카식의 소네트와는 달리 셰익스피어는 연인의 아름다움을 찬미하거나, 연인의 아름다움을 구현하는 데 있어서, 일종의 변증법을 사용한다. 즉 플라톤이 철학(즉, 논리)으로부터 시를 추방한 이래 거의 최초로 철학과 예술, 논리와 감성을 종합하고자 하는 시도인 셈이다.

극작가로서 37편의 작품을 발표하다

극작가로서의 셰익스피어의 활동기는 1590~1613년까지의 대략 24년 동안 모두 37편의 작품을 썼는데, 희곡 중 생전에 출판된 것은 19편 정도이다. 작품을 시기별로 구분해 보면, 초기에는 습작적 경향이 보였으며, 영국 역사를 중심으로 한 사극에 집중하던 시기, 그것과 중복되지만 낭만희극을 쓰던 시기, 그리고 일부의 대표작들이 발표된 비극의 시기, 만년에 가서는 화해의 경지를 보여주는 로맨스극 시기로 나눌 수 있다. 그에게 있어서 이러한 시기적 구획(區劃)이 다른 어느 작가보다도 뚜렷하게 구분되는 것이 특징이기도 하다.

셰익스피어가 습작기에 쓴 것은 영국 사극과 희극이다. 영국 사극은 모두 10편을 썼으나 그중 8편은 중세 후기, 주로 영국·프랑스 양국 간의 백년전쟁과 장미전쟁으로 불리는 두 왕가(王家) 사이의 권력투쟁의 과정을 극화한 것이다.

이들 작품을 일괄해서 볼 때, 헨리 7세 및 헨리 8세에 의해 정치적 통일을 위한 기반 조성이 이룩되었고, 엘리자베스 여왕에 의해 근세국가로서 크게 도약하는 역사적 시점에서 본 관점이 이들 작품에 잘 드러나 있다. 봉건적 질서가 내부 붕괴를 일으키면서 골육상쟁이 유발하는 처참한 피의 역사가 선명하게 표출되어 있고, 유혈과 찬탈의 연쇄적 과정이 젊은 극작가의 눈에 생생하게 비치고 있다.

낭만 희극을 집필하다

1594~1600년에 걸쳐 창작된 일련의 희극, 〈베로나의 두 신사〉, 〈베니스의 상인〉, 〈사랑의 헛수고〉, 〈한여름 밤의 꿈〉, 〈뜻대로 하세요〉, 〈헛소동〉, 〈십이야〉 등은 흔히 낭만 희극이라 불린다. 사랑과 결혼에 관한 이야기를 소재로 한 서정적 분위기와 재치와 익살 그리고 해학에 이르기까지 희극 고유의 요소를 두루 섭렵하고 있는 것이 특색이다.

그리고 젊은 남녀 사이의 사랑이 여러 가지 우여곡절 끝에 행복한 결말에 이르는 낭만 희극의 정석을 보여주면서도 그는 사랑의 풍요함과 사랑의 병, 그리고 변신의 능력에서부터 사랑의 변덕스러움, 장난 그 파괴적 힘에 이르기까지 실로 다양한 모습을 보여주고 있다. 이러한 주제는 중세에서 르네상스에 이르기까지의 유럽 문화의 전통에 따르는 것이지만, 이를 작품을 통해 인간성에 대한 따뜻한 이해와 공감을 얻을 수 있었던 것은 오로지 셰익스피어의 창조적 결과이다.

최고의 걸작, 비극 희곡을 집필하다

그의 작품세계가 확대와 깊이를 더한 것은 역사극과 낭만 희극을 쓰고 난 뒤, 비극 작품을 쓰면서부터이다. 대체로 1600~1608년까지의 시기에 그는 대표작인 4대 비극을 중심으로 로마 역사에서 소재를 얻은 3편의 로마 사극, 그리고 희극의 형식을 취했으면서도 이전의 정통 희극과는 달리 암울한 색조가 짙은 희극 3편도 써냈다.

본격적인 비극적인 작품을 쓰기 전에 이미 초기에 2편의 비극, 즉 티투스 안드로니쿠스와 로미오와 줄리엣을 썼으나, 이 작품의 명성과 인기에도 불구하고 1600년 이후에 쓰인 4대 비극을 능가할 수는 없었다. 그의 대표적인 4대 비극 중 가장 먼저 쓴 햄릿(Hamlet), 두 번째 작품 오셀로(Othello), 세 번째 작품 리어왕(King Lear), 마지막 작품인 맥베스(Macbeth) 등이 유명하다.

언어 창조자로서의 셰익스피어

셰익스피어는 엄청나게 많은 신조어를 만들었다. 그의 희곡에 나온 2만 단어 중에 2천 가지는 새로운 단어였다. 셰익스피어 시대에 만들어진 신조어들은 셰익스피어의 신조어(Shakespearean neologisms)라고 한다. 영어의 역사를 배우다 보면 셰익스피어가 만든 어휘들이 꼭 나온다. 사전을 찾아봤더니 어원에 대해 별다른 말이 없고 1600년 전후부터 쓰이기 시작했다고만 나온다면 셰익스피어가 만든 말이라고 보아도 좋았다.

특히 당대 영어는 문법책도 라틴어로 나오던 수준이었다. 따라서 셰익스피어는 이 시기 영어의 발전에 지대한 공헌을 한 것인데, 영문학이라는 학문 자체가 셰익스피어의 작품들을 중심으로 봐도 무방할 정도다.

셰익스피어가 신조어를 만든 방법

고증적으로 가장 확실한 점은 셰익스피어는 아예 새로운 단어를 창조했다기보단 기존의 단어들을 당대에는 새로운 방식으로 응용하여 신조어들을 만들어서 현대 영어의 초석을 다져 놓았다는 것이다.

아래는 셰익스피어가 신조어들을 만든 방법인데, 대표적으로 5가지로 분류된다.
① 두 단어를 결합하는 방식
② 동사를 형용사화하는 방식
③ 명사를 동사화하는 방식
④ 기존 단어에 접두사를 붙이는 방식
⑤ 기존 단어에 접미사를 붙이는 방식

이러한 예는 지금 활동하고 있는 작가들에게도 시사하는 바가 크다. 왜냐하면 언어는 그 자체로 존재하는 것이 아니라, 스스로 살아 움직이는 생명체이기 때문이다.

왜 천재 극작가인가?

셰익스피어와 동시대의 극작가였던 벤 존슨은 '당대뿐 아니라 후세를 통해 통용되는 작가'라고 말했다. 어느 시대를 막론하고 그는 뛰어난 〈시인·극작가〉로서 인정을 받아 왔다. 그러나 셰익스피어의 평가가 절정에 도달한 것은 19세기 초 낭만파 시인·비평가들이 그를 재평가함으로써 그의 작품에 대한 해석과 비평도 깊이를 더했다.

특히 19세기 시인들이 이룩해 놓은 낭만적 셰익스피어 상(像)은 20세기에 들어와 크게 수정되기에 이르렀으며 학문적·비평적 연구의 큰 성과와 더불어 그를 16세기의 극작가이자 동시에 20세기에 사는 작가로 보는 경향이 일어나게 되었.

따라서 작품 해석이 다양하게 전개될 뿐 아니라 고전의 '살아 있는' 모델로서 셰익스피어를 대하려는 경향이 보인다.

셰익스피어, 전 세계에서 다른 글자로 부활하다

작품이 영어로 쓰여 있음에도 셰익스피어가 영국인의 전유물이 아니라는 인식은 이미 19세기 이후에 두드러졌다. 세계 각국에서 자국어로 번역 출간하여 읽는 셰익스피어에 못지않게 또한 무대 위에서도 보는 셰익스피어가 세계 곳곳에서 상연되고 있다는 사실에서도 나타나 있다.

한국에서도 1963년에 한국 셰익스피어협회가 결성되고 1968년부터 셰익스피어협회 편찬으로 그의 주요 작품 15편의 주석본(註釋本)이 나와 한국 셰익스피어 학계의 수준을 돋보이게 하는 계기를 마련했다.

【 혁신 포인트 】 셰익스피어는 왜 금세기 최고봉인가?

① 셰익스피어 고유의 소네트를 만들다

셰익스피어는 언어로 구성되는 모든 것에 통달하였고 당연히 시를 쓰는 분야도 탁월했다. 오늘날 시에 쓰인 서사에 따른 기본 기술을 정립시켰으며 또한 그 당시 진부해진 소네트 형식을 변형시켜 새로운 참신한 내용을 담아내면서 인기를 끌었고, 지금까지 그 명성을 전한다.

또한, 셰익스피어는 종전의 소네트와는 다른 내용을 담아내기 위해 자신만의 소네트 형식을 만들어낸다. 맹목적으로 연인의 아름다움을 찬미하기만 했던 페트라르카식의 소네트와는 달리 셰익스피어는 연인의 아름다움을 찬미하거나, 연인의 아름다움을 구현하는 데 있어서, 일종의 변증법을 사용한다. 즉 플라톤이 철학(즉, 논리)으로부터 시를 추방한 이래 거의 최초로 철학과 예술, 논리와 감성을 종합하고자 하는 시도인 셈이다.

② 영국의 역사를 극작으로 남기다

셰익스피어가 습작기에 쓴 영국 사극은 모두 10편을 썼으나 그중 8편은 중세 후기, 주로 영국·프랑스 양국 간 백년전쟁과 장미전쟁으로 불리는 두 왕가(王家) 사이의 권력투쟁의 과정을 극화한 것이다. 이들 작품을 일괄해서 볼 때, 헨리 7세 및 헨리 8세에 의해 정치적 통일을 위한 기반 조성이 이룩되었고, 엘리자베스 여왕에 의해 근세국가로서 크게 도약하는 역사적 시점에서 본 관점이 이들 작품에 잘 드러나 있다.

봉건적 질서가 내부 붕괴를 일으키면서 골육상쟁이 유발하는 처참한 피의 역사가 선명하게 표출되어 있고, 유혈과 찬탈의 연쇄적 과정이 젊은 극작가의 눈에 생생하게 비춰지고 있는 것이다. 문학가는 역사적 사실을 기록하고 후세에 전하는 역할을 하는 운명이다. 그러므로 셰익스피어가 작가의 예리한 눈으로 편찬한 극작 작품은 영국의 어느 역사책만큼 작품으로서도 그 가치가 충분한 것인다.

③ 낭만 희극을 집필하다

셰익스피어가 1594~1600년에 걸쳐 창작한 희극인 〈한여름 밤의 꿈〉, 〈베니스의 상인〉 등 10여 편은 낭만 희극이라 불린다. 사랑과 결혼에 관한 이야기를 소재로 한 서정적 분위기와 재치와 익살 그리고 해학에 이르기까지 희극 고유의 요소를 두루 섭렵하고 있는 것이 특색이다.

이는 젊은 남녀 사이의 사랑이 여러 가지 우여곡절 끝에 행복한 결말에 이르면서도 사랑의 풍요함과 사랑의 병, 그리고 변신의 능력에서부터 사랑의 변덕스러움·장난, 그 파괴적 힘에 이르기까지 실로 다양한 모습을 보여주고 있다.

이러한 주제는 중세에서 르네상스에 이르기까지의 유럽 문화의 전통에 따르는 것이지만, 이를 작품을 통해 인간성에 대한 따뜻한 이해와 공감을 얻을 수 있었던 것은 오로지 셰익스피어의 창조적 결과이다.

④ 영어, 그 품격의 단계를 끌어올리다

셰익스피어는 그의 희곡에 나온 2만 단어 중에 2천 가지는 새로운 단어였다. 셰익스피어 시대에 만들어진 신조어들은 셰익스피어의 신조어라고 한다. 영어의 역사를 배우다 보면 셰익스피어가 만든 어휘들이 꼭 나온다. 사전을 찾아봤더니 어원에 대해 별다른 말이 없고 1600년 전후부터 쓰이기 시작했다고만 나온다면 셰익스피어가 만든 말이라고 보아도 좋다.

⑤ 작가들이 본받아야 하는 창조적 혁신의 정신

고증적으로 가장 확실한 점은 셰익스피어는 아예 새로운 단어를 창조했다기보단 기존의 단어들을 당대에는 새로운 방식으로 응용하여 신조어들을 만들어서 현대 영어의 초석을 다져놓았다는 것이다. 예를 들면 두 단어를 결합하는 방식이나 동사를 형용사화하는 방식, 명사를 동사화하는 방식 등은 지금 활동하고 있는 작가들에게도 시사하는 바가 크다. 왜냐하면, 언어는 그 자체로 존재하는 것이 아니라, 스스로 살아 움직이는 생명체이기 때문이다.

⑥ 현대에서도 최고의 걸작인 '비극 희곡'을 남기다

1600~1608년까지의 시기에 셰익스피어는 대표작인 4대 비극을 중심으로 로마 역사에서 소재를 얻은 3편의 로마 사극, 그리고 희극의 형식을 취했으면서도 이전의 정통 희극과는 달리 암울한 색조가 짙은 희극 3편도 써냈다. 본격적인 비극작품을 쓰기 전에 이미 초기에 2편의 비극, 즉 티투스 안드로니쿠스와 로미오와 줄리엣을 썼다.

그러나 이 작품의 명성과 인기에도 불구하고 1600년 이후에 쓰인 4대 비극을 능가할 수는 없었다. 그의 대표적인 4대 비극 중 가장 먼저 쓴 햄릿(Hamlet), 두 번째 작품 오셀로(Othello), 세 번째 작품 리어왕(King Lear), 마지막 작품인 맥베스(Macbeth) 등이 유명하다. 이 작품들은 21세기에 살고 있는 우리에게도 여전히 최고의 걸작으로 회자되고 있기 때문이다.

⑦ 지금도 살아있는 천재 극작가

셰익스피어는 어느 시대를 막론하고 그는 뛰어난 〈시인·극작가〉로서 인정을 받아 왔다. 그러나 셰익스피어의 평가가 절정에

도달한 것은 19세기 초 낭만파 시인·비평가들이 그를 재평가함으로써 그의 작품에 대한 해석과 비평도 깊이를 더했다. 특히 학문적·비평적 연구의 큰 성과와 더불어 그를 16세기의 극작가이자 동시에 20세기에 동시로 살아있는 작가로 보는 경향이 일어나게 되었다.

⑧ 셰익스피어, 전 세계에서 다른 글자로 부활하다

작품이 영어로 쓰여 있음에도 셰익스피어가 영국인의 전유물이 아니라는 인식은 이미 19세기 이후에 두드러졌다. 세계 각국에서 자국어로 번역 출간하여 읽는 셰익스피어에 못지않게 또한 무대 위에서도 보는 셰익스피어가 세계 곳곳에서 상연되고 있다는 사실에서도 나타난다. 한국에서도 1963년에 한국 셰익스피어협회가 결성되고 그의 주요 작품 15편의 주석본(註釋本)이 나와 있다.

2-2. 미겔 데 세르반테스

스페인의 대문호가 태어나다

세르반테스는 마드리드 북쪽에 자리 잡은 카스티야 지방의 작은 도시인 알칼라 데 에나레스(Alcalá de Henares)에서 몰락한 집안을 뿌리로 둔 이발사 겸 외과 의사인 로드리고 세르반테스의 일곱 남매 중 넷째 아들로 태어났다. 할아버지는 종교재판소 변호사였으나 오늘날 변호사라고 하면 대단하다고 생각하겠지만, 그 시대의 변호사는 공증인 역할에 더 가까웠고, 일은 동네 관공서 서기 정도 지위로 딱히 크게 부유하지도 못했다. 이에 세르반테스는 제대로 된 교육을 받지 못했고 가족은 여러 도시로 이사를 하였다.

가난한 유년기를 보내다

1554년 빚 때문에 전 재산을 탕진하고 가족들은 13년 동안 스페인 전역을 떠돌아다녔다. 마드리드로 집안이 이사한 1560년대부터 저명한 인문학자인 로페스 데 오요스(López de Hoyos) 아래에서 학문을 배웠다는 기록이 전해지기도 한다. 이후 1569년이 되자 교황청에 특사로 파견된 스페인 추기경의 종자로 선발되어 훗날 추기경이 되는 다른 사제의 수행원으로도 일하면서 르네상스 문학을 섭렵했다. 그리고 스페인 왕 펠리페 2세가 동군연합으로 있던 나폴리 왕국으로 가서 그곳에 주둔해 있던 스페인 해군에 지원하게 되고 레판토 해전에 참가했으나 부상으로 왼손에 장애를 가지게 되었다.

전쟁의 참담함을 배우고 글을 쓰다

이때 총상을 당해 왼손이 불구가 되어 '레판토의 외팔이'라는 별명을 얻게 됐다. 그때가 24세였다. 군 생활을 계속하다가

1575년 9월에 귀국하는데 탄 배가 태풍에 휩쓸리고 튀르크 해적의 습격까지 받아 포로가 된다. 해적에게 잡혀 알제리에서 5년간 노예로 생활하다가, 가족이 모은 돈으로 몸값을 지급하고 천신만고 끝에 간신히 풀려났다. 그때가 33세였다. 이때부터 가족이 사는 마드리드로 돌아와 글을 쓰기 시작하였다.

그때 자유의 중요성을 절감했을 것이다. 돈키호테의 주제 중 하나가 〈자유〉다. 인간이 어떻게 인간을 구속할 수 있나 묻는다. 집에 돌아왔지만 가세는 더 기울어 있었다. 1569년 첫 번째 소설 '라 갈라테아'를 출간했지만, 생계를 위해 포르투갈로 가서 왕실 업무를 봤다.

최고의 걸작, 돈키호테 출간

세르반테스가 해적에게 풀려난 뒤 군사 식량을 납입하는 식량 조달원으로 안달루시아 지방을 떠돌아다니는 직책을 맡았으나, 그런 중에도 교회 소유 밀을 징발했다고 파문당하고, 당국 허락 없이 밀을 팔았다는 죄목으로 투옥되기도 했다. 풀려난 뒤로 그라나다에서 세금 징수원을 했는데, 책임자의 먹튀와 기타 억울한 과정으로 인해 다시 세비야 감옥에 7개월 동안 갇힌다.

이때 감옥에 갇혀 있던 동안에 돈키호테를 구상했다. 그리고 풀려난 뒤 바야돌리드에 가정을 꾸렸고, 이후 1605년 돈키호테 1권이 출판된다. 세르반테스는 자신의 책이 베스트셀러가 될지 몰랐다고 한다. 그러나 이 소설은 시대를 초월하는 고전이 되었고 문학사를 대표하는 걸작의 반열에 오른다. 이때의 나이가 58세이다.

돈키호테 속편을 출간하다

첫 번째 소설인 라 갈라테아 이후 무려 20년 만에 내놓은 소설이다. 돈키호테는 당대 유럽 최고의 베스트셀러 반열에 올라 어마어마한 인기를 끌었고 1614년에 다른 작가가 무단으로 돈키호테 속편을 출간하는 일까지 벌어진다. 이런 광경을 본 세르반테스는 1615년 정식 돈키호테 속편을 낸다. 그 뒤 마드리드로 거주지를 옮기고 1616년 4월 22일 당뇨병과 간 경변으로 한 편의 영화 같은 생을 마감한다. 향년 68세의 일이다.

묘지는 트리니티 탁발 수녀원에 묻혔으나, 수녀들 및 수녀원 관계자들만이 참석한 채 장례 미사가 치러졌고 그 후 4세기가 지나 누구도 그가 묻힌 정확한 위치를 알지 못하게 되었다. 약 400년 만인 2014년, 스페인 정부에서 10만 유로(약 1억 4천만 원) 가까이 들여 트리니티 탁발 수녀원 내의 세르반테스의 유해를 찾았다. 이 수녀원 지하에는 세르반테스와 그의 부인 등이 묻혀 있었다.

에스파냐 최고의 문호가 되다

20세기에서 가장 영향력이 있는 문학 평론가 해럴드 블룸은 '단테 이후 서양의 중심 작가는 셰익스피어와 세르반테스 둘 뿐이다. 그 이후에 나온 톨스토이나 괴테, 디킨스, 프로스트, 조이스도 그 둘에는 못 미친다.'라고 평했다. 현재 스페인에선 당연히 자국을 대표하는 대문호로 추앙하고 있다. 마드리드의 중심부인 에스파냐 광장에는 그와 돈키호테, 산초의 동상이 있으며 스페인 심장부에 동상이 있다는 의미로 국가의 아이콘 이라는 뜻이기도 하다.

정식으로 배우지 못했지만, 문학 장르의 대부분을 흡수하다

세르반테스는 당대 거의 모든 문학 장르를 섭렵했다. 소네트 가 발달한 르네상스 시대의 탁월한 시인이기도 했으며, 연극 의 시대를 비판적으로 극복한 극작가이기도 했다. 또 산문가 로 목가 소설, 기사 소설, 비잔틴 소설 등 로망스 장르를 다양 하게 편력했다.

세르반테스의 수작은 단연 '소설'

세르반테스가 단연 돋보인 것은 소설 분야였다. 운문 연극 시대에 극작가로 출세하지 못한 것은 오히려 그만큼 타고난 불세출의 산문가요, 소설가였음을 증명한다. 단 한 편도 무대 에 올리지 못하고 책으로 묶어내는 데 만족해야 했던 '여덟 편의 코메디아와 여덟 편의 막간극' 서문에서도 연극을 볼 관객이 아니라 읽어서 감상할 독자를 향해 작품의 이해를 구하고 있었다.

스페인어로 된 최초의 근대소설을 쓰다

관객에게 공연으로 호소하기에는 너무 진지하고 산문적이었다. 자신이 스페인어 최초의 소설가라고 자부하였던 12편의 모범 소설집은 이탈리아 노벨레 형식을 받아들여 한층 도덕적이면서 사실적으로 발전시킨 소설 실험이었다. 마침내 과거와 당대의 다양한 스토리텔링 양식을 실험하고 융합해 시대 변화를 통찰한 창의적 문학 지평을 열었다. 독창적으로 창조한 주인공 돈키호테의 방랑과 대화에 민담, 고전 우화와 노벨레 등 모든 형식의 이야기들을 망라해 녹여낸 서양 최초의 근대 소설 '돈키호테'를 탄생시킨 것이다.

【 혁신 포인트 】 돈키호테는 소설 최고의 걸작

① 1인칭이 중심인, 실험소설

그전의 기사 소설은 전지전능한 3인칭 시점에서 이야기를 묘사해 나갔다면, 세르반테스가 쓴 돈키호테에서는 등장인물이 대화로 이야기를 전개해 나간다. 이는 그 당시의 문체로 보면 정말 대단한 일이다. 주인공인 돈키호테는, 소설의 주인공이면서 동시 자신을 창조해 나가며, 그리고는 자신이 신의 입장이 된다.

작품 도입부에 라만차 마을에 이달고가 살고 있었다고 소개하고는, 그의 이름이 불분명해 '키하다' '케사다' '케하나' 여러 가지로 불렸다고 나온다. 주인공이 기사로 나서기로 하면서 열흘간 고민 끝에 스스로 지어준 이름이 〈돈키호테〉다. '돈'은 경칭이고, '키호테'는 갑옷의 허벅지 보호 장비 이름이다.

자기가 말 이름도 정하는데 바로 〈로시난테〉다. 그전에는 비쩍 말랐지만, 지금은 어느 말보다 뛰어난, 이라는 말이라는 뜻이다. 기사에게 필요한 귀부인도 이웃집 여인 알돈사를 상상의 여인 〈둘시네아〉로 부른다. 자기가 자기 삶을 만들어 가기 위해 이름을 부여한다. 소설의 주인공이 자존적 관점에서 곧 신의 경지에서 소설을 풀어나가는 방식이다.

② 기존 사회가 공유한 인식의 〈틀〉을 깨뜨리다

유대인 스콜라 철학에 보면 호칭이 정체성을 바꾼다고 나온다. 이름이 불명이던 사람이 자기 삶을 살기 위해서는 자기의 이름을 정한다. 그리고 그 이름에 맞게 행동한다. 이것은 매우 중요하다. 인간은 가문이나 혈통의 자식이라는 기존 개념을 깨고, 자기 본연이 행한 '행위의 자식'이라고 선언한 것이다. 결국, 실존이 기능을 결정 짓는 게 아니라, 새롭게 부여되는 기능이 실존을 결정한다는 거다.

책을 읽다 마주치는 주인공도 문자 그대로 열린 근대 사회를 그럴듯하게 웅변한다. 책에 박식한 돈키호테와 구전 속담에 능통한 산초가 맞서 펼치는 풍부한 유머와 넘치는 재담, 그리고 수많은 일화들은 후대 문학과 예술에 무한한 사색과 영감의 원천이 됐다.

③ 서양 리얼리즘 문학의 효시

도스토옙스키는 세상에 '돈키호테'만큼 심오하고 강렬한 것은 없으며 인간 사유의 궁극적이고도 가장 위대한 표현이라고 예찬했다. '돈키호테'는 중세 기사 로망스를 패러디해 현실을 사실적으로 재현한 리얼리즘 소설의 효시로 꼽힌다.

실제 돈키호테의 구성과 흐름은 오늘날 소설 이론 일반의 시금석이 된다. 돈키호테에서 가장 많이 쓰인 단어가 '진리와 진실'이었음은 시사하는 바가 크다. 언어에 갇힌 이성 중심주의의 본질과 한계를, 새로운 관점에서 되새기게 한다는 점에서 세르반테스는 소설은 인문주의로 빛난다.

④ 근대 소설의 아버지 - 세르반테스

평론가 헤럴드 블룸은 다음과 같이 말했다. '모든 소설가는 어떤 형식으로든 모두 다 세르반테스 자손들이다', '최초의 근대 소설인 돈키호테는 여전히 가장 훌륭한 소설로 남아 있습니다. 유일하게 셰익스피어만이 세르반테스의 천재성에 근접합니다'

'거의 동시에 죽은 세르반테스와 셰익스피어는 단테 이후 서양 최고의 작가이며, 그 이후로는 톨스토이나 괴테, 디킨스, 프루스

트, 조이스도 그들에 근접하지 못합니다'

⑤ 돈키호테는 세계 최초의 근대소설

문학사적으로 〈돈키호테〉는 '최초의 근대 소설'로 평가된다. 기사를 선망하는 주인공이 시대착오적인 행동으로 비웃음만 산다는 내용만 보아도 현대인이 우리가 이해할 수 있는 부분이 있다. 돈키호테는 시대적으로는 중세에서 근대로의 대서사를 보여주고, 사조적으로는 낭만주의에서 사실주의로의 이행을 보여주는 작품으로 평가된다.

나아가 이 소설은 독특하고 파격적인 서술 방식으로도 유명하다. 제1부에서는 이야기 도중에 갑자기 저자가 개입하더니 제2부에서는 아예 주인공들까지 합세하여 〈돈키호테〉라는 소설을 놓고 왈가왈부하는 대목이 나오는데, 일각에서는 이를 현대적인 '메타 픽션'의 선구적인 사례로 설명하기도 한다.

⑥ 시대를 아우르는 유머 소설

에스파냐의 국왕 필리프 3세는 어떤 사람이 길에서 책을 읽으면서 눈물을 줄줄 흘리고 배꼽이 빠지라 웃어대는 꼴을 보고는 이렇게 말했다 한다.

'저 사람은 미친놈 아니면, 돈키호테를 읽는 놈이로군.'

돈키호테가 그 당시 얼마나 탁월한 유머 소설인지를 보여주는 일화다.

⑦ 이미 몇백 년 전에 → 21세기 현대인의 고뇌를 표현하다

실제로 돈키호테의 광기는 오히려 과거보다 현대의 개념으로 더 잘 설명될 수 있다. 비유하자면 그는 이 세상을 상대로 일종의 '코스프레' 또는 '게임'을 하는 셈이다. 사람들은 그를 '광인'으로 여기지만, 종종 건전한 판단을 내리기도 한다. 또한, 정말 위험한 상황에선 몸을 사리는 그의 모습을 보면 미쳤다고만 보기엔 꼭 그렇지도 않다.

어쩌면 그는 이 세상을 무대로 자기만의 '놀이'를 하는 사람이며, 워낙 진지하게 몰입하여 도리어 '광인,' 또는 요즘 식으로 '폐인' 취급을 받는 것이 아닐까. 이처럼 '놀이'를 통해 또 다른 자아상을 실현한다는 점에서 돈키호테는 현대인의 모습과 무척 비슷하다.

⑧ 유머 소설이지만, 유머스럽지 않은 패러독스를 숨기고 있다

처음에는 유머 소설로 간주되던 돈키호테는 18세기와 19세기를 거치며 이상과 현실의 갈등, 인간의 실존적 고뇌 같은 무거운 주제를 담은 작품으로 해석되었다. 하지만 서머셋 몸의 지적을 보면, '세월이 흐르면서 우리가 세르반테스의 애초 의도에서 점점 더 멀어지고 있음을 보여준다.'

현대에 사는 우리는 더욱 그렇다. 돈키호테의 갖가지 불행을 목격하고, 그러면서도 웃음을 터트리지 않으면 안 되지만, 우리는 그 사람과 같은 시대 사람들처럼 쉽게 웃지 못한다. 현대의 우리는 지나치게 신경이 예민하고 섬세해졌기 때문에, 그를 바보처럼 비웃고 놀리는 농담이 때로는 잔인하게 느껴져서 즐길 수가 없기 때문이다.

⑨ 멈출 수 없는 혁신형 인간, 돈키호테

셰익스피어의 희곡이 인간의 수많은 '전형'을 그려낸 것처럼, 세르반테스의 돈키호테 역시 또 다른 '전형'을 만들어냈다. 에스파냐 사람의 기질을 집약한 인물로 평가되는 돈키호테는, 16세기 전성기 이후 강대국의 지위에서 격하된 에스파냐의 상처 입은 자존심을 상징하게 되었다.

특히 20세기 초에는 돈키호테 같은 불굴의 의지를 발휘해 새로이 도약하자고 역설하는 민족주의적 주장도 나왔다. 미겔 데 우나무노가 〈생의 비극적 의미〉(1913)에서 돈키호테를 가리켜 에스파냐의 구세주라고 격찬한 것이 그런 의미이다. 또한 오르테가 이 가세트가 〈돈키호테의 성찰〉(1914)에서 풍차를 향해 돌진하는 돈키호테의 기개를 예찬한 것도 역시 마찬가지다.

⑩ 인간 고뇌의 두 대표자, 햄릿과 돈키호테

러시아의 작가 이반 투르게네프는 〈햄릿과 돈키호테〉(1860)라는 유명한 강연에서 '햄릿형 인간'과 '돈키호테형 인간'을 구분했다. 이 세상에는 햄릿형 인간이 존재하며, 이런 유형의 인간은 뛰어난 지각력과 깊은 통찰력을 지녔습니다. 그러나 햄릿형 인간은 이 세상과 민중에 대하여 기여하는 바가 하나도 없으며, 실천력의 결여로 인해 비난을 받습니다.

반면 절반쯤 광인이라고 할 수 있는 돈키호테형 인간은 하나의 목표만을 추구하며 그런 까닭에 이 유형의 인물만이 인류 역사 발전에 기여하여, 민중을 이끌어나갈 수 있는 것입니다.

⑪ 음악 미술 등 예술의 소재로 활용되다

돈키호테는 문학 이외의 다른 예술 분야에서도 큰 영향력을 발휘했다. 미술 작품으로는 구스타브 도레, 오노레 도미에, 파블로 피카소, 살바도르 달리 와 같은 화가들도 이 유명한 소설을 소재로 한 작품을 남겼다.

음악 분야에서는 헨리 퍼셀, 게오르크 필립 텔레만, 펠릭스 멘델스존, 쥘 마스네, 모리스 라벨, 리하르트 슈트라우스 등등 저명한 음악가들이 저마다 돈키호테에서 소재를 취한 작품을 남긴 바 있다.

현대에 나타난 돈키호테의 각색 작품 가운데 특히 주목할 만한 것으로는, 뮤지컬 〈라 만차의 사나이〉(1964)가 있다. 데일 와서만의 희곡에 미치 리와 조 대리언이 작사 작곡한 노래를 덧붙여 만든 뮤지컬로, 세르반테스의 감옥 생활과 돈키호테 소설의 줄거리를 교묘하게 접목한 액자 형식으로 이루어져 있다.

극 중에서 돈키호테가 부르는 '불가능한 꿈'이라는 제목의 노래가 특히 유명하며, 토니상 5개 부문을 석권하고 1972년에는 피터 오툴과 소피아 로렌 주연의 영화로도 제작되었다.

⑫ 세르반테스, 시참*을 남기다

1617년에 출간된 그의 유작 〈사랑의 모험〉에는 저자가 사망하기 직전에 쓴 서문이 있는데, 그 마무리 대목은 마치 독자들에게 보내는 유언처럼 들린다.

'모든 시간은 계속해서 이어지는 것이 아닙니다. 아마도 이 끊어진 실을 이으면서, 내가 여기서 쓰지 않은 것들, 그리고 잘 어울렸던 부분들을 언급할 시간이 올 겁니다.

안녕, 아름다움이여.
안녕, 재미있는 글들이여.
안녕, 기분 좋은 친구들이여.

만족스러워하는 그대들을 다른 세상에서 곧 만나길 바라면서 난 죽어가고 있다오!'

---

* 시참(詩讖) : 우연히 지은 시(詩)가 뒷일과 꼭 맞는 일.

3. 상징주의 문학의 혁신

문예사적 상징주의란 무엇인가?

상징주의란 상징적 방법을 통해 형이상적 또는 신비적 내용을 암시적으로 표현하려는 문예사조를 말한다. 상징주의(symbolism) 의 어원은 증표를 뜻하는 그리스어의 symbolon에서 유래하는데, 이는 부호·기호·암호의 뜻을 내포하고, 배후에는 무엇인가를 암시·환기·계시한다고도 해석할 수 있다.

상징은 매개인 '사물'과 그 매개가 암시하는 '의미'의 이중성을 갖는다는 점에서는 비유와 유사한 구조이나, 무한하고 다양한 내적 '유추'를 갖는 점에서 비유와 개념이 조금 달랐다.

문학사조로서의 상징주의는 19세기 말엽 프랑스에서 리얼리즘(사실주의), 실증철학 및 과학과 결부된 자연주의, 그리고 객관적 조형성을 강조하는 심미적·이상주의적 반동사조를 의미한다.

프랑스에서 상징주의가 꽃피우다

보들레르(Boudelaire, C.)·베를렌(Verlaine, P.)·랭보(Rimbaud, A)

·말라르메(Mallarm, S.) 등을 상징주의의 선구자로 볼 수 있다. 여기에 러시아의 투르게네프와 솔로굽, 영국의 예이츠(Yeats, W. B.) 독일의 릴케(Rilke, R. M.)와 게오르게 등을 추가하면 상징주의 운동의 국제적 규모가 드러난다. 시작과 끝을 어디로 설정하건, 또 어떻게 분류하건, 상징주의 운동의 가장 주요한 시인은 보들레르, 베를렌, 랭보, 말라르메로 볼 수 있다.

19세기 말 집단적으로 상징주의가 유행하다

시대적 정신에 부응하여 하나의 문학운동에 많은 서클과 많은 잡지가 참여했음은 상징주의가 집단적 문학운동의 성격을 띠고 세기말 문학을 주도했음을 알 수 있다. 사상·감정의 직접적 표현, 객관적 묘사, 구체적 영상에 의한 직유적 암시를 거부하는 상징주의의 상징은, 모레아스가 말한 대로 '이념에 감각적 의장(衣裝)을 입히는 것'이 그 구조적 핵심이다. 이때 의장은 그 자체가 목적이 아니라 이념 표현이 그 기능인 바, 역시 이념에 종속하고, 또 이념은 외부의 아날로지의 화사한 의장을 입지 않고서는 표현할 수 없다.

상징은 수직과 수평의 호응

상징은 1차 적으로 사물(물상)로 된 매개체이며, 그 매개체가 환기하는 감각 차원에서 추상적 관념이나 개인적 감정에 이르는 운동, 즉 시각·청각·후각 등에 의하여 암시·환기하는 관념이나 감정에 도달하는 운동을 내포한다. 사물(매개) → 감각(시각·청각·후각 등) → 초월적 관념으로 이행하는 것을 '수직의 조응'이라고 한다.

한편 사물(매개) → 육체적 감각 → 다른 육체적 감각으로 이행하는 것을 '수평의 조응'이라고 한다.

상징주의, 스스로 발전하다

상징주의에는 두 개의 측면이 있는바, 상징의 매개가 도달하는 관념·감정이 인간적 차원으로서의 내면에 머문다면 개인적 상징주의, 개인적 차원을 넘어선 초월적·보편적 이데아를 암시한다면 초월적 상징주의라고 한다.

상징주의는 낭만주의의 반정립으로 등장한 사실주의와 과학적 리얼리즘(자연주의)에 대한 또 다른 이상주의적·신비주의적·심미주의적 반동 사조다. 시간이 흘러가면서 상징주의는 퇴폐주의적 경향도 나타난다.

상징주의 대문호들이 등장하다

상징주의 문학의 본거지는 프랑스이다. 보들레르가 시집 〈악의 꽃〉을 통해 상징주의의 출현을 널리 알린 것은 1857년이다. 악의 꽃에는 상징주의 시의 원리에 해당하는 시 〈만물의 조응〉

이 수록되어 있다.

　이 시를 통해 보들레르는 '자연은 하나의 신전'이라는 우주적 감각과 함께 '향기, 색채, 음향이 서로 응답한다.'는 자연과의 교감을 강조하는 공감각의 시법을 제시한다. 보들레르에 따르면 시인은 미의 영원한 구도자로 신앙화한다.

　베를렌은 시를 통해 음악을 살리고 암시의 원리를 찾아낸다. 그의 시 〈가을의 노래〉는 조락의 아름다움에 음악적 특성을 융합하여 독자적인 서정적 세계를 보여준다.

　랭보는 이른바 '견자(見者)의 미학'을 그의 격렬한 시풍을 통해 확립한다. 그의 시 〈취한 배〉에서 그려낸 바다와 육지는 독특한 환상적 감각에 의해 미묘한 뉘앙스를 살려낸다. 견자가 되기 위해서는 초인적인 힘으로 광기에 이를 정도로 고행의 과정을 거쳐야 한다. 그래야만 비로소 시인은 자기 자신을 찾을 수 있으며, 미지의 세계에 도달하여 그 세계를 보고 노래할 수 있는 것이다.

　말라르메는 언어의 암시와 환기적 기능에 의한 상징시를 창작한다. 그의 언어는 사물을 묘사하는 것이 아니라 사물이 인간의 영혼 속에서 환기시키는 것을 암시하는 중개자에 해당한다. 지적인 유추에 의존하는 상징적 수법으로 창작된 그의 시는 언어의 순수성에 절대적 신뢰를 드러낸다. 그의 시는 지극히 난해한 내용을 담고 있는 것들이 많지만 프랑스 근대시의 최고봉의 하나로 인정받고 있다.

상징주의의 문학적 성과

첫째, 상징주의 운동을 통한 자유시의 탄생이다. 자유시의 실현은 민중적인 노래의 형태를 채용한 랭보의 〈지옥의 계절〉에서부터라고 할 수 있다. 뒤에 많은 시인이 시적 형태의 개방성을 추구하면서 계통적으로 자유시가 발전했다.

둘째, 순수시의 확립을 들 수 있다. 시 속에서 산문적 요소를 배제하고 순수하게 시적인 것을 찾으려는 의식적 노력은 말라르메에서 시작되어 발레리에서 완성된 순수시를 통해 그 운율과 음악적 성과를 드러냈다.

셋째, 상징주의로부터 비롯된 새로운 문학적 혁신과 발전 개념이다. 상징주의자들은 기성세대의 문학과 정신을 부정하는 권리와 의무를 인정한다. 여기서 아방가르드의 개념이 생겨나며 다양한 유파적 실험들이 등장했다.

넷째, 어떤 다른 사조들보다 강력한 영향을 해외 각지에 끼치게 된다. 프랑스의 발레리와 프로스트, 영국의 예이츠와 토마스 엘리엇, 미국의 에즈라 파운드, 독일의 마리아 릴케에 이르기까지 상징주의의 영향을 받게 된다. 이후 순수 미학이나 꿈, 신비에 몰두하던 상징주의는 모더니즘, 다다이즘, 초현실주의로 변화, 발전하게 된다.

3-1. 보들레르

자유시의 대부가 태어나다

1821년 프랑스 파리에서, 조제프 프랑수아 보들레르와 카롤린의 아들로 태어났다. 조제프는 본래 가톨릭 사제였다가 환속하여 1797년 잔(Jeanne)이라는 여인과 결혼, 1805년 아들 클로드 알퐁스 보들레르(Claude Alphonse Baudelaire)를 낳았다. 그러나 잔은 1814년에 먼저 세상을 떠났고, 조제프는 1819년에 60세의 나이로 26세의 고아 출신 처녀 카롤린을 후처로 맞이하여 2년 후 샤를을 낳았다.

조제프는 아마추어 화가로도 활동할 만큼 예술에 조예가 깊었고, 늦둥이 아들 샤를이 고작 6살일 때 사망했지만 샤를에게 많은 영향을 주었다. 조제프가 사망한 후, 카롤린은 자크 오픽이라는 군인과 재혼했다. 하지만 샤를은 의붓아버지 자크와 그리 친하지 못했고, 보들레르와 그의 어머니와의 관계는 가깝고도 복잡한 것이었고, 이 관계가 그의 삶 내내 계속되었다.

유년 시절부터 문학적 재능을 보이다

보들레르는 리옹에서 교육받았다. 리옹 왕립기숙학교의 학생이 되면서 그는 어머니로부터 떨어져 생활해야만 했으며, 그의 성적이 떨어지면 집에 돌아오지 못하게 하는 의붓아버지의 엄격한 방식을 받아들여야만 했다.

중학교 때 학급 친구들은 보들레르를 이렇게 묘사한다. '그는 다른 어떤 학생들보다 세련되었으며 독특했다. 우리는 훌륭한 문학 작품에 대한 취향과 공감, 조숙한 사랑으로 서로 묶여있는 관계이다.' 이후에 그는 파리의 루이 르 그랑 고등학교의 기숙생으로 편입하게 된다. 보들레르는 공부에 대해서는 산만하고, 이따금 성실했으나 게으른 경향이 있었으며 당시 전국 경시대회 라틴시 부문에서 장려상을 수상하기도 했다. 또한 프랑스시 부문에서 2등 상을 수상하는 등 문학에 유별난 재능을 보였다.

작가가 되기로 결심하다

18살에 보들레르를 평가한 것을 볼 수 있는데, '우아한 성품이나 때로는 신비주의에 빠져있고 비도덕성과 냉소로 충만해 있음'이라고 묘사되었다. 또한, 그는 졸업 직전에 선생님과 트러블이 생겨 퇴학을 당한다. 그러나 그 이후에도 가정교사의 도움으로 대학 입학 자격시험에 합격하고 미래에 대한 기대 없이 파리 법과대학에 등록한다.

그는 그의 형에게 말했다. '나는 내가 그 어떤 직업에도 소질이 있다고 생각하지 않아요.' 그의 의붓아버지는 그가 법관이나 외교관이 되기를 원했지만 그는 작가가 되기로 결심한다. 그리고 이어지는 2년간의 불규칙적인 생활 속에서 그는 많은 보헤미안 화가들과 작가들을 만난다.

유흥과 낭비의 시절을 보내다

보들레르는 사창가를 드나들기 시작했고, 고등학교 졸업 후 대학 입학 이전에 이미 처음으로 성병에 걸렸다. 그는 유대인 매춘부였던 사팔뜨기 사라와 관계를 맺으며, 돈이 생기면 바로 써버렸고 옷을 사기 위해 많은 빚을 냈다.

1841년 의붓아버지는 그를 환락가에서 건져내서 새사람으로 만들려는 희망에서 그를 인도의 콜카타로 보낸다. 그러나 그 고된 여행은 문학을 직업으로 삼으려는 보들레르의 마음을 돌리지 못했고, 그가 지금까지 가져왔던 삶에 대한 태도도 바꾸지 못했다. 이 여정에서 그는 열대의 강렬한 풍경에 매료되고 이는 후에 그의 시의 소재가 된다.

시와 술, 여자로 청춘을 보내다

보들레르는 철학적으로 사색하고 그의 출판되지 않은 시들을 낭송하기 위해서 선술집으로 찾아 들어간다. 21살 때 그는 십만 프랑이 넘는 상당량의 재산과 네 군데의 땅을 상속받으나 2년 만에 절반을 탕진해버린다. 그의 가족들은 절망에 차서 금치산 선고를 하고 그의 돈을 법정후견인인 앙셀에게 맡겨 1년에 일정량의 연금을 받도록 한다.

이 기간에 그는 낭트에서 온 매춘부의 딸이며 아이티 태생 흑백 혼혈인 잔 뒤발을 만나게 되고 그녀는 보들레르에게 있어 가장 긴 기간 동안 애인으로 남는다. 그의 어머니는 뒤발을

'모든 방법으로 그를 고문하는 검은 비너스'이며 기회가 생길 때마다 그에게서 돈을 뜯어내는 여자로 묘사했다.

비평가로 데뷔하다

1844년 보들레르는 '발자크'를 만났고 후에 〈악의 꽃〉에 나타날 시들을 쓰기 시작했다. 첫 번째로 출판된 그의 작품은 〈1845년의 살롱〉이라는 예술 비평이었고 그 대담성 때문에 이 책은 출판 직후부터 사람들의 관심을 끌었다.

들라크루아를 높이 사는 것과 같은 그의 비평들은 그 당시에 새로운 것이었으나 그때부터 일반적으로 받아들여졌다. 보들레르는 그 자신이 견문이 넓고 열정적인 비평가임을 증명해 내었으며 더 큰 예술계의 관심을 받게 되었다.

젊은 나이에 자살을 시도하다

1844년 여름, 얼마 안 되는 연금과 쌓이는 빚, 외로움, 불투명한 미래에 절망하여, 그 자신에 의하면 '잠이 드는 것의 피곤함과 깨어나는 것의 피곤함은 견딜 수 없는 것'이기에 그는 그가 상속한 돈의 나머지를 모두 뒤발에게 남기기로 하고 자살을 결심했다. 그러나 그는 의지를 잃어버리고 칼로 자신을 상처 냈을 뿐이다. 그는 회복 기간에 그의 어머니에게 방문해 달라고 간청했으나 그녀는 이를 무시해버렸다.

첫 번째 소설을 출간하다

1846년에 보들레르는 그의 두 번째 살롱 평론을 쓰고 낭만주의의 변호사와 비평가라는 명성을 얻었다. 그가 낭만주의 예술가의 선두 주자로서 들라크루아를 지지한 것은 세간의 많은 주목을 받았다. 이듬해 보들레르의 소설인 〈라 팡파를로〉가 출간되었다.

애드가 앨런 포우의 영향을 받다

1850년 보들레르는 악화된 건강과 많은 빚, 비정기적인 창작으로 괴로워하고 있었다. 그는 종종 거처를 바꾸고 자주 돈을 요청하는 편지를 보내며 그의 어머니와 불편한 관계를 계속했다. 그는 감당하기 힘든 많은 작업을 떠맡았으나 에드거 앨런 포의 책의 번역을 끝마쳤다. 보들레르는 어린 시절에 영어를 배웠고 포의 단편과 같은 괴기 소설은 그가 가장 좋아하는 장르 중 하나이며, 포우의 단편 소설들은 그에게 지대한 영향을 끼쳤다.

시집 '악의 꽃'이 출간되다

1857년 그의 첫 시집이며 가장 유명한 작품인 〈악의 꽃(Les fleurs du mal)〉이 출판되었다. 이 시들 중 몇 편이 이미 르뷔 데 되 몽드에 소개된 적이 있었다. 적은 수의 안목 있는 독자들만이 〈악의 꽃〉을 읽었으나 시들의 주제는 큰 이슈가 되었다. 다른 작가들에게 끼친 영향은 지대하고 막대하며 예측불허였고, 선망과 정의할 수 없는 두려움과 뒤섞여 있었다.

이 시집의 주요한 테마인 섹스와 죽음은 수치스러운 것으로 여겨졌다. 그는 또한 레즈비언 관계, 성스럽고 불경한 사랑, 변형, 우울, 도시의 붕괴, 사라진 순수성, 삶의 억압 등의 주제를 다뤘다. 노스텔지어를 일깨우는 후각과 향기의 이미지가 이 시집에서 두드러지게 드러나기도 했다.

그러나 이 시집은 불건전하다는 이유로 그 시대의 주류 비평가들 사이에 웃음거리가 되었다. 몇몇 비평가들은 그의 시 몇 편을 대작이라고 칭했으나 다른 시들은 판매 금지를 위한 법적제재가 당연한 것으로 간주하였다. 특히 보들레르를 고발했던 비평가 하바스는 〈르 피가로〉에 이렇게 썼다. '이 시집에서 흉측하지 않은 것이라곤 이해 불가능한 것들뿐이고 이해할 수 있는 것이라고는 타락한 것들뿐이다.'

악의 꽃, 사회적 반향를 일으키다

보들레르와 그의 출판업자들은 풍기문란죄로 고소당했고 결국 벌금을 물게 되었다. 그 중 6편의 시는 이후에 브뤼셀의 다른 출판사에서 '잔해들'(Les Épaves)이란 제목으로 다시 출판되었다. 1861년에 6편이 삭제되고 대신 다른 상당한 양의 시가 첨가되어 〈악의 꽃〉의 또 다른 판본이 출판되었다. 많은 유명 인사들이 보들레르 뒤에 결집하여 법원의 판결을 비난하였다. 보들레르가 탄원하지는 않았지만 그의 벌금은 감해졌다. 거의 100년이 지나서 1949년 5월 11일, 보들레르에게 무죄 판결이 내려졌고 그의 삭제된 6편의 시가 프랑스에서 다시 출판되었다.

상징주의의 아버지로 추앙받다

말년에 보들레르는 자주 자살을 생각했고 어머니와 뒤발을 걱정했다. 그는 프레스 지에 〈파리의 우울〉에 담길 그의 산문시들을 발표하기도 한다. 그러나 그의 시는 이내 독자들을 권태롭게 한다는 이유로 중단이 되었다.

1864년 빚에 쪼들리던 보들레르는 브뤼셀에 가서 책을 출판하고 강연을 하려고 하나 출판업계는 그에게 냉담했다. 그 시기에 스테판 말라르메와 폴 베를렌이 보들레르를 찬양하는 글을 기고하며 보들레르는 상징주의의 아버지로 추앙받는다.

지구 최고의 시인 보들레르

1977년 9월 5일, 미국 나사가 우주 탐사선 발사를 계획한다. 이 탐사선 내부에는 현세 인류가 자랑할 만한 작품을 황금색 엘피판에 녹음해서 우주선에 동봉했습니다. 그 엘피판의 주제는 The sounds of Earth였습니다. 이 엘피판에 실린 유일한 시인이 보들레르입니다. 현재 우주선 보이저 1호는 지구의 가장 위대한 항해자가 되어 아직도 우주를 여행 중입니다. 행여 우주의 고등 생물체를 만나게 된다면, 그들이 지구인의 작품 중 보들레르의 시를 제일 먼저 읽게 되는 것입니다. 그 정도로 보들레르는 금세기 최고의 시인이자 현대 시의 아버지로 추앙받고 있는 것입니다.

지구의 소리에 실린 보들레르의 작품은 〈비상(L'elevation)〉이라는 작품으로 주요 내용은 다음과 같습니다.

'연못들, 계곡들, 산들, 숲들, 구름 그리고 바다 위로, 태양 너머로, 별들의 천체 너머로, 나의 정신, 너는 민첩하게 움직이고, 파도 속에서 황홀하게도 수영 잘하는 사람처럼, 너는 말로 할 수 없는 남성적 쾌락을 느끼며 방대하고도 깊은 곳을 즐거이 누비고 다니는구나.'

평생 여인으로부터 시적 영감을 받다

보들레르에게 가장 많은 시적 영감을 준 여인은 혼혈이면서도 매춘부인 장 뒤발이었다. 그러나 나중에 보들레르는 그의 세 번째 연인 마르 도르뱅에게 〈여행에의 초대〉라는 작품을 써서 헌시했다. 이 시의 부제를 '보들레르가 마리 도브렝에게'라고 붙였다.

〈여행에의 초대〉

나의 사랑, 나의 누이여
꿈꾸어 보세

거기가 함께 사는 감미로움을!

한가로이 사랑하고

사랑하다 죽으리

그대 닮은 그 나라에서!

그 뿌연 하늘의

젖은 태양은

나의 마음엔 신비로운 매력

눈물 속에서 반짝이는

알 수 없는 그대 눈동자처럼

거기에는 모두가 질서와 아름다움

사치와 적막 그리고 쾌락

세월에 씻겨

반들거리는 가구들이

우리 방을 장식해 주리라

은은한 향료의 향기에

제 향기 배어드는

희귀한 꽃들이며

화려한 천장

그윽한 거울

동양의 현란한 문화가 모두

거기에 속삭이리, 마음도 모르게

상냥한 저희 나라 언어로

거기에는 모두가 질서와 아름다움
사치와 적막 그리고 쾌락

당대 문인과 화가들이 매료된 동양의 문화

이미 언급한 바와 같이 샤를 보들레르는 청년 시절 여자와 마약 쾌락에 심취했다. 이때 부모의 권유로 본의 아니게 동방의 인도를 여행하고 새로운 인생관을 가지도록 배를 타고 아시아로 향했다. 보들레르는 그곳에서 동양의 문화에 빠지게 되었고, 이후 파리로 돌아와서 그가 쓴 시 중에 바다와 동양에 대한 언급은 이때의 경험의 산물인 것이다.

한편 보들레르는 그 당시 화가들인 쿠르베와 들라크루아와 교류를 가졌으며 이후 인상파와 후기 인상파들과도 문학과 미술의 교감을 이루는데 기여했다. 이 당시 화가 중 모네도 동양이나 재패니즘에 심취되어 한동안 미술의 소재가 오리엔탈이 되기도 했었다. 이처럼 문학과 미술은 떼려야 뗄 수 없는 교감의 관계로 오늘날까지 상호 발전의 기여하고 있는 것이다.

보들레르가 가장 사랑한 여인, 어머니

그리스 로마 시대부터 오늘날까지 오이디푸스 콤플렉스는 꾸준히 이어져 오고 있다. 현재는 '마마보이'라는 타박어로 어머니에게 절대 굴종하는 남자를 비꼬기도 하지만, 여전히 아들에게서 어머니는 위대함이요, 희생의 상징이요, 인생의 근원 같은 존재다. 보들레르는 나이 많은 아버지가 너무 일찍 세상을 뜨고, 의붓아버지 밑에서 자라서 그런지 어머니에 의지하고 기대는 성향이 다른 이들보다 유독 강했다. 다음에 보들레르의 시에서 그가 얼마나 어머니의 사랑을 갈구했는지를 알 수 있다.

〈발코니〉
추억의 어머니여, 연인 중의 연인이여
오 그대 내 모든 기쁨이여! 오 그대 내 모든 의무여!
그대 생각나는가, 애무의 그 아름다움이, 화롯불의 그 따뜻함이
저녁의 그 매혹이, 추억의 어머니여
애인 중의 애인이여!

숯불의 뜨거움으로 불 밝힌 저녁
그리고 장밋빛 안개에 덮인 발코니의 저녁
그대 가슴 얼마나 포근했던가!
그대 마음 얼마나 정다웠던가!
우리는 자주 불멸의 것들을 이야기 했었지
숯불의 뜨거움으로 불 밝힌 저녁

따뜻한 저녁이면 태양은 얼마나 아름다운가!

하늘은 얼마나 깊은가! 마음은 얼마나 강렬한가!
애인 중의 여왕이여, 내 그대에게 몸을 기대면
그대 피의 향기를 맡는 것만 같았지
따뜻한 저녁이면 태양은 얼마나 아름다운가!

밤은 벽처럼 내내 두터워지고
내 눈은 어둠 속에서 그대 눈동자를 알아보았지
그리고 나는 그대 숨결을 마셨지
오 달콤함이여!
오 독기여!

【 혁신 포인트 】 상징주의의 창시자, 보들레르

① 보들레르로부터 시작된, 기존 사조에 대한 혁신적 반발

상징주의는 이전의 낙관주의나 사회사상들에 대한 일종의 반발로 태동하였다. 즉 사회사상으로서의 사회주의(socialisme), 과학만능주의(scientisme), 실증주의(positivisme) 등은 상징주의가 혁신을 추구할 '가치 전도'의 대상이었다. 또한 이전의 고답파와 사실주의 및 자연주의에 대해서도 혁신을 통한 새로운 사조의 필요성이 요구된 건 마찬가지였다.

그러나 고답파에 대해서는 상징주의가 적극적인 부정만을 행하지는 않았다. 왜냐하면 상징주의는 고답파의 '유미주의' 선언에서 보이는 전언, '예술을 위한 예술'(l'art pour l'art)의 개념으로부터 지대한 영향을 받았음을 부인할 수 없기 때문이다. 이렇듯 보들레르가 주도한 상징주의는 과거를 부정함과 동시에 과거로부터 새로운 시각을 만드는 역할도 병행했다.

② 악의 꽃, 음지의 세계를 아름다움으로 다루다

1857년 그의 첫 시집이며 가장 유명한 작품인 〈악의 꽃〉(Les fleurs du mal)이 출판되었다. 일부 독자들 사이에서 〈악의 꽃〉에 등장하는 詩들의 주제는 큰 이슈가 되었다. 또한 〈악의 꽃〉 출간 이후 이 작품들이 다른 작가들에게 끼친 영향은 지대하고 막대하며 예측불허의 수준이었다. 더불어 선망의 대상이었고, 어떻게 정의할 수 없는 두려움 그 자체였다.

이 시집의 주요한 테마인 섹스와 죽음은, 그 당시의 사회에서는 수치스러운 것으로 여겨졌다. 그는 레즈비언 관계, 성스럽고 불경한 사랑, 변형과 우울, 도시의 붕괴, 사라진 순수성, 삶의 억압성 등의 주제를 다뤘다. 특히 〈악의 꽃〉은 노스탤지어를 일깨우는 후각과 향기의 이미지가 두드러지게 드러난다는 장점도 있다.

③ 상징주의, 과학적 계몽주의와 퇴폐주의를 뛰어넘다

프랑스 문학의 상징주의를 살펴보기 위해서는 그에 앞선 고답파의 시론을 검토해 보는 것이 유용하다. 고답파는 과학적 방법론을 통해 사물을 객관적으로 그리고 정확하게 보고 그것을 시 속에서 형상화시키는 것을 목표로 하였다. 즉 과학과 예술의 행복한 결합을 꿈꿔온 고답파 예술가들은 놀라우리만치 정확한 눈과 손의 확실성을 가지고, 마치 그림이 실현할 수 있음직한 정확하고 고유한 느낌을 말로 형상화시키는 사람들이었다.

하지만 고답파는 시의 회화적 조형성에 지나치게 치중한 나머지, 시를 통한 형이상학까지는 도달하지 못하였다. 바로 이 지점이 상징주의의 정신(spiritualisme)이 부재하는 지점이며 고답파가 종국에는 현실성을 극복하지 못하는 원인이 된다. 보불전쟁에서의 패배는 상징주의를 태동시키는 물적 토대로 작용하였는데, 이전의 프랑스에 팽배했던 일련의 낙관이 심각한 위기에 봉착하게 되며, 프랑스의 예술은 퇴폐주의(décadentisme)를 거쳐 드디어 상징주의로 들어가게 된다.

④ 혁신은, '평범의 파괴'에서 태어난다

〈악의 꽃〉은 출간 당시 불건전하다는 이유로 그 시대의 주류 비평가들 사이에 웃음거리가 되었다. 따라서 시집의 판매 금지를 위한 법적 제제가 당연한 것으로 간주되었다. 특히 보들레르를 고발했던 비평가 하바스는 잡지 르 피가로에 이렇게 썼다. '이 시집에서 흉측하지 않은 것이라곤 이해 불가능한 것들뿐이고 이해할 수 있는 것이라고는 타락한 것들뿐이다.'

보들레르와 그의 출판업자들은 풍기문란죄로 고소당했고 결국 벌금을 물게 되었다. 이후 서서히 일부 인사들 사이에서 법원의 판결을 비난하였다. 그리곤 보들레르 스스로가 탄원하지는 않앉지만 그의 벌금은 감해졌다. 거의 100년이 지나서 1949년 5월 11일, 보들레르에게 무죄 판결이 내려졌고 그의 삭제된 6편의 시가 프랑스에서 다시 출판되었다.

⑤ 보들레르가 추구한 일원론적 세계관

우선 상징주의의 현실 인식은 상징주의에 있어 현실은 하나의 가상으로 존재하는데, 이것은 어느 정도 플라톤주의(platonisme)의 영향 아래에 있는 것이다. 하지만 상징주의와 플라톤 철학 사이의 변별점은 개개의 현상 속에 하나의 본질로서의 관념(idée)이 상징주의의 세계관 속에 포함되어 있다는 것이다. 그리고 플라톤 철학이 세계의 이원론적 구조를 상정했다면 상징주의는 더 나아가 이원론(dualisme)으로부터 출발하여 궁극적으로는 일원론적 세계로 이행하고자 한다.

⑥ 보들레르로부터 스스로의 직관이 중요해지다

보들레르가 제시한 상징주의의 인식관은 가상의 현실, 즉 '상징의 숲'을 시인이 직관을 통해서 해독하는 것을 의미한다. 자신의 내부에 본질로서의 관념을 내포하고 있는 현상으로서의 세계는 완전하게 자족적인 존재(ens a se)가 되지는 못하나 인식주체, 즉 시인이 의미를 부여하는 행위를 통해 하나의 실상적인 존재자로 도약하게 된다. 따라서 상징주의는 현실 세계를 초월하고자 하지만 현실 세계 자체를 폐기하지 않는다. 왜냐하면 현실 세계야말로 시인에게 '때때로 모호한 말들을 새어 보내며, 친근한 눈길로 그를 지켜보는 상징의 숲이자 시인에게 상징을 통해 자신의 존립성과 진실성의 빛을 발하고 있는 존재이기 때문이다.

⑦ 지구 최고의 시인 보들레르

1977년 9월 5일, 미국 나사가 우주 탐사선을 발사합니다. 이 탐사선 내부에는 우리 인류가 자랑할 만한 작품을 황금색 LP판에 녹음을 해서 우주선에 동봉합니다. 그 LP판의 주제는 The sounds of Earth입니다. 이 LP판에 실린 유일한 시인이 보들레르입니다. 현재 우주선 보이저 1호는 지구의 가장 위대한 항해자가 되어 아직도 우주를 여행 중입니다. 따라서 보들레르는 금세기 최고의 시인이자 현대시의 아버지로 추앙받고 있는 것입니다. 앞서 언급한 바와 같이 지구의 소리에 실린 보들레르의 작품은 〈비상〉이라는 작품입니다.

⑧ 동양과 서양을 아우르며 미술과 문학을 교감하다

샤를 보들레르는 청년 시절 여자와 마약 쾌락에 심취했다. 이 때문에 부모의 권유로 본의 아니게 동방의 인도를 여행하며 새로운 인생관을 가지도록 배를 타고 아시아로 향했다. 보들레르는 아시아에서 동양의 문화에 빠지게 되었고, 이후 파리로 돌아와서 그가 쓴 시 중에 바다와 동양에 대한 언급은 이때의 경험의 산물인 것이다.

보들레르는 그 당시 화가들인 쿠르베(사실주의)와 들라크루아(낭만주의)와 교류를 가졌으며 이후 인상주의와 후기 인상주의자들과도 문학과 미술의 교감을 이루는데 기여했다. 이처럼 그 당시 프랑스 사회에서는 〈문학과 미술〉은 떼려야 뗄 수 없는 교감의 관계로 오늘날까지 상호 발전에 기여하고 있는 것이다.

⑨ 상징은, 하나의 기호이자 하나의 의미

상징은 하나의 기호이면서 동시에 하나의 의미이다. 물론 일반언어와 상징 언어 양자가 공히 기호이면서 의미이지만 문제가 되는 것은 이것의 양태이다. 상징은 단순히 약속되고 정태적인 기호라는 정의에서 탈피하여 배후에 스스로가 지닌 은폐되고 명료하지 않은 형이상학적 본질(또는 관념)이 파악되기를 기다리고 있는 역동적인 기호인 것이다. 그렇기에 상징이 유추나 암시를 통해 기호로부터 의미에로의 간접적이고 우회적인 초월을 감행한다고 말할 수 있는 것이다.

⑩ 현대시의 아버지 - 상징주의

〈상징〉이라는 것은 해석자가 부재하고 그와의 관계 속에 존재하지 못한다면 한갓 의미 없는 대상에 불과할 따름이다. 앙리 페르는 '상징은 하나의 기호이되, 그 빛을 받고 감동하여 그 뜻을 이해하고자 하거나 그 신비를 캐내고자 하는 사람에 의해 해독되고 설명되기를 요구하는 기호'라고 했다. 이런 상징성의 의미에서 보들레르를 상징주의의 창시자이면서, 현대시의 아버지로 추앙하고 있는 것이다.

3-3. 아르튀르 랭보

금세기 최고의 시인이 탄생하다

1854년 프랑스 동북부 아르덴주 샤르빌에서 군인인 프레데릭 랭보와 비탈리 랭보 사이에서 차남으로 출생하였다. 일찍이 아버지가 집을 버리고 나갔다. 따라서 독실한 가톨릭 신자인 어머니의 엄격한 교육을 받고 자란다. 그는 어릴 때부터 남다른 두각을 나타낸다. 그의 천재성으로 출발한 그의 작품은 초기의 습작까지 포함해서 거의 모두가 15세부터 20세 사이에 쓴 것들이다.

천재 시인의 기질을 보이다

랭보는 1865년 형 프레데리크 랭보와 함께 콜레주 드 샤를빌에 입학해 총명한 재능을 뽐낸다. 랭보는 라틴어·그리스어 암송 부문의 상을 모조리 휩쓸었다. 그러나 학교의 강압적인 분위기는 싫어해서 일부러 수학이나 간단한 나눗셈조차 못 하는 척하기도 했다.

랭보는 개인 교사 이장바르 선생에게서 소설 레미제라블 등을 소개받으며 본격적으로 문학의 세계에 발을 딛게 된다. 이장바르와 랭보는 스승과 제자 이상의 친밀한 관계가 형성된다. 이장바르는 가출한 랭보가 가장 먼저 찾아간 사람이자 든든한 지원군이었다. 이장바르는 랭보에게 바칼로레아 시험을 보고 대학에 입학할 것을 권유했지만, 랭보는 그냥 시인이 무슨 공부를 하냐는 자세로 일관했다. 이즈음 랭보는 유명한 〈견자의 편지〉를 이장바르에게 써서 자신은 시인의 길로 전념할 것을 밝혔다.

랭보의 이해는 견자의 편지로부터

천재란 단지 뛰어난 재능을 타고난 사람을 뜻하는 것이 전부는 아니다. 아르튀에 랭보는 문학사적으로 보면 누구도 따라가지 못할 타고난 천재였다. 그럼에도 불구하고 그는 각고의 노력을 다했던 시인이었다. 그는 단순히 성실하고 열심히 한다는 정도를 넘어서, 미칠 정도로 노력을 했다. 어린 시절부터 아르튀에 랭보는 글자를 씹어 먹는 염소와도 같았다. 그는 라틴어 고전과 현대문학 작품을 읽고, 읽고 또 읽어댔다. 그리고 그 글자의 뼛속까지 외우기를 거듭했다. 그런 식으로 랭보는 천재 시인이 되어가고 있었다.

1871년 5월 랭보는 시인으로서 자신의 세계관을 밝히는 중요한 두 통의 편지를 쓴다. 13일에는 담임선생이자 학창 시절 최고의 멘토였던 조르주 이장바르에게 편지를 보냈으며, 15일에는 스승의 친구이자 시인인 폴 드메니에게 또 한 통의 편지를 보냈다. 두 통의 편지에 모두 자신이 쓴 시를 동봉했다. 흔히들 랭보 하면 떠오르는 〈견자의 편지〉는 이 두 통의 편지를 말한다. 편지에 랭보는 독특한 자신만의 시론을 피력하면서 자신이 견자(見者, voyant)가 되겠다고 선언한다. 이 편지에 실린 '견자'는 두고두고 랭보의 시를 이해하는 핵심적인 키워드가 된다. 아래는 랭보가 말한 '견자'에 대한 랭보 설명이다.

'시인은 모든 감각의 오래도록, 엄청난 그리고 추리해낸 착란으로 자신을 의식적으로 견자로 만듭니다. 사랑과 고통, 광증의 모든 형태가 다 그러한 것들입니다. 시인은 바로 그 자신을 추구합니다. 자신 속에 모든 독소를 걸러내어 오직 그 정수만을 간직하려는 것이기 때문입니다. 그의 모든 신앙과 초인적인 모든 힘이 요구되는 말 할 수 없는 고역입니다. 그러는 와중에 그는 가장 위대한 죄인 가운데 가장 위대한 범죄자, 가장 위대한 저주 받은 자가 되는 것입니다. 그렇게 함으로써 최상의 박식한 사람이 되는 것입니다. 그렇게 되면 자연적으로 그가 미지의 세계에 도달하기 때문입니다. 왜냐하면, 그는, 그의 영혼을 단련해서 가꾸었기 때문입니다. 이미 그 누구보다도 풍요해진 영혼을!'

이 편지는 랭보가 앞으로 '견자'로서 세계를 자유롭게 항해하겠다는 출사표였다. 아버지뻘 되는 자신의 스승들에게 성장한 자신을 보여주면서 사랑받고 알아주기를 원했던 어린 소년의 갈망이기도 했다. 그러나 그들은 랭보를 제대로 이해하지 못했고, 랭보에게 현실을 고려한 인내심을 요구했다. 하지만 이미 랭보는 돌아올 수 없는 세계를 향해 강을 건너고 있었다.

강을 건너면 신세계가 펼쳐져 있었고, 그 신세계를 향한 힘찬 고동이 바로 〈견자의 편지〉였던 것이다.

가장 친한 친구이자 애인, '베를렌'을 만나다

시인이 되기로 한 랭보는 친구 브르타뉴의 소개로 파리에서 한참 인기를 끌던 시인 폴 베를렌을 알게 된다. 브르타뉴에게서 베를렌의 연락처를 안 랭보는 곧 베를렌에게 편지를 썼다. 아울러 시 〈웅크림〉, 〈강탈당한 마음〉, 〈세관원들〉, 〈놀란 아이들〉, 〈앉아있는 자들〉을 동봉했다. 편지를 보낸 지 나흘째가 되자 초조해진 랭보는 또 〈나의 작은 연인들〉, 〈첫영성체〉, 〈민중들이 다시 모여드는 파리〉를 동봉하여 두 번째 편지를 보냈다.

9월 초, 드디어 베를렌의 답장이 브르타뉴의 집 주소를 통해 랭보에게 날아들었다. 그 내용을 간단하게 다음과 같다. '위대한 영혼이여, 어서 오시오. 우리는 당신을 원하고, 당신을 기다리고 있소이다!' 당시 랭보는 불과 17세의 미성년자였고 베를렌은 그보다 10살 연상이었다. 막 신혼 생활을 시작한 참이었고 달콤한 행복에 취해있었다.

베를렌은 랭보의 시를 마음에 들어 했고, 그를 파리로 초청한다. 그러나 랭보에 대한 파리 작가들의 반응은 냉담했다. '더럽다'라는 말을 하는 작자들도 있었다. 랭보는 보불전쟁 시기 파리를 다녀온 뒤 두 번째로 파리에 대한 환멸을 맛본다. 이때 랭보는 베를렌에게 도발적인 제안을 한다. 둘이서 일상을 벗어나 유럽 여행을 함께하면서 여행의 영감을 시로 써보자고 했다. 그 제안에 솔깃했던 베를렌은 신혼집을 나와 함께 대책 없는 여행길에 올랐고 그렇게 몇 달씩이나 유럽 전역을 다니게 된다.

16세 때 쓴 명시, <취한 배>

랭보는 베를렌에게 자신의 시를 보내어 첫 교류를 시작하게 된다. 그리고 베를렌을 만나러 가는 길에 자신이 쓴 <취한 배>를 들고서 찾아가게 되는데, 오늘날에도 명시로 호평받고 있는 <취한 배>가 랭보가 16세 때 썼던 시이다.

아래에 전문을 소개하고자 한다.

<취한 배>

나는 도도한 강물을 따라 내려갈 때, 나는
예인자들이 날 인도하지 않는다는 걸 느꼈다
떠들썩한 인디언들이 그들을 깃발 기둥에
발가벗겨 묶은 뒤 과녁으로 삼아버렸다

플랑드르 밀이나 영국 목화를 나르는 나는
선구들에 전혀 신경을 쓰지 않았다
내 예인자들과 동시에 그 야단법석이 끝나자
나는 원하는 곳으로 강물을 따라 흘러흘러갔다

지난겨울, 물결의 성난 찰랑거림 속으로,
어린이의 두뇌보다 더 말 안 듣는 나,
나는 달려갔다! 하여 출범한 반도도 더 기승스러운
혼란을 겪지 않았다

폭풍우가 내 해상의 각성을 축복했다
코르크 마개보다 더 가볍게 나는 춤추었다
조난자의 영원한 짐수레꾼이라 불리는 물결 위에서,
열 밤 동안, 등대의 어리석은 눈을 그리워하지도 않고!

신 능금 같은 어린이의 살결보다 부드럽게,
푸른 바닷물이 내 전나무 선체를 꿰뚫고,
키와 닻을 흩뜨리면서, 나에게서
푸른 술 자국과 토사물을 씻어냈다

그때부터 나는 별들이 우러나는 젖은 바다의
시에 기꺼이 잠겼다. 푸른창공을 탐욕스레 보면서
바다의 시에는 넋을 빼앗겨 파랗게 질린 뗏목……
사념에 잠긴 익사자가 때때로 떠내려가고,

알코올보다 강하고 리라보다 장대한
쓰라린 사랑 적갈색 얼룩이 반짝이는 햇살 아래
헛소리와 느린 리듬 되어 술렁인다! 갑자기

푸르스름한 바다를 물들이면서

나는 번개로 갈라지는 하늘, 소용돌이와
파랑과 해류를 알고 있다, 나는 저녁을,
비둘기 무리처럼 고양된 새벽을 알고 있다
그리고 사람들이 보인다고 믿는 것을 때때로 보았다!

나는 낮은 태양을 보았나니, 그것은 신비한 공포로
얼룩져, 아주 옛날 연극의 배우들과 비슷한 긴 보랏빛
응고선들로, 덧문 떨리는 소래를 내며
멀리 굴러가는 물결들을 조명했다!

나는 꿈꾸었다 눈부신 눈이 내리는 푸른 밤을,
천천히 바다의 눈들로 올라오는 입맞춤을,
들어보지 못한 수액들의 순환을,
그리고 노래하는 형광체들의 노랗고 파란 깨어남을!

나는 신경질적인 암소 떼들처럼 암초에
부딪치는 파도를, 여러 달 내내 뒤따랐다
마리아의 빛나는 발이 콧잔등을 헐떡이는 대양에
처박을 수 있을 거라는 건 생각도 않고!

(중략)

베를렌과 결별하다

랭보와 베를렌 두 사람은 문학적 성향은 물론 성격과 기질이 달라도 너무 달랐다. 그리고 여행 중 랭보의 내면에 숨어있던 동성애 성향이 드러나며 두 사람은 불륜 관계로 발전하고 드디어 베를렌의 가정은 파탄이 나고 말았다.

두 사람은 어느 날 심하게 다투게 되고 격분한 베를렌이 랭보를 향해 권총을 발사하는 지경으로 치달으면서 베를렌은 동성애 혐의까지 더해져 감옥에 간다. 갈 데가 없어진 랭보는 로슈에 있는 어머니의 집으로 돌아가고, 이후 베를렌과 재회하지 못한다.

하지만 베를렌은 감옥에서도 랭보와 가끔 편지를 주고받았고, 감옥 생활 중 종교에 빠져들었다. 베를렌은 랭보보다 10살이나 더 많음에도 랭보보다 오래 살았지만, 랭보가 죽고 나서 몇 년 지나지 않아 그도 랭보를 따라 죽음을 맞는다.

절필을 선언하고 방랑 생활을 하다

랭보는 19세의 어린 나이에 절필을 선언한다. 그리고 노동자가 되었고 네덜란드 식민지 군에 용병으로 지원하기도 하고, 전 유럽을 맨발로 돌아다니려다가 발을 잘릴 뻔하기도 했다. 그리고 벽장에 박혀서 외국어를 습득하려고 밤낮없이 책만 읽기도 하는 등 기행을 일삼기도 했다.

이후 밀수업에도 발을 담그고 아덴의 헛간 건물을 하나 사들여 무기 밀수에 가담했다. 유목민들의 카라반 루트를 이용한 무기 거래가 랭보의 주 무역 루트였는데, 이때 아직 에티오피아의 황제가 되기 전이었던 메넬리크 2세와 안면을 트기도 했다.

이런 동안에도 랭보는 가족들로부터 과학 서적이나 실용 서적을 주문해 볼 정도로 독서에 열정을 아끼지 않았다고 한다. 다만 문학에 대해서는 말을 줄였다. 누군가 자신의 과거의 글에 관해서 물어본다면 '그건 다 헛소리였고 거짓말이었다.'라는 식으로 일갈했다고 한다. 그러나 젊은 시절에 남겼던 시들이 파리에서는 이미 젊은이들에게 랭보는 대스타가 되어 있었다.

천재 시인 잠들다

메넬리크 2세가 에티오피아 일대를 안정시켜 나가기 시작하자, 점점 거래에서 고압적으로 나오거나 대금을 어음으로 치르는 경우가 많아졌고 랭보는 이익을 위해 더 멀리까지 밀무역을 나가야 했다. 이 거친 환경 속에서 한계에 달한 랭보는 종양에 걸려 에티오피아의 헤라에서 제알라까지 후송되었다.

거기서 배를 타고 1891년 8월 23일 프랑스로 돌아온다. 마르세유로 향한 랭보는 결국 전신에 퍼진 암을 이기지 못하고 11월 10일, 37세의 나이로 사망했다. 이는 유전의 영향이 큰 병이었으며 친인척 중 관절염이 악화하여 사망하는 경우가 잦았다고 한다. 랭보가 사망할 당시 그는 오른쪽 다리를 절단한 상황이었다.

【 혁신 포인트 】 랭보가 문학사에 끼친 영향

① 16세에 첫 시집을 발표하다

아르튀르 랭보의 처녀작은 〈고아들의 새해 선물〉(1869년 작, 1870년 1월 발표)이다. 이전에 라틴어로 쓴 시가 있긴 하지만, 그것들은 문학작품으로 쓴 것이라기보다는 학습의 목적으로 쓴 것이었다. 첫 작품이 보통 시인의 내면을 비추는 거울이 되듯이 이 작품 또한 랭보의 내면에 숨어있는 고아 의식을 발현한 것이었다.

② 언어를 다룸에 천재성을 발하다

학창 시절의 랭보는 우수한 학생이었다. 특히 라틴어를 배우고 암송하는 그의 솜씨는 경이로운 것이었다. 그는 놀랄 만한 기억력으로 라틴어로 된 글 여러 쪽을 어렵지 않게 암송했다. 특히 랭보는 라틴어 시의 구성을 유심히 분석해 보고, 그 속에서 단어의 유희를 발견하는 즐거움을 맛보았으며, 라틴어 시의 창작에도 탁월한 능력을 발휘했다. 남들은 가장 어려워하는 과목을 랭보는 오히려 즐겼다.

③ 10대에 쓴 시(詩)에서 세상 이치를 깨우치다

중학교 교장 선생님은, 랭보를 학술경연대회에 내보내기 위해 담임인 아리스티드 레리티에로 하여금 그를 특별 지도하게 했다. 랭보는 자연스럽게 담임이 좋아하는 베르길리우스의 작품세계에 푹 빠지게 된다. 베르길리우스를 읽으며 랭보는 시의 창작 기법을 음미하고, 원문과 프랑스어 번역문을 비교하면서 그 차이를 하나하나 맛보았다.

베르길리우스의 전원시와 농경시의 차이를 간파해 내는 랭보의 예지는 이미 소년의 것이 아니었다. 농경시도 전원시와 배경도 다르지 않고 작자의 자연에 대한 사랑도 여전하지만, 농경시에 오면 '일(work)'이 '시(poem)'를 밀어내고 있음을 예리한 소년은 날카롭게 간파해냈다. 그는 베르길리우스 외에도 수많은 대가의 작품을 탐독했고, 그들의 저서 속에서 창조적인 이미지들을 발견해나갔다. 그것은 세계 창조의 이미지였고, 묵시록과 대홍수의 이미지였으며, 태초와 종말의 이미지였으며, 천국과 지옥의 이미지였다.

④ 랭보의 천재성이 부각되다

1870년 랭보의 담임으로 온 조르주 이장바르는 학창 시절의 랭보에게 가장 중요한 스승이었다. 이장바르는 랭보의 지적 욕구와 탐구 정신, 엄청난 욕망 아래 감춰진 나약함과 억제된 에너지를 꿰뚫어 보았다. 랭보 또한 진보적인 스승의 세련된 정신세계와 열린 사고방식을 존경했다. 이장바르를 통해 엘베시우스와 장자크 루소를 알게 된 랭보는 내적으로 크게 성장했다.

그뿐만 아니라 이장바르가 구독한 〈현대 고답 시집〉을 통해 만나게 된 프랑스의 많은 시인의 시 세계는 랭보에게 문학에 대한 열정을 한껏 키워주는 기폭제 역할을 하게 된다.

⑤ 견자의 편지로 현대시의 창문을 열다

1871년 5월 랭보는 시인으로서 자신의 세계관을 밝히는 중요한 편지 두 통을 쓴다. 그중 하나는 담임선생이자 최고의 멘토였던 조르주 이장바르에게 편지를 써보냈으며, 다른 한 통은 스승의 친구이자 시인인 폴 드메니에게 편지를 써 보냈다. 두 통의 편지에 모두 자신이 쓴 시를 동봉했다. 랭보의 〈견자의 편지〉는 바로 이 두 통의 편지를 말한다. 두 통의 편지에 랭보는 독특한 시론(詩論)을 피력하면서 자신이 '견자(見者, voyant)'가 되겠다고 선언했다. 그리고 '견자'는 랭보의 시를 이해하는 핵심적인 열쇠 어가 되었다.

시의 길을 가는 랭보에게 길잡이 역할을 해온 이장바르와 드메니였지만, 랭보의 갑작스러운 비약은 적지 않게 당황스러운 것이었다. 그들은 랭보를 이해하지 못했고, 랭보에게 현실을 고려하여 인내심을 가지라고 요구하였다. 그러나 이미 랭보는 돌아올 수 없는 세계를 향해 강을 건너고 있었다. 강을 건너면 전혀 다른 세계가 펼쳐져 있을 것이었다. 그 세계를 향한 힘찬 고동 소리가 바로 〈견자의 편지〉였다.

⑥ 상징주의의 대가 보들레르를 받들다

이즈음 샤를 보들레르는 랭보에게 신이 되었다. 보들레르를 통해 랭보는 시인이란 평온한 영혼의 소유자가 아니며, 시란 세계에 대한 반항이자 금지된 세상을 탐구하는 것으로 생각하였다. 바야흐로 보이는 것과 보이지 않는 것을 함께 꿰뚫어 보는 강렬하고도 예민한 투시력을 갖춘 시인의 출현이 임박하였다.

아르튀르 랭보가 〈견자의 편지〉에서 샤를 보들레르를 '최초의 견자이자 시인의 왕이며 진짜 신'이라고 했듯이, 랭보는 보들레르의 가장 창조적인 계승자였다. 보들레르로부터 시작한 프랑스 상징주의는 베를렌을 거쳐 랭보에게서 지울 수 없는 흔적을 남겼으며, 스테판 말라르메와 폴 발레리를 통해 현대시의 또 하나의 정점을 보여주었다. 특히 랭보의 파격적인 시는 현대시의 혁명이었다.

⑦ 노력하는 천재, 랭보

천재란 단지 뛰어난 재능을 타고난 사람이 아니다. 그는 각고의 노력을 할 수 있는 존재이다. 그는 단순히 '성실한' 정도를 넘어서서 '미칠 정도'로 노력한다. 아르튀르 랭보가 그랬다. 어린 시절부터 랭보는 마치 글자를 먹는 염소와 같았다. 그는 라틴어 고전과 프랑스 현대문학 작품을 읽고 또 읽고, 그 뼛속까지 외우기를 거듭했다. 그는 자연스럽게 시인이 되었다.

랭보는 모든 감각의 오랜, 엄청난 그리고 추리해낸 착란에서 자신을 의식적으로 견자로 만들었다. 사랑과 고통, 광증의 모든 형태가 다 그런 것이었다. 또한 랭보는 그 자신을 추구했다. 자신 속에 모든 독소를 걸러내어 오직 그 정수만을 간직하려 했다.

그의 모든 신앙과 초인적인 그의 힘이 필요한 것은 말할 수 없는 고역이었다. 거기에서 그는 가장 위대한 죄인 가운데 가장 위대한 범죄자, 가장 위대한 저주 받은 자가 되는 것이다. 그래서 최상의 박식한 자가 되는 것이며, 그렇게 되면 그가 미지 세계에 도달하기 때문이다.

⑧ 현대 자유시의 길을 개척하다

랭보의 시는 대상에 대한 상투적인 접근에서 벗어나 모든 감각이 뒤틀렸을 때 보이는 새롭고 놀라운 사물의 현상을 시적 이상으로 삼았다. 특히 랭보의 시는 전통에 기반을 둔 기존의 프랑스 시에 대한 대담한 반항이었으며, 또한 기독교 정신에 기반을 둔 유럽 문명 자체에 대한 문학적 회의를 엿본다.

랭보는 예리한 송곳 같은 시선으로 사물의 핵심 속으로 파고들었으며, 그 이면에 숨은 본성을 꿰뚫어 봄으로써 예언자적인 시인의 면모를 유감없이 발휘했다. 랭보의 출현은 향후 프랑스 문학사에서 엄청난 획기적인 일이었지만, 랭보가 활동하던 당 시대에서는 랭보에게 찬사를 보낸 이가 많이 없었다.

⑨ 안주하지 않는 방랑벽이 〈견자〉를 만들다

베를렌은 랭보에게 '바람 구두를 신은 사나이'라는 별명을 붙여주었다. 자신의 별명답게 랭보는 안주하지 않는 삶을 살았다. 감옥에서 나온 베를렌이 랭보에게 신앙을 권했을 때도 랭보는 거절했다. 정신적으로든 육체적으로든 랭보는 안주하지 않았다. 1875년에는 걸어서 이탈리아에 가서 밀라노에서 머물기도 했다. 1876년에는 네덜란드의 식민지 용병으로 자원해 하르데르베이크에서 머물다 자바로 떠났다가, 8월 15일 탈영하여 희망봉과 아일랜드를 거쳐 12월 중순 샤를빌에 도착했다. 1878년에는 키프로스 섬의 채석장에서 일자리를 얻지만, 이듬해 5월 장티푸스에 걸려 로슈로 돌아온다. 9월이 되자 다시 떠나지만, 마르세유에서 병이 재발해 돌아왔다. 1881년부터는 에티오피아의 여러 지역을 돌면서 상인이자 탐험가의 삶을 산다. 누구도 말릴 수 없는 방랑벽이 랭보의 핏속에서 뜨겁게 돌고 있었다.

랭보의 방랑벽은 진정한 견자가 되기 위한 시도였는지도 모른다. 다시 한번 〈견자의 편지〉를 들추어보자. '시인이 되기를 원하는 사람이 가장 먼저 해야 할 일은 우선 자기 자신을 완전히 깨닫는 일입니다.' 그는, 그의 영혼을 추구하며, 그것을 검토하며, 시련을 가하고 가르쳐 간다. 자신의 영혼을 알고 나서는 그것을 가꾸어가야만 했다.

⑩ 방랑과 반항으로 자신만의 영혼을 만들다

랭보는 자신의 영혼을 검토하고 시련을 가하기 위해 끊임없이 방랑을 일삼았다. 그렇게 하면 영혼을 기괴하게 만들 수 있다고 생각했을 것이다. 그는 방랑이 '지극히 엄청나고 이름조차 붙일 수 없는 사물들에 의한 약동'을 제공하리라고 믿었다. 그리고 그 속에서 죽어도 좋다고 생각했다. 방랑은 곧 반항이었다. 그것은 정착의 꿈속에서 살아가는 인간의 나약한 정신에 대한 거부였다.

그는 가족의 구성원에게 반항했고, 샤를빌 중학교의 교사들에게 반항했고, 노트르담 교구 소속 성당의 사제들에게 반항했고, 샤를빌이라는 지역 사회에 반항했고, 시를 쓰기 시작하면서부터는 급기야 19세기 프랑스 시단에 반기를 들었다.

1891년 11월 10일 젊은 시인 아르튀르 랭보는 '지옥의 계절'을 굵고 짧게 보낸 후 '천국의 계절'을 향해 갔다.

⑪ 현대 자유시의 완성 - 랭보

보들레르를 현대시의 기원이라고 하지만 그의 다양한 실험이 랭보에게서 더욱 분명하게 증명되었다고 볼 수 있다. 보들레르의 시집 〈악의 꽃〉은 내용은 자유롭되 형식은 전통에 반한 것은 아니었다. 랭보의 〈지옥에서 보낸 한 철〉 연작에 이르면 내용과 형식이 모두 어떤 격도 따르지 않는다. 보들레르가 혁명의 시작이라면 랭보는 혁명의 완성이었다.

그가 일생을 통해 본격적으로 시를 창작한 기간은 15~20세의 약 5~6년 정도밖에 되지 않는다. 단 5년 동안에, 그것도 10대의 소년으로서 전 세계 시문학의 중심에 우뚝 선 그는 진정으로 천재였다. 천재는 자신이 5년 동안에 이룩한 업적이 보통 사람으로서는 평생 걸리는 일임을 알고 있었을 것이다. 그것 또한 랭보가 절필한 이유였을지도 모른다.

4. 모더니즘 문학

모더니즘이라는 말은 근대적인 것, 근대성을 추구하는 성향이나 흐름을 말한다. 문학에서 모더니즘은 자본주의적 생산양식과 그에 따른 정치적·사회적 제도의 변화에 따르는 외적 현실과 인간의 주체적 조건의 변화들을 근본적인 새로움으로 포획해 표현하고, 종래의 문학을 극복, 쇄신하고자 하는 문학 운동 전반을 모더니즘 문학이라 부른다.

모더니즘 문학은 19세기 말 상징주의 이후, 특히 1920년대에 일어난 근대적인 감각을 나타내는 예술상의 여러 가지 경향을 가리킨다. 모더니즘 일반에 나타나는 미학적 형태와 사회적 전망은 이성과 법칙을 중요시하면서 주관과 상대성을 강조하고, 객체보다는 주체를, 외적인 경험보다는 내적인 것을, 집단의식보다는 개인적인 것을 더 가치 있는 것으로 본다.

특히 미학적인 자의식으로 언어의 본질에 집착하기도 하고, 진술적 시간의 구조가 약화하고 공간적 형태가 강화되는 양상으로 나타난다. 이에 따라 사건들의 인과관계가 사라지고, 지각과 감각을 자극할 수 있는 이미지에 관심이 쏠리게 된다.

이런 모더니즘의 명칭 아래 문학과 미술도 같은 궤를 이루면서 발전하게 된다. 인상주의 미술과 인상주의 문학, 표현주의 문학과 포비즘 미술, 미래주의 다다이즘과 초현실주의, 주지주의 계열의 모더니즘까지 다양한 방향으로 모더니즘 문학성이 표출된다.

4-1. 인상주의 문학

인상주의 문학은 자연주의와 표현주의 중간에 나타난 경향으로 인상파 회화의 영향을 많이 받는다. 특히 이미 언급한 바와 같이 1850년대 이후 사진기의 발명은 사물에 대한 정확한 표현 가능이라는 회화의 중요한 존재 이유 하나를 빼앗아 버렸다.

이로부터 사물이나 대상이라는 존재 그 자체가 아니라, 그 존재를 어떻게 표현하고 이해할 것인가가 중요한 문제가 되어 버린 것이다. 그것이 인상주의 미술을 탄생시킨 계기가 되었고, 이런 인상주의 회화의 영향을 받은 인상주의 문학은 인식 대상과 인식 주체 사이의 관계를 뒤틀어 놓음으로써, 인식 대상보다는 인식 주체에 무게 중심의 주는 모드니즘 사고를 만들었다.

이야기하는 주체의 내면 의식의 분석적 연구에 초점을 맞추고 외부 세계에 대한 영혼의 반응을 미세하게 연구하는 세련되고 정교한 예술적 소설이나 시가 등장하고, 한편으론 퇴폐주의적인 작품들이 많이 써졌다.

한편, 인상주의 미술과 상징주의 시 등에 영향을 받아 나타난 인상주의 음악은 극도로 절제한 표현의 섬세함과 자극적·색채적인 음의 효과, 모호한 분위기를 특징으로 들 수 있다. 대표적인 인상주의 작곡가로는 드뷔시를 꼽을 수 있으며, 라벨·스트라빈스키·바르토크·코다이·레스피기·델리어스 등의 작곡가도 일시적이지만 인상주의 양식을 채용하였다.

4-2. 표현주의 문학

표현주의는 1차 세계대전을 전후한 10여 년 동안 오스트리아와 독일을 중심으로 펼쳐진 모더니즘의 대표적인 흐름 가운데 하나이다. 예술의 척도로서의 조화와 아름다움을 부정하고 강렬한 정서와 느낌, 특히 격한 공포와 비애, 혹은 고뇌를 표현하기 위해서 자극적인 왜곡의 방법을 주로 사용한 사조를 말한다. 처음에는 미술에서 인상주의와 대조적으로 사용되다가 1914~1924년경에 이르러 독일에서 연극에 원용되면서부터 보편화하였다. 이것은 예술가의 주관적인 감정이 가장 중요하게 받아들여진다. 그러므로 이 표현주의의 기교와 주제는 예술가의 직접적이며 개인적인 정서와 직결되어 있으며, 동시에 하나의 운동이라기보다는 개인 예술이라는 점에 그 특징이 있다.

주요 표현주의 예술가로서는 노르웨이의 뭉크(Edward Munck), 독일 조각가 바를라하(E, Barlarch)와 오스트리아 화가인 코코시카(Oskar Kokoschka) 등이 있다. 이 표현주의 스타일이 기초를 둔 것은 고흐(Van Gogh)의 거친 선(線)과 격렬한 색(色), 그리고 고야(F. de Goya)의 디자인 선에 나타난 환상적인 소묘 등과 같은 초기 유럽의 예술에서였다. 문학의 경우에도 이 표현주의는 1910~25년에 걸쳐 다른 예술과 밀접히 연관되어 나타났다. 이 문학에서의 표현주의는 인상주의나 상징주의가 어느 정도 인간의 수동적인 체험의 수용을 강조하고, 또한 자연주의가 철저한 객관주의에 치우친 데 반하여 개인의 자유의지와 순수하게 내적인 몽상적 체험의 표현을 강조하였다. 합리성에 의해 꾸준히 억눌려 온 인간성의 표출, 불안과 초조, 위기의식 같은 시달림으로부터 자아 해방을 부르짖는다. 더 나아가 내면의 부르짖음을 폭발적으로 표현해 그러한 주관이 객관적 세계를 압도해 버리는 '감정 표출'을 추구한다. 절규, 신음, 비명, 환성, 공포, 충격 등 과장된 감정 표현이 극을 이루기도 한다. 이로 인해 표현주의 작가들 중 소설가가 많이 없다. 왜냐하면 산문의 서술 기법으로는 비합리성과 추상성 같은 개념을 담아내기 쉽지 않았을 것이기 때문이다.

4-3. 미래주의 문학

미래주의라는 개념은, 현재의 기반에서 과거를 전면적으로 부정하고 미래를 지향한다는 명확한 이념과 방법에 대한 의식을 가지고 등장한 최초의 전위예술 운동이다. 이 미래주의는 이탈리아에서 등장하여 퍼져 나간 모더니즘 미술 사조로, 대략 1909년에서 1916년 사이를 전성기로 본다.

이탈리아의 예술가 필리포 마리네티(Filippo Marinetti)가 1909년 2월 5일〈라 가제타 델레밀리아(La gazzetta dell'Emilia)〉에 미래주의 선언을 출판하고, 이후 프랑스의 〈르 피가로(Le Figaro)〉에 '우리는 박물관과 도서관을 파괴할 것이며 도덕주의, 여자다움이 모든 공리주의적 비겁함에 대항해서 싸울 것'이라는 요지로 1909년 2월 20일에 광고를 냄으로써 공식적으로 출범했다.

미래주의가 탄생한 배경에는 근대 이후로 천주교 적 전통에 얽매이고 낙후된 이탈리아 사회와 문화에 대한 반동이라 볼 수 있다. 18세기 이후의 이탈리아는 알프스 이북과 달리 산업화가 이뤄지지 못해 상대적으로 경제가 뒤처져 있었다. 당시 이탈리아는 이를 만회하고자 빠른 공업화를 추진하고 있었고, 이것이 당시 신세대들에게 영향을 끼쳤다.

초기의 미래주의자들은 당대 이탈리아의 미술이 전통적인 예술적 가치와 조형 의식 때문에 퇴보했다는 생각을 가지게 된다. 이들은 심지어 미래주의적인 시도를 의복과 요리에 대해서도 했을 정도로 이탈리아의 전통 미술에서는 볼 수 없었던 해프닝 통해 과거의 미적 취향과 예술제작 과정을 타파하고자 애썼다.

게다가 산업도시와 자동차, 기차 등 산업혁명의 상징이라고 할 수 있는 새로운 도상들을 작품에 담았다. 미래주의자들은 심지어 사모트라케의 여신상보다 달리는 기차가 더욱 아름답다고 주장할 정도였다.

이들의 과거 혐오의 대표적인 예가 바로 마리네티의 미래주의 문학의 기술 선언(1912)에서 나오는 전통적 시적 어구의 파괴이다. 비유법, 부사, 형용사, 구문론과 같은 기존의 시는 물론 언어라는 것을 만들었던 것까지 모두 부수어서 새로운 언어, 새로운 시, 나아가서 새로운 문화라는 것을 만들려는 이들이었다.

테크날리지, 역동성, 힘이나 속도, 에너지를 미적으로 숭배한 미래파 시인들은 현대의 역동적인 삶의 방식을 표현하기 위해 기존 예술의 방법을 완전히 버리고 소리나 빛 그리고 운동 등 모든 것을 예술 작품 속에 함께 표현하려고 했다. 따라서 신조어를 창조하거나 구문의 파괴도 주저하지 않았고 단어들을 변형시키고, 문자의 시각적 기능을 강조하기도 한다.

이 미래주의는 전통에 대한 '거부'라는 점에서는 모더니즘과 공통의 성향을 가지고 있지만, 특히 기계문명을 예찬하고 인류의 황금시대를 기대한 점에서 다른 운동과 차별성을 가진다.

4-4. 다다이즘 문학

제1차 세계대전이 진행되던 1916년, 스위스 취리히에서 루마니아 시인 차라의 주동으로 일어난 예술운동을 말한다. 다다이즘이 등장함으로써 문학·미술 운동으로 미래파(未來派, futurism)를 더욱 극단화시킨 운동이라 할 수 있다.

다다이즘은 허무적인 사상 경향을 지니고 종래의 예술상의 관습과 사회조직을 무시하여 새로운 예술을 창조하려고 하였다. 스위스의 취리히에서 처음 발생하여 독일·프랑스에 파급되었으며, 새로운 예술 양식에 대한 욕구로서 한때 사회의 주목을 받았다. 프랑스어로 다다이즘(dadaïsme)의 다다(dada)는 'horse'라는 뜻으로, 그 명칭 자체는 별다른 뜻이 없는 우연한 것에 지나지 않는다. 특히 다다는 모든 것을 의미하는 동시에 의미하는 것이 아무것도 없음을 뜻하기도 한다. '무의미의 의미?'라고나 할까?

불쑥 나타난 이 단순하고도 기괴한 말은 새로운 창작을 기획하는 작가들에게는 큰 매력이었다. 인간 생활의 모든 면에 대하여 던져진 항의, 기성의 모든 것에 대한 불만·절규·공격·파괴, 이러한 것들이 의미를 추방한 문학으로 나타났다. 따라서 다다이즘이 극도로 자유로운 표현 양식, 풍자적인 표현에 영향을 주게 된 것은 당연한 일이라 할 수 있다.

일체의 부정과 철저한 반항적 파괴를 주장하고 실천한 다다이즘은 그 부정의 대상에 예술의 존재 자체가 포함되는 자기모순에 빠지고 결국 예술 자체와 시 자체를 부정하지 않을 수 없는 지경에 이르게 됨으로써 그 자체를 순간적으로 표현하고자 한 다다이즘은 전후의 혼란이 가라앉으면서 소멸하고 초현실주의가 이를 대신하여 나타났다. 한국문학의 경우에는 1920년대 중반을 전후하여 이 경향이 소개되기도 하였으나 1930년대 이상(李箱)의 문학에서 일부 징후를 발견할 수 있을 뿐이다.

4-5. 초현실주의 문학

초현실주의란 말은 1917년 피카소의 친구였던 기욤 아폴리네르가 처음으로 주창했고 그 이후 1924년 앙드레 브르통이 〈초현실주의 선언〉을 발표하면서 체계를 갖춘 전위예술 운동을 말한다.

제1차 세계대전 후, 다다이즘의 예술 형식 파괴 운동을 수정, 발전시키고 비합리적인 잠재의식과 꿈의 세계를 탐구하여 표현의 혁신을 꾀한 예술운동이다. 인간의 무의식을 표현하는 여러 작품을 남겼다.

그러나 독일에서 나치가 집권하고 2차 세계대전이 벌어지면서 대다수 초현실주의자는 미국으로 망명하게 된다. 이후 초현실주의는 아쉴 고르키나 잭슨 폴록 같은 미국 추상표현주의자들에게 영향을 끼치게 되었다.

제1차 세계대전을 겪으면서, 미래주의에 뒤이어 다다이즘이 등장했다. 그러나 반문명, 반 합리적인 예술운동으로 일어났던 다다이즘은 끝없는 부정과 파괴의 연속 속에서 창조적인 해결책을 제시하지는 못한다. 이러한 상황에서 현실의 모순과 대립을 종합하여 새로운 통합의 세계를 제시하려는 움직임이 태동하는데 이것이 바로 다다이즘을 극복하고 일어선 초현실주의 운동이다.

초현실주의 화가들은 기독교에 물들지 않은 원시미술을 재조명하고, 무의식의 세계를 현실의 공간에 위치하려고 시도한다. '우리의 내적 세계는 눈에 보이는 세계보다 더욱더 현실적이다.'라는 샤갈의 말은 그들에게 중요한 길잡이가 되었고 그래서 그들은 무의식, 꿈, 환상의 세계를 탐색했다.

현실의 세계가 아니라 비이성적인 것과 무의식의 세계들을 그려나간 것이다. 초현실주의는 프로이트의 정신분석학에 큰 영향을 받았다. 프로이트는 "의식은 마음 전체에서 본다면 엷은 한 조각에 지나지 않으며 마음 대부분은 빙산과 같이 무의식 아래에 의식역을 수면으로 의식되지 않은 상태로 존재해 있다"라고 정의했다.

우리의 무의식의 중요성과 의식은 일부이고 전체의 대부분이 무의식이라는 것을 알 수 있다. 이를 중점적으로 초현실주의는 무의식, 꿈과 같은 세계를 연구하고 다양한 표현기법을 구현하게 된다. 초현실주의는 1920~1960년대까지 진행되었는데 달리와 마그리트는 자신의 환각을 표현할 때, 기괴하고 비현실적인 꿈을 깨어있는 동안에도 객관화였다. 그림 속에 자신의 상상력을 최대치로 끌어올려서 노골적인 그림도 그렸다.

4-6. 이미지즘 문학

주지주의(主知主義)로 불리는 이미지즘 문학은 통상적으로 모더니즘으로 불리는 20세기 영미 문학의 문예사조에 붙이는 이름입니다. 제1차 세계대전으로 인한 사회의 혼란과 무질서는 심각한 위기의식을 가지게 하였다.

그리하여 기존의 문화와 전통을 부정하는 반역의 고뇌에서 감각과 관능의 세계로 도피하여 탐미주의 또는 주정주의(主情主義) 쪽으로 빠져들어 가는 것을 극복하기 위하여, 지성의 절대적 우위를 강조하고, 유럽 문명의 전통을 재생하며, 정신적 질서를 회복하고자 하는 문학적 태도가 생겨났다.

따라서 문학에서 주지주의란 감정이나 정서를 중시하는 주정주의와 대립하는 것으로 여기서 '주지'라는 개념은 작품이 지적이라는 것이 아니라, 대상을 대하는 작가의 태도가 지적이라는 것이다. 흄, 파운드, 엘리엇 등이 중심이 된 이 운동은 막연하고 신비스러운 정서 과잉의 시를 거부하고 주관적이든 객관적이든 사물을 다루는 방법이 정확한 시어를 사용하여 시각적이고 함축적인 이미지에 치중하라고 가르친다.

이러한 측면에서 주지주의는,
첫째 지성의 절대적 우위를 지향하고
둘째 탐미주의와 주정주의를 반대한다
셋째 전통적 질서의 회복과 현대문명의 위기극복이라는

세 가지 기본적 특성을 보인다.

지성의 '절대적 우위'란 내용면에서 보면 문학작품에서의 지적 요소, 시사적 현상, 과학적·사상적 내용 등을 의미하고, 방법 면에서 보면 질서의식에 의거하여 감정이나 본능에 대한 통제나 억제 작용을 의미하는 것으로 생각된다.

탐미주의나 주의주의(主意主義) 및 주정주의의 반대란 낭만주의나 센티멘털리즘과 감정적·감상적 문학을 좋아하지 않을 뿐만 아니라 이는 반낭만주의 태도를 가리키기도 한다. 한편 본능적·영감적 동기를 문학에서 배제하고 의식적·비평적 문학이라야 함을 의미한다. 본능은 직관적이고 무의식적이며 자연발생적이나 주지는 의식적 방법을 중시한다. 여기서 낭만적 천재의 개념도 부정된다.

전통의 회복과 현대문명의 위기극복 시도는 주지주의의 가장 중요한 요소이다. 프랑스의 주지주의는 발레리를 정점으로 하고, 영국의 주지주의는 흄·엘리엇·리드·헉슬리 등으로 대표된다.

4-7. 포스트모더니즘

포스트모던이라는 표현은 1934년 페데리코 데 오니스가 출간한 〈스페인과 남아메리카 시선집〉이란 책에서 맨 처음 사용되면서 중남미 시들의 어떤 특징을 가리키는 용어로 시작되었다. 이후 모더니즘 운동에서 떨어져 나간 분파를 지칭하는 데 사용되었고 1960년대 엘리트 문학에 도전한 대중문학을 가리키는 뜻으로 사용되면서 포스트모더니즘의 의미로 자리 잡았다.

이는 20세기 전반에 예술과 인생의 사상을 지배해 온 모더니즘에 대한 반동으로 1960년대 이후 모더니즘의 경향이 사회 문화적으로 크게 확대된 미국이나 유럽 등지에서 시작된 새로운 문화 조류를 모두 포괄하여 포스트모더니즘이라고 한다.

포스트모더니즘이라는 말은 독자적인 개념이나 성격을 드러내는 새로운 용어 개념으로서보다는 모더니즘과의 상관관계를 통해 거론되는 경우가 대부분이다. 포스트모더니즘은 외견상 모더니즘의 변형 또는 모더니즘의 경향에 대한 반발의 의미로 다루어지기도 한다. 물론 포스트모더니즘이라는 것이 이미 예술 미학적으로 전통의 지위에 올라선 모더니즘에 항거하는 새로운 전위운동에 해당한다는 견해도 있다.

기성적 권위와 전통에 대한 단절, 반리얼리즘 경향과 전위적 실험성, 개인주의에 입각한 비정치적 성향 등은 모두 모더니즘의 경우와 일치한다. 그러나 모더니즘이 현대문명의 기능주의와 결부되어 있었던 점에 비해 포스트모더니즘은 후기 산업사회로의 변화, 소비사회의 확대, 다원주의 사회의 등장 등을 배경으로 기성적 가치와 이념을 해체하면서 변화하는 삶의 지평을 성찰하는 과정과 결합을 했다.

따라서 포스트모더니즘은 후기 자본주의 사회에서 문제가

되는 인간성 상실과 정신의 빈곤에서 오는 다양한 사회 병리적 징후들을 변화와 실험이라는 복합적 예술 양식으로 표현하고, 권위적 이성과 그에 따른 억압을 해체함으로써 인간을 문화적 속박에서 해방하고자 한다. 포스트모더니즘은 이념의 해체를 통해 계몽주의적 담론 및 엄숙주의에 대한 회의를 분명하게 드러낸다. 고급문화와 저급문화의 경계를 와해시키면서 모든 대상을 향하여 인식의 지평을 열어놓고 자기성찰의 계기를 거기서 찾고자 한다.

그러므로 현대사회에서 볼 수 있는 절대이념의 와해, 개성의 중시, 다원적 논리, 글로벌화의 경향, 소수자의 등장과 여성운동의 확대 등은 모두 포스트모더니즘의 경향 속에서 이해할 수 있다. 물론 포스트모더니즘의 경향에 대해서는 자본주의 체제가 빚어낸 새로운 문화적 현상으로서 현대사회에 대한 순응적 태도가 비판의 대상이 되고 있기도 하다. 포스트 모더니즘은 21세기 문화 전반에 큰 영향을 미치면서 미술·무용·연극·문학·철학·음악·영화 등에서 활발히 논의되고 있다.

제4장

기업의 혁신

21세기에 사는 우리는 정보의 홍수 속에서 살아가야 한다. 오히려 가짜 뉴스를 색출해 내는 작업이 더 힘들 정도이다. 그러나 예나 지금이나 변하지 않는 것이 있다. 이 책에서도 줄곧 이야기해 왔지만, 패션에도 혁신의 정신이 스며들어 있고, 미술의 역사도 혁신의 산물이다. 또한 문학의 역사도 혁신을 위한 몸부림으로 더 진화된 문학의 세상에 이르게 된다.

하물며 기업은 인간이 만든 집단으로, 스스로 생산을 하고, 판매를 하고, 이익을 내며, 월급을 주는 생활공동체 집단이다. 따라서 기업이야말로 언제나 혁신에서 떼려야 뗄 수 없는 관계 속에서 진화해 간다.

오늘날 기업은 한국뿐만 아니라 글로벌로 경쟁하며 생존을 모색한다. 따라서 조금만 느긋하면 사자와 호랑이를 닮은 거대한 글로벌 기업의 밥이 되고 만다. 그래서 현대사회에서 혁신은 생존하기 위한 필수 전략이다. 혁신하지 않는 기업은 망한다. 망하지 않으려면 끊임없는 혁신을 지속해야 한다.

이 장에서는 금세기 한국이 낳은 최고 천재 경영인인 삼성 이건희 회장의 〈신경영〉에 대해 그 내용을 설명하고, 그 당시 신경영이 추진되고 있었던 시대에 삼성전자에서 직접 느꼈던 필자의 실제 경험을 사실 그대로 보여주고자 했다. 그다음은 잘 알려지지 않은 〈이병철〉 회장의 경영철학을 삼성 내부에서는 어떻게 느끼고 생활해 왔는지를 보여주려 한다.

이 책이 오늘날 혁신을 간절히 바라고 있는 기업들에 교과서가 되었으면 하는 바람이다. 역사는 돌고 돈다. 역사를 알아야 미래를 준비할 수 있다. 따라서 오늘날 〈삼성〉이라는 기업이 정말 짧은 시간 동안 어떻게 성장했는지를 따라서 이 위기 상황을 대처하기 위해서는, 오히려 오늘날의 〈삼성〉이라는 기업이 정말 짧은 시간 동안 어떻게 성장했는지를 다시 돌아보면서 함께 더 깊은 고민을 해 보고자 이 장을 마련한다.

1. 이건희 혁신

 필자는 1991년 12월에 삼성전자에 입사했다. 그리고 입사한 그 이듬해 1993년부터 삼성에서 이건희 회장의 지시로 〈신경영〉이 시행되었다. 지금은 작고하신 이건희 회장께서 일본 기술고문의 보고서를 읽고서 시작된 게 신경영의 시작이었다. 그리고 1993년 2월 LA에서 선진제품 비교 전시회가 있었는데, 그곳에 삼성 브라운관 TV가 구석에서 먼지를 덮고 있는 것을 보고, LA 회의를 첫 시작으로 이건희 혁신의 첫발을 뗀다.

 그리고 1993년 6월 독일 프랑크푸르트에서 그 유명한 삼성의 신경영을 주창하게 된다. 일류 기업이 되려면 '양(量)'보다 '질(質)'의 경영으로 변해야 한다. 그리고 역사적으로 그 유명한 말인 〈마누라와 자식 빼고 다 바꾸라〉는 명언을 남겼다.

 선대회장의 이 말은 프랑크푸르트 켐핀스키 호텔에서 200여 명의 삼성그룹 임원 간담회에서 나왔다. 〈프랑크푸르트 선언〉으로 불리는 이건희 회장의 발언은 기존 삼성그룹의 운영방식을 모두 갈아엎는, 이른바 '삼성 신(新)경영'의 시발점이 됐다.

'삼성의 신경영'이라고 하면, 이제 대한민국에서 알 만한 사람은 다 아는 내용이다. 그러나 '신경영'이란 것이 회장이 주창한다고 그냥 쉽게 되겠는가? 조직의 말단에서는 그런 혁신을 어떻게 받아들였는가?

따라서 이 책에서는 신경영의 내용보다는, 왜 신경영을 발의했는가? 와 이건희 회장이 신영경을 주창했을 때의 회사 환경과 '신경영'이 시작되고 진행이 되던 때, 그 조직 속에 있던 필자가 삼성의 개인으로서 실제로 이건희 회장이 강조한 신경영이 현장 바닥과 사원들에게는 어떻게 느끼고 실천해 왔는가에 대해 실제 소감 형식으로 이야기를 기술하려 한다. 한편 회사의 내·외부 환경은 필자가 근무하던 당시에 지급받았던 〈삼성 신경영〉이라는 책을 참조해서 작성했다.

신경영을 시작하면서 - 이건희 회장이 쓴 임직원에게 당부의 글

삼성 가족 여러분!

나(이건희)는 1993년 6월 7일 프랑크푸르트에서 우리 그룹의 경영방침이 〈질 위주 경영〉임을 재천명한 이래, 두 달 동안 1,800여 명의 그룹 임직원과 허심탄회한 대화를 통해 우리 자신의 변화를 촉구해 왔습니다.

〈변하자〉는 것은 그동안 그룹에 만연해 온 양 위주의 의식, 체질, 제도, 관행에서 과감히 벗어나 '나 자신'부터 질 위주로

철저히 변함으로써 우리 18만 삼성 가족이 모두 힘을 합쳐 21세기 초일류기업을 이루고 '질이 높은 삶'을 누리고자, 여러분을 향해서 외치는 나의 간절한 호소입니다.

임직원 여러분!

나는 최근 우리 현실을 보면서, 지난 세월 우리 사회를 무겁게 짓눌러온 잘못된 관습의 온갖 해악이 얼마나 넓고 깊게 우리 의식 속에 뿌리내리고 있는지를 깨닫고 전율을 금할 수 없었습니다. 또한, 삼성 내부에서도 상·하 간의 학연·지연에 따른 개인적 이해가 조직의 이익에 우선하는가 하면 타율과 획일, 이기주의와 흑백논리, 불신 풍조 등에 깊이 젖어 잘못된 것을 알면서도 아무도 책임지려 하지 않고 문제의식조차 갖지 못하는 도덕 불감증에 걸려 있는 현실을 보면서 밤잠을 이루지 못하였습니다.

삼성 가족 여러분!

나는 우리 민족과 삼성 가족의 우수성에 대해 한없는 신뢰를 지니고 있습니다. 우리 모두 힘을 합쳐 〈한 방향〉으로만 나아가면 세계의 그 어떤 기업과도 맞서 이길 수 있다고 확신합니다.

그러기 위해서 우리는 변해야 합니다. 이 모든 변화의 시발점은 바로 자기 자신입니다. 나 자신부터 변하지 않으면 아무것도 변하게 할 수 없습니다. 스스로 쉬운 것, 작은 것부터 꾸준히 실천해 나가야 합니다. 나는 누차에 걸쳐 뛸 사람은 뛰고,

걸을 사람은 걷고, 앉아서 쉴 사람은 쉬라고 했습니다.

다만 내가 여러분에게 진심으로 바라는 것은, 뛰든 걷든 '한 방향'으로 가자는 것이며, 뛴다고 쉬는 동료를 무시하거나 쉰다고 뛰는 동료의 뒷다리는 잡는 일은 없어야겠다는 것입니다.

임직원 여러분!

우리는 오늘 당장 한 알의 사과를 쪼개 먹으려고 하기보다는 서로 힘을 합쳐 사과나무를 심고 사과밭을 일구어 후일 풍성한 수확을 기대하는 마음가짐을 가져야 하겠습니다. 그 풍성한 수확의 주인은 바로 여러분들이며, 그 보람은 우리 사회와 국가는 물론, 여러분의 후대에까지 길이 미칠 것입니다.

나는 그룹 회장으로서 삼성이 일류가 될 수 있는 기반을 확고히 하는 그날까지 나의 명예와 생명을 걸고 나 자신의 변화는 물론 그룹의 변화를 앞장서서 지속으로 선도해 나갈 것을 여러분 앞에 엄숙히 약속합니다. 이러한 변화는 결코 쉬운 일이 아니며 여러분들의 마음에서 변하려는 의지가 우러나오지 않고는 절대 불가능하다는 것을 나는 잘 알고 있습니다.

18만 삼성 가족 여러분의 적극적인 동참을 바랍니다.

1993년 9월
회장 이건희

왜 프랑크푸르트 선언을 하게 되었나?

이건희 회장은 1987년 그룹 회장으로 취임한 이후 세기말적 변화의 기대와 위기감으로 잠못 이루는 밤이 많았다고 누누이 얘기했다. 때로는 찬란한 비전과 희망으로 흥분을 하기도 했고, 때로는 무섭게 엄습해 오는 책임감 때문에 등골이 오싹해진다고 임직원들에게 전했다.

세기말적 변화가 우리에게 새로운 도약의 계기가 될 수도 있지만, 한편으론 모든 것을 빼앗아 가버리는 종말의 시작이 될 수도 있다는 것을 오랜 역사에서 배웠기 때문이다. 그러나 이건희 회장은 여기에 머무르지 않고, 본인이 느낀 위기의식에 공감하는 사람도 별로 없고, 특히 새로운 변화에 도전하려는 움직임도 많지 않다고 느꼈다. 시간은 흘러가고 세계 유수의 기업들은 뛰고 있는데, 삼성은 환경의 위기, 혁신의 위기, 시간의 위기라는 3가지 종류를 한꺼번에 해결해야 하는 무거운 짐을 지고 있는 형국이라고 표현했다.

이대로 가면 삼성은 물론 나라 마저 2류, 3류로 떨어질 수 밖에 없는 절박한 순간이라 느꼈다. 따라서 삼성은 지금부터라도 뼈를 깎는 아픔으로 스스로 변하지 않으면 안된다고 했으며, 그러기 위해서는 우선 회장인 나부터 변해야겠다고 결심하고 마침내 프랑크푸르트에서 〈신경영〉을 선언하고 직접 나서게 된 것이다.

세기말, 눈에 보이지 않는 경제전쟁의 시대

이건희 회장은 경제전쟁이란 단어를 사용하며 다음과 같이 임직원들에게 말을 했다. "국내외에서 일어나고 있는 세기말적 변화의 핵심은 무엇인가? 냉전이 종식되었다고 하지만 냉전보다 더 무서운 경제전쟁이 치열해지고 있다는 것이다. 이 경제전쟁의 실상이 얼마나 냉혹하고 심각한지를 우리 국민과 삼성인 모두가 너무 모르고 있는 게 안타까울 따름이다."

"경제전쟁은 무력전과는 달리 눈에 보이지 않는다. 그리고 자기가 전쟁을 하고 있는지 또는 전쟁에 지고 있는지도 모르면서 망해간다. 마치 끓는 냄비 속에 갇힌 개구리처럼 죽는 줄도 모르고 무기력하게 당할 수도 있는 것이다. 보이지 않는 이 전쟁의 패자는 누구도 도와주지 않는다. 패자를 보호해 줄 이념이나 당위성 따위는 사라진 지 오래이기 때문이다. 우리 임직원들이 이런 사실을 뼈저리게 깨닫기 바란다."

세기말은 인류 역사상 가장 급격한 변혁기

"지금은 20세기 말이다. 2천 년이 눈앞에 와 있다. 말 그대로 세기말적인 변화가 일어나고 있다. 과거의 역사를 보면 세기말에는 산업혁명과 같이 대체로 큰 변화가 있었다. 인간은 심리적으로 10년, 100년을 주기로 뭔가 다른 위기의식을 느끼기 때문이다."

이건희 회장은 그 당시 세기말의 변화를 수차례 언급했고 필자도 사내방송을 통해서 들었다. 역사적으로 세기말에 기업이나 국가의 흥망성쇠가 많이 일어난다고 했다. 그러면서 '이러한 세기말을 맞아 우리 삼성이 역사적으로 중흥할 것인가? 역사의 뒤안길로 사라질 것인가?'를 생각하면 한 밤에도 등골이 오싹해진다고 했다. 다음은 이건희 회장이 언급했던 세기말적 현상에 관한 내용이다.

"지금 우리는 인류 역사상 가장 급격한 변혁기에 살고 있다. 산업사회에서 정보사회로 넘어가는 정보화 혁명이 진행되고 있다. 정보화 혁명의 추진력인 반도체의 발전 속도만 해도 실로 엄청나기 때문이다."

아래는 반도체를 배경으로 발전 속도의 사례를 이건희 회장이 언급한 내용이다.

"앞으로 몇 년 있으면 1기가 반도체가 상용화된다. 1기가는 트랜지스터 10억 개에 해당하는 것으로 여기에 드는 전력량은 10w밖에 안 된다. 그렇지만 1기가에 해당하는 용량을 진공관으로 연결해 가동하려면 230만 kw가 필요하다. 만약 휴대용 전화기에 1기가 반도체가 들어간다면 원자력 발전소 2개 기를 들고 다니는 셈이다."

생존 차원의 위기의식이 필요한 때이다

이건희 회장은 이런 세기말을 맞이하여 살아남기 위해서는 위기의식을 가져야 한다고 임직원들에게 몇 번이고 본인의 의견을 피력했고 그 내용은 아래에서 보여준다.

"과거 세계 초일류기업의 영예를 누려오던 기업들이 흔들리고 있다. 더구나 위기를 맞아 지구상에서 영원히 사라져버린 기업도 있다. 국내 경우도 마찬가지다. 3류에서 2류, 1류로 가는 기업들도 있지만, 일류에서 2류, 3류로 떨어지는 기업이 더 많다."

이건희 회장은 위기의식이 없는 자만심이 곧 삼성의 문제점이라고 지적하며 다음과 같은 말을 한다.

"제일 무서운 것이 위기의식이 없는 무사안일이다. 망한 기업 대부분은 자만심에 사로잡혀 있다. 삼성의 문제점이 바로 이것이다. 우리는 자만심에 눈이 가려져 위기를 진정 위기로 생각하지 않는다. 위기의식이 없으면 일류가 될 수도 없고 결국은 망하게 된다. 단순히 겁주려는 것이 아니다. 전 세계가 위기의식을 공감하고 있는 마당에 왜 우리만 아직도 잠에서 깨어나지 못하고 과거에 연연하고 있는가? 이것이 답답할 뿐이다."

"이런 상태로는 1년 2년 더 나아가 운이 좋아 금세기를 넘길 수가 있다. 그러나 21세기 초반에는 절대 살아남지 못한다. 삼성 정도의 규모가 흔들리게 되면 누구도 못 도와준다. 내가 등에 진땀이 난다고 말한 것은 전자제품 몇 가지가 안 팔려서 그런 것이 아니다. 바로 이런 상황, 망할지도 모른다는 위기를 온몸으로 느끼기 때문이다."

1등이라는 삼성의 착각과 자만

과거 삼성은 사업을 일으켜 겉으로는 망해 본 적이 없었으며 항상 제일주의를 지켜왔다. 그러나 이것은 순전히 국내 판이었다. 잘 분석해 보면 실제로는 글로벌 1등이 아니다. 우리는 자기 위치가 어디인지도 모르면서 커다란 착각에 빠져있었다.

아래는 신경영 당시 이건희 회장이 임직원들 세미나에서 직접 언급했던 말이다.

"1977년경 삼성전자의 불량률을 거론하면서 그대로 가면 망한다고 했다. 1987년에도 그런 얘기를 했더니, 매년 망한다고 하더니 망하지 않고 잘만 산다고, 왜 그런 걱정을 하느냐고 했다. 더구나 매년 200~300억씩 이익이 나고 있는데 왜 망하냐는 것이다. 참 한심한 일이다. 글로벌 기업은 몇천억 몇조씩 이익을 내고 있는데, 겨우 몇백억으로 안주를 하니 말이다."

"회장 취임 후 제일 먼저 얘기한 것이 삼성은 질 위주로 가야 한다는 것이었다. 50년 동안 굳어온 양 중심의 관행과 사고의 틀을 깨지 않으면 살아남지 못하기 때문이다. 그러나 5년이 지나고 10년이 지난 지금에도 삼성의 풍토는 여전히 양적 경영에만 매달리고 있다."

윗사람들이 도덕 불감증에 걸려 있다

내가(이건희 회장) 보기엔, 우리 회사의 많은 사람이 남을 도와주지도 못하고 자기에게도 도움이 안 되면서, 서로 뒷다리를 잡고 있으니 결국은 모두가 손해를 보게 된다. 또 이 부서에 내가 없으면 안 된다는 사람이 왜 그리도 많은지 모르겠다. 그렇게 주제 파악이 안 되니 전략이 나올 수 없고, 전술 개념이 없어지고, 대소경중 선후완급(大小輕重 先後緩急)의 판단력이 흐려지는 것이다.

이런 상황에서 사방에 책임을 미루는 사람투성이다. 책임을 위로 미루는 게 아니라 아래로 미뤄 버린다. 왜 힘 가진 사람이 힘이 없는 아랫사람에게 책임을 미루는가? 이것처럼 비도덕적인 것은 없다. 그런데도 그것을 못 느끼고 있다. 이것이 바로 인간미 불감증, 도덕 불감증인 것이다.

그렇다면 삼성은 변화할 수 있는가?

이건희 회장은 삼성은 변화할 수 있으며 일류 기업이 될 수 있다고 했는데, 크게 3가지로 그 이유를 나열하고 있다.

① 우리 민족의 우수성

대한민국은 원래 우수한 민족이다. 첨성대, 금속활자, 측우기, 한글, 거북선 등에서 볼 수 있듯이 우리 조상들은 지혜가 넘쳤다. 우리 민족의 우수성은 누구보다 일본인들이 가장 잘 안다. 일본말로 '구다라나이'라는 말이 있다. 한마디로 형편없다는 뜻이다. 여기서 '구다라'는 백제를 말한다. 백제가 아닌 것, 백제가 없는 것은 시시하고 형편없다는 뜻으로 발전한 것이다. 일본에서는 이 사실이 상류층 머리 깊숙이 박혀 있다.

세계에서 가장 교육열이 높은 나라, 세계에서 국민 일 인당 박사학위 소지자가 가장 많은 나라가 한국이다. 다가오는 정보 사회는 지식과 정보, 창조성 등 인간의 두뇌 자원을 잘 개발하고 활용한다면 우리는 분명 일류가 될 수 있다. 신바람이 나기만 하면 하나 더하기 하나가 열이 되고 백이 되는 잠재적 에너지를 갖고 있다. 반도 민족으로서 대륙적 기질과 섬나라의 진취적 기질을 함께 갖추고 있는 것이 우리 민족의 장점인 것이다.

② 환태평양 시대의 중심 국가

많은 미래학자가 21세기를 환태평양의 시대라고 말하고 있다. 지중해가 과거의 바다라면 대서양은 현재의 바다이다. 그러나 태평양은 미래의 바다다. 세계 인구의 2/3를 차지하고, 다른 지역에 비해 3배 이상의 경제성장을 하는 추세가 그러하다.

한국의 지정학적 위치를 보면, 미국 중국 러시아 일본이라는 세계 4강의 중심에 있다. 과거 식민지 전쟁 시대에는 위협 요인이었지만, 향후 경제·소프트 전쟁 시대에는 이러한 거대 시장이 옆에 있다는 것이 커다란 경쟁력이 될 수 있다.

③ 삼성은 일류가 될 수 있다

삼성에는 인간성, 능력, 애사심 등 모든 면에서 일류의 요소를 갖은 사람이 전체의 70~80%를 차지한다. 이 정도면 한 조직을 끌고 가기에 충분하고도 넘치는 수준이다.

어떤 조직이든 5~10%의 핵심인력만 있으면 그 조직과 사회, 국가를 충분히 일류를 만들 수 있고, 20~30%만 일류로 구성되면 조직 전체가 충분히 일류로 갈 수 있다. 따라서 현재의 삼성 정도면 충분히 1.5류는 당연시되고, 조금만 열심히 하면 일류로 갈 수가 있다. 모두가 힘을 합쳐 잘만 하면 특류(特類)가 될 수도 있는 것이다.

삼성이 새로이 태어난 날 - 프랑크푸르트 선언

이건희 회장은 우리 민족의 우수성과 삼성의 일류 가능성을 믿기 때문에 변해야 한다고 주장했다. 〈LA 회의〉를 필두로 이어진 〈동경 회의〉 그리고 〈프랑크푸르트 회의〉까지 임직원과 함께 현장을 돌면서 삼성의 좌표와 미래에 대해 밤을 지시면서 무수한 대화를 나누었다.

먼저 〈LA 회의〉의 목적이 무엇이었나? 삼성이 잘한다고 하고 있지만, 우리가 만든 제품의 현주소를 직접 내 눈으로 확인하자는 회의였다. 미국에서 우리 상품이 얼마나 헐값으로 팔리고 있는지를 제품이 진열되어 팔리고 있는 현장에서 직접 보고 우리의 위치를 바로 알자는 것이었다.

반면 〈동경 회의〉는, 기업이 아무리 혼자 잘해봐야 정부와 국민의 호응 없이는 한계가 있음을 알자는 취지로 일부러 일본 땅에서 주관한 회의였다.

그러나 이건희 회장은 국가 전체를 우리 뜻대로 바꿀 수 없으니 우선 삼성이라도 바꿀 수 있는 것은 바꾸자고 제안한 것이 〈프랑크푸르트 회의〉였던 것이다. 이 회의에서 삼성을 2류라고 진단했고, 그대로 있으면 3류, 4류로 가고 궁극에는 망할지도 모른다고 피력했다. 따라서 일류가 되기 위해서는 무조건 바꿔야 하고, 바꾸기 위해서는 나부터 바뀌어야 하겠다고 선언한 것이 프랑크푸르트 회의인 것이다.

마누라와 자식 빼고 다 바꾸라

이 말은 이건희 회장이 맨 처음 주창한 말이다. 우선 가장 쇼킹한 건 명제의 화법이었고 그 다음이 내용이었다.

보통의 사람들은 '부인'을 지칭할 때 고급스러운 형식을 빌려 〈아내, 처, 내자〉 등 이런 식의 단어를 사용하거나 요즘은 〈와이프〉로도 많이 통용되고 있다. 하지만 회장은 그대로 '마누라'라는 직진 화법을 썼다.

얼마나 쇼킹한가? 그리고 마누라 자식 두 개만 빼면 결국 전부를 바꾸라는 얘기 아닌가? 하지만 그 구호에 대한 초기 실상은 이랬다. 오너 회장이 지시했다곤 하나, 말단 부서까지 전해지는 건 한계가 있다. 삼성전자도 그 당시 비슷했다. 대부분 직원은 '이렇게 좀 하다 말겠지……'라고 단순하게 생각했다. 그러나 매일 아침 출근하면, LA 회의부터 동경회의, 프랑크푸르트회의까지 이건희 회장 녹화영상이 사내방송을 통해 그대로

송출되었다.

  그때 필자는 기획관리본부 관리팀에서 국내영업본부 내 영업소로 전배를 간 상황이었다. 영업소에서는, 매일 아침 회장 말씀이 방송에 나오고 있는데도 그 방송을 듣는 이는 아무도 없었다. 전(全) 부서원들이 출근하자마자 그냥 회의랍시고, 회의실로 소집됐다. 사실 이때 난 엄청난 충격을 받았다. 내가 스스로 자원해서 영업으로 왔는데 뭔가 잘못되고 있구나…라고 느낀 것도 그 시점이었다.

  관리팀에 근무할 때는 동일 상황에서도 영업소와는 달랐었다. 예를 들면 다음과 같은 일이 있었다. 다음 날이 운전면허 시험이라 내일 연차 휴가를 쓴다고 했더니, Y 관리부장(나중에 전자 CFO 사장이 되었다)이 나를 불렀다. 운전면허 시험이 몇 시냐고 물어서, 10시부터라고 했더니 아침에 출근해서 회장님 방송을 시청하고 가라는 거였다. 그때 사실 어이가 좀 없었지만, 하늘 같은 부장 말씀이라 그리하겠노라 했다. 다음날 7시에 출근을 해서 방송 다 보고 사무실을 나왔다(매일 아침 6개월을 하는 방송이라 사실 하루 빼 먹는다고, 딱히 뭐가 달라지는 건 없었는데 말이다).

  하지만 똑같은 시기였는데도 영업소의 분위기는 완전 달랐다. 회장님은 회장님이고, 오늘 매출은 매출이었다. '신경영'은 아무도 관심이 없었다. 바뀐 건 그냥 출근 시간이 7시로, 예전보다 1시간 30분 일찍 회사에 나오는 것만 바뀌었다. 회사의 말단이 이런 상황이다 보니, '마누라 자식 빼고 다 바꾸라 하셨나 보다' 그 당시 필자에게 그런 생각이 들기도 했다.

이건희 회장이 〈신경영〉을 선언한 지 이미 1년이 지나고 있었다. 아마도 이 당시 회장에게는 거의 모든 회사가 잘 바뀌고 변화하고 있다고 보고를 드렸을 것이다. 하지만 말단 영업소는 출근 시간 말고는 아무것도 바뀐 게 없었다. 그게 현실이었다.

이후 진짜 환경의 변화는 7.4제를 도입한 이후 출근 시간만 빨리진 게 아니고, 퇴근 시간이 정착되고부터였다. '이렇게 하다가 말겠지…… 출근 시간만 당기려고 꼼수를 쓴 거야…….' 등등 많은 의구심은 퇴근 시간을 오후 4시에 정확히 지키면서 서서히 가시화되고 있었다. 그러나 이마저도 〈신경영〉을 선언한 지 1년이 넘어가고 2년 정도가 되면서 변화의 모습이 보였던 거 같다.

그때 필자는 분명히 보고 느꼈다. 변화와 혁신은 아무리 빨라도 현장의 말단이나 접점까지 변화하려면 최소 1년은 더 지나야 겨우 환경이 움직이는 것이다. 아무리 조급해도 1년 정도는 기본으로 들어가는 준비 과정이라고 생각해야 한다는 것을 확실히 깨달았다.

정치도 비슷하지 않을까? 대통령 단임제 5년 중에서 첫 1년은 준비 과정일 것이다. 사람과 습관은 그렇게나 쉽게 바뀌지 않기 때문이다. 첫 1년을 죽을 정도로 일해야, 그다음 해부터 서서히 물줄기가 변하고 있음을 느낄 것이리라. 그럼에도 불구하고 5년 만에 이 큰 나라를 바꾸고자 한다면, 밤에도 잠을 자지 않고 일해도 시원치 않을 수준일 것이다.

나부터 변해야 한다

어떻게 변해야 하는지 나(이 회장)에게 묻는 사람들이 있는데, 그건 너무나 간단하다. 생각을 잘 해봐라. 예를 들면 삼성은 법인체로 구성되어 있다. 따라서 법인 하나하나가 바뀌어야 한다. 법인 안에는 무엇이 있나? 사업부가 있다. 사업부는 무엇으로 되어 있나? 부와 과로 되어 있다. 과는 무엇으로 되어 있나? 개인으로 구성되어 있다. 그렇다면 뭐냐? 바로 나다. 나 자신이 바뀌어야 한다.

내가 변해야 과가 변하고, 과가 변해야 부가 변하고, 부가 변해야 사업부가 변한다. 사업부가 변하면 회사가 변하고, 회사가 변하면 그룹이 변하고, 그룹이 변하면 사회가 변하고, 사회가 변하면 세계가 변화고, 세계가 변하면 인류가 변하고, 인류가 변하면 다시 자기한테 돌아온다. 이제 껍질을 벗기고 밖으로 나와 보자. 나부터 한 번 해보자. 남은 안 하더라도 나는 한번 해보자는 배짱이 우리 삼성 임직원한테는 있어야 한다.

간단하고 쉬운 것부터 변화시켜라

"그러면 어떻게 변할 것인가? 간단한 것 쉬운 것부터 해야 한다. 하루 9시간 자는 사람이면 8시간, 7시간으로 줄여보고,

하루에 세 끼를 먹어서 살이 찌면 두 끼로 줄여도 보자. 변화의 제일 걸림돌이 자기와의 싸움이다. 쉬운 것부터 시작하되 철저히 끝까지 해야 한다. 중간에 포기하면 영영 변할 수 없다."

이건희 회장은 변화는 쉬운 것부터 한 발 한 발 바꿔보자고 했다.

"변화는 자기 자신과의 약속이다. 약속을 지키지 못하면 회장인 나한테 미안하고 죄송스러운 게 아니다. 자기 자신한테 미안한 일이다. 자기한테 약속을 지키지 못한 것이 훨씬 더 창피하고 울화통이 터져야 한다."

"지금 상태로 만족하는 사람은 그대로 있어도 좋다. 변화는 강제가 아니다. 만족하지 못하는 사람, 만족하지 못할 것 같은 사람은 한 번 변해보자."

뛸 사람, 걸을 사람, 앉을 사람

변할 수 있는 능력과 변하려는 의지는 사람마다 다르다. 나는(이 회장) 도저히 변하지 못하겠다는 사람을 억지로 끌고 가는 것에는 반대한다. 뛸 사람은 뛰고 걸을 사람은 걸어라. 걷기도 싫은 사람은 앉아서 쉬어도 좋다. 그러나 남들이 가는 길을 가로막고 앉아 있거나, 남이 뛰고 걷는데, 방해하지는 말자. 남의 뒷다리는 잡지 말라는 말이다.

뛰는 사람은 앉아 있는 사람을 무시하지 말고 격려해 주어야 한다. 또 앉아 있는 사람은 뛰는 사람을 질투하지 말아야 한다.

잘한다고 손뼉도 쳐주고 진심으로 축하해야 한다. 그리고 나도 빨리 체력을 회복해서 더 열심히 뛰겠다는 의지와 용기를 가져야 한다.

여건이 될 때 자기 능력을 힘껏 발휘하고 쉬고 싶을 때는 쉬자. 쉬더라도 잘하는 사람은 도와주자. 몸이 안 되면 마음만이라도 도와주자. 이것이 한 방향으로 가는 기준이다.

이제는 소프트 경쟁력의 시대

내(이건희 회장)가 여러 번 언급했지만, 지금은 모든 것이 하드에서 소프트로 옮겨가고 있다. 상품의 가치도 눈에 보이는 것에서 눈에 보이지 않는 쪽으로 바뀌고 있다. 삼성의 힘을 당분간 무형자산과 기술개발을 확대하는데, 집중하자고 하는 것도 이 때문이다. 눈에 보이는 물건만이 상품이 아니다. 서비스도 상품이고 기술도 상품이다. 정보가 상품이고, 소프트가 상품인 시대다.

예를 들어 전자제품을 팔면서 홈오토메이션과 결합하여 패키지 상품화한다든지, 카메라를 팔면서 필름을 생각하고, 오디오를 팔면서 음반을 생각하는 것이 소프트를 중시하는 것이다.

이제는 과거처럼 단순히 상품을 만들어 파는 시대는 지나가고 인간의 창의와 아이디어, 정보를 결합해서 새로운 가치를 만들어내는 시대다. 첨단무기도 하드의 가격은 얼마 안 되고 대부분이 소프트 가격, 기술 가격이라 할 수 있다. 1기당 110

만 불인 패트리엇 미사일도 하드는 20만 불에 불과하고 나머지는 소프트 값인 것이다.

국가 인프라가 경쟁력의 밑바탕이다

그 당시 〈인프라〉에 대한 이 회장의 언급이 많이 있었다. 필자는 방송을 시청할 때, 입사 1년 차인 나로서는 〈인프라〉라는 단어를 이 회장의 방송 모니터를 보면서 처음 들었다. 그러나 그렇게 처음 들은 단어가 후에 얼마나 중요한지를 알게 되었다. 다음은 그 당시 방송에서 언급했던 이건희 회장의 말이었다.

"국가경쟁력을 강화하는데 정부가 가장 역점을 두어야 할 과제가 무엇인가? 그것은 바로 사회간접자본, 즉 인프라를 구축하는 일이다. 우리나라는 선진국보다 고속도로는 절반, 전력생산은 1/9, 공항은 1/15에 불과하다. 항만시설은 선진국의 1/23로 극히 낮다."

"이보다 더 중요한 게 전기다. 모든 공장과 인프라를 움직이게 하는 것이 기름 아니면 전기이기 때문이다. 우리나라는 전력생산량 부족으로 여름철이면 공장 가동을 중단시켜야 하는 경우까지 발생한다. 반도체 공장의 경우에는 1초라도 정전되면 수십억 원의 손실이 난다. 원자력 발전소에서 나오는 대량·저가의 에너지가 경쟁력의 핵심으로 대두하고 있는 이유가 여기에 있다."

"고속도로 인프라가 세계에서 가장 잘된 나라가 독일이다.

속도가 무제한인데(주말이면 좀 밀리기는 하지만) 평소에는 거의 시속 200km를 달린다. 이것이 경제적으로 얼마나 중요한지 얘기를 할 필요도 없다. 우리나라 조선 중기에 퇴계 이황 선생이 오늘날 고속도로의 개념인 신작로를 전국에 걸쳐서 동서로 다섯 개, 남북으로 세 개씩 만들 것과 집집이 소를 두 마리씩 기를 것을 조정에 건의했다. 그러나 당시 조정 대신들은 한결같이 반대했다. 큰길을 내면 오랑캐가 쳐들어오기 쉽다고 생각하는 소극적이고 패배적인 이유에서였다. 만일 그때 조정이 퇴계 선생의 건의를 받아 들였더라면 우리 역사가 달라졌을 수도 있었을 것이다."

박정희 전 대통령이 경부고속도로를 건설한 거와 비슷한 맥락에서 인프라의 중요성을 이건희 회장은 피력하고 있다. 그 당시의 필자는 인프라가 미치는 영향에 대해 사실 잘 모르는 신입사원이었다. 그러나 그 인프라가 나중에 국가의 바탕이 되고, 회사의 근간이 되고, 개인의 인프라도 개인의 근간이 된다는 것을 나중에야 알게 되었다.

질(質)은 경영의 생명줄이다

〈삼성의 업이 변해가야 한다〉 이 말은 이건희 회장이 시대에 맞추어 삼성 산업을 변화시켜 나가야 함에 대해 언급한 얘기다. 다음에 나오는 부분도 이 회장이 말한 산업 발전에 따른

업의 발전에 관한 내용이다.

"1938년 삼성상회 설립 이래 1970년까지의 삼성제품은 설탕, 섬유 등 생필품 위주의 단순 장치산업이 대부분이었다. 불량이라고 해봐야 색이 좀 바랬거나 물기가 스며든 정도였다. 그럼에도 불구하고 그 시절은 '판매자시장'이었다. 불량이라는 개념도 없는 시대에서 모터 회전이 800이 표준인데, 850, 900으로 자꾸 무리해서 돌리며 양을 늘렸다."

"그때는 양을 늘리는 게 기술이었던 시대였다. 그래도 물건이 없어서 배급하다시피 팔고, 판매대금은 선급이 들어왔다. 그렇게 하다 보니 우리 임직원들의 머릿속에 양(量) 우선이라는 개념이 깊이 스며든 거 같다는 생각이 든다. 하지만 오늘날과 같은 양산조립, 첨단기술, 두뇌집약의 시대에는 양의 의미와 개념을 다시 돌아보아야 한다."

불량은 암이다

"1년에 4백만 대를 만드는 VTR에서 1% 고장 나면 4만 대, 3% 고장률이면 12만 대나 된다. 불량률이 3% 넘으면 그건 망한다는 얘기다. 3%나 5%나 5년에 망하느냐, 10년 후에 망하느냐의 차이지 결국 망하는 건 똑같다. 지금처럼 치열한 경쟁에서는 불량률이 거의 제로에 가까워야 한다. 그래야 살아남을 수 있다."

나는(이 회장) 불량에 대해 오래도록 임원들에게 지시를 해

왔다. 불량을 어떻게든지 줄여나가지 않으면 회사가 망한다고 말이다. 그런데도 아직 불량에 대해 중요성을 인지하는 경영자가 많이 없다. 안타까운 일이다.

"그런 까닭에 나는 20년이 넘도록 '불량은 암'이라고 말해 왔다. 위궤양은 회복되지만, 암은 진화한다. 초기에 잘라내지 않으면 몇 년 뒤에 온몸으로 전이되어 사람을 죽인다. 삼성은 자칫 잘못하면 암의 만성기에 들어갈 가능성이 있다. 3기에 들어서면 잘라내도 못 고친다."

"전 삼성인이 '불량은 적이다. 불량은 악의 근원이다. 불량을 세 번 내면 퇴직하겠다.'라는 각오를 갖지 않으면 안 된다. 그렇게 하지 않으면 나라도 망하고, 삼성도 망하고, 구멍가게조차도 망할 수밖에 없게 된다."

고객이 두렵지도 않은가?

내(이 회장)가 질문을 한 번 해보자. "고객 없이 어떻게 삼성이 자랄 수 있는가? 돈 받고 불량품을 시장에 내놓는 것이 미안하지도 않는가? 자기가 만든 제품이 불량품이라는 소리를 듣고도 후회가 나지도 않는가? 옛날 방식으로 사장에게 회장에게 미안하다는 말은 이제 하지 말자. 국민에게 죄송하고 고객에게 미안해해야 한다."

그리고 고객에 대한 가치를 이건희 회장은 다음과 같은 식으로 말을 했다. 그건 분명히 섬뜩한 경고였고, 지금 생각해도 정말이지 맞는 말이었다.

"사장, 회장 눈치 볼 필요 없다. 고객의 눈치만 보라. 회장 앞에서는 담배를 피우더라도 고객 앞에서는 담배를 피우면 안 된다. 삼성의 모든 임직원이 고객을 겁낼 줄 알아야 한다. 고객을 겁내지도 않고, 고객의 말도 듣지 않는다면 그게 무슨 기업이라고 할 수 있나?"

"정치인은 주기적으로 투표를 통해 심판을 받지만, 기업은 시장에서 매일 매 순간 고객의 심판을 받는다. 한 번 등 돌린 고객은 그 한 사람으로 끝나지 않는다. 고객 만족은 하면 좋은 것이 아니라, 안 하면 망하는 것이다."

고객 접점이 중요하다

고객 접점의 중요성에 대해서도 이건희 회장의 철학은 분명했다. 다음의 말을 보면 고객 접점이 얼마나 중요한지를 일깨우게 했다.

"누가 삼성의 고객인가? 전자/모직 같은 생필품 업은 대리점과 협력업체가 중요하고, 중공업/건설은 발주업자가 중요하다. 보험회사는 창구 여사원과 보험설계사가 중요하다. 고객과 직접 만나는 사람들이기 때문이다."

"회사의 대표는 회장, 사장이 아니고 고객을 직접 만나는 접점의 사람들, 즉 판매하는 사람, 서비스하는 사람, 전화받는 사람 등 고객과 매일매일 부딪히는 사람들이다. 고객 접점에 있는 사람들이 경영의 핵심이다."

"내가 누누이 얘기했는데, 고객과 문제가 생겼을 때, 접점 인력들 입에서 '위에 알아보겠습니다'라는 말이 나오면 실패다. 이는 마치 전쟁터에서 상관에게 '총을 쏠까요? 말까요?'를 물어보는 것과 똑같다. 현장에서 결정할 수 있도록 권한을 주어야 한다."

"한편 고객 접점에서는 친절이 생명이다. 그런데 미소 짓고 절만하는 것이 친절인 줄로 알고 있다. 미소 짓고 인사 잘하는 것은 기본 중의 기본이고, 고객의 질문에 정확하게 대답하는 것이 1단계 친절이다. 그리고 고객이 필요로 하는 것을 미리 알아서 제공하는 것이 한 단계 높은 친절이다. 나아가 고객이 기분 좋게 돌아가 담당자의 성(姓) 정도는 기억하고 다시 찾을 정도가 되어야 진정한 친절이라 할 수 있다."

포플러와 소나무 그리고 히노키

신경영 선언 당시 방송을 통해서 필자는 히노키 나무가 있다는 소리를 처음 들었다. 그 당시는 네이버 검색이 없었던 시절이라 의아한 것을 찾으려면 백과사전을 찾아봐야 한다. 그렇게 처음 들었던 〈히노키〉에 대한 이건희 회장 철학이다.

"포플러는 10년을 키우면 오천 원, 만 원을 받는다. 같은 땅에 정원수용 소나무를 심으면 10년, 30년 후에 백만 원에서 천만 원까지 받을 수 있다. 일본에 가면 히노키라는 나무가 있다.

이 나무는 100년 이상 키우면 2~3억을 받는다고 한다."

"같은 나무를 심더라도 어떤 수종으로 하느냐에 따라 엄청난 차이가 있다는 것이다. 우리 제품도 마찬가지다. 장기적 안목에서 기회를 선점하는 신사업을 기획하고 미래에 유망한 기술과 상품을 찾아야 한다. 그렇게 결정된 수종사업에 대해서는 10년 후를 기약하며 나무 가꾸듯이 투자하고 지원을 아끼지 않아야 한다."

"21세기를 생각할 때 내(이건희 회장)가 가장 고심하고 있는 것이 수종과 사람이다. 새로운 수종은 찾아야 하고, 잘못된 수종은 뽑아내야 한다. 앞으로 어떤 수종과 어떤 사람을 찾아내느냐가 21세기 삼성의 미래를 좌우할 것이다."

앞으로의 세상은 디자인이 주도한다

삼성전자에는 직군 분야별 코드가 있다. 물론 그 코드에 따라 기본급도 달라진다. 크게 디자인 직군은 D, 연구개발은 R, 영업마케팅은 M, 스텝은 S로 분류된다. '이 중에서 어디가 가장 기본급이 높겠는가?'라고 필자는 부서 직원들에게 질문을 많이 했다. 그러면 직원들은 대부분 S나 R이 높을 거라고 답을 했다.

그러나 그 답은 '틀렸다'이다.

급여 테이블이 가장 높은 분야는 D(디자인) 직군이다. 그다음이 R(개발) 직군이고, 그다음이 M(영업) 직군이다. 그리고

S(스텝) 직군이 기본 급여 테이블이 가장 낮게 책정되어 있다. 이는 모두가 그 당시 이건희 회장이 디자인을 중시하라는 지시로 만들어진 결과다.

이건희 회장이 말하기를, "앞으로 디자인의 시대가 온다. 디자이너를 홀대하지 마라. 미대 나온 디자이너가 디자인해서 가면, 인문계 나온 상품기획에서 다 잘라 버린다. 그래서는 안 된다. 앞으로 디자인 시대가 올 것이다. 디자인에 대해서 잘 모르는 사람들이 디자인에 대해서는 절대 손도 대지 마라" 했다.

디자인이 미래의 승부처

"21세기 기업 경영에서는 디자인과 같은 소프트 창조력에서 승부가 결정된다. 자동차건 전자건 생산기술의 차이는 계속 줄어든다. 이처럼 기술 수준이 평준화되고 불량률 등이 같아지면 디자인이 경쟁력을 좌우하게 될 것이다. 자동차는 동력 메커니즘이 어떻고, 엔진이 어떻다는 것을 알고서 구매하는 사람은 거의 없다. 대부분이 외관이나 색깔 등을 보고 구매하게 된다."

그 당시 이건희 회장은 디자인의 중요성에 대해서 엄청나게 강조를 했다.

제발이지 경영학과 나온 기획팀장이 미대 나온 디자이너를 무시하지 말라고 한 것도 방송을 통해서 시청한 기억이 난다.

그 정도로 디자인의 미래에 대해 애착을 보였던 이 회장이다.

"그러한 이유로 나는(이건희 회장) 머지않아 디자인이 소중한 기업의 자산이자 기업 경영의 승부처가 될 것으로 확신하고 있다. '디자인 혁명'이 시급하다고 했던 이유가 여기에 있다. 과거에는 경영 수치로, 지금은 R & D와 설계로 골치가 아프지만, 앞으로는 디자인 때문에 머리가 아파야 한다."

21세기 삼성의 디자인을 혁명 차원에서 연구해야

"소니나 벤츠는 멀리서도 알아볼 수 있는데, 삼성 제품은 가까이서 봐도 다른 회사의 제품과 구별이 잘 안된다. 왜 이런 것일까? 삼성의 디자인은 임시방편의 디자인이기 때문이다. 상품기획이 제대로 안되어 있고 디자인도 통일되어 있지 않다. 창의성이 부족한 뿐더러 선진국의 디자인을 모방하는 안이한 습관에 길들여져 있기 때문이다."

이건희 회장은 디자인에 대한 애정이 각별했다. 특히나 21세기를 앞둔 시점에서 디자인이 경쟁력의 핵심 요소가 될 것으로 정의하며 혁명적 차원에서 연구해야 한다고 지적했다.

"지금까지 삼성은 '디자인'이라는 것을 제품이 기술적으로 완성된 뒤에 그저 미적 요소를 첨가하는 것 정도로 생각해 왔다. 디자인을 창조의 부분으로 이해하기보다 기술의 주변으로 치부해 버린 것이다. 특히나 선진제품을 능가하려는 창의적 발상은 생각지도 못하고 모방을 잘하는 것을 자랑으로 여기고 있다."

"지금이라도 삼성의 모든 제품의 '디자인'을 21세기를 대비하여 혁명적 차원에서 발상하고 연구해야 한다. 제품 구석구석에 삼성의 철학을 담아서 디자인의 아이덴터티를 확립하는 것이 중요하다."

디자인의 출발점은 고객

내가(이건희 회장) 임원들에게 누누이 강조한 말은 제발 고객의 입장에서 생각해 보라는 것이었다. 현대사회(20세기 말 당시)는 고객의 상품 선택 기준에서 디자인의 비중이 점점 커지고 있다. 여기서 제일 중요한 사실은 고객을 이해하는 일이다. 고객을 이해하려면 고객의 입장에서 생각해 보지 않으면 안 된다.

"골프를 쳐 본 적이 없고, 골프장에 가 본 적도 없는 사람에게 골프웨어와 골프용품의 디자인을 맡기고 있는 것이 삼성의 현실이다. 이래서는 절대 안 된다. 백색가전(그 당시 생활가전을 백색가전이라 불렀다)의 수요자는 대부분이 여성이었다. 따라서 결혼 적령기의 여성과 주부층을 연구해야 한다. 그 연구 결과를 토대로 디자인을 결정하고 상품 콘셉트를 정해야 한다. 결론적으로 이런 연구 분야에 여성들을 참여시키지 않으면 안 된다는 것이다."

"미래 고객은 어떻게 관리할 것인가? 우선 주변 인물들과 애기를 해보라. 가령 자녀들과 대화가 잘 되는가? 아마도 잘 안 될 것이다. 요즘(20세기 말) 신세대는 완전히 다른 사람들이기 때문이다. 이들이 어떤 세계에 살고 있는지 우선으로 내 딸과 내 아들하고 대화를 해보자. 그러면 미래의 소비 성향을 알 수 있을 것이다."

디자인의 전문 인력을 확보하고 투자하라

다음은 디자인 전문인력을 뽑아오고 육성하라는 이건희 회장의 육성을 그대로 적는다.

"디자인의 경쟁력은 무엇인가? 그것은 바로 사람이다. 사람을 키워야 한다. 섬유, 자동차, 가전 등 디자인이 중요한 회사는 미국이나 유럽의 일류 디자인 학교에 보내 교육을 받게 만든다. 현재(1993년) 우리 삼성에는 디자이너 숫자가 절대적으로 부족하고, 디자인을 대표할 만한 슈퍼스타도 없는 실정이다."

"내가(이건희 회장) 누누이 강조했지만, 제발이지 디자이너들이 창의력을 발휘할 수 있도록 회사 분위기를 만들어 주도록 하라. 이들의 개성을 존중해야 한다. '용모 단정하게 해라 옷차림 단정하게 해라 머리를 길게 기르지 마라' 이런 자잘한 것으로 그들을 구속하지 말아야 한다. 또한, 디자이너들에게 세계 최고의 제품을 직접 써보고 경험할 수 있도록 지원을 아끼지 말아야 한다."

"디자인이라는 것이 전문적인 분야인데, 높은 지위에 있는 양반들이 단순히 자신들의 상식적인 판단으로 지나치게 간섭을 함으로써 디자이너의 의욕을 꺾어 버리는 게 우리 삼성의 현주소다. 이렇게 하니 삼성의 디자인이 그저 남들 다 아는 상식 수준이 되고 마는 이유다. 디자인은 디자이너에게 경영자 못지않은 의사결정권을 주도록 하라. 그래야 디자인이 산다."

지금 시점에서 보더라도 탁월했던 이 회장의 혜안

이건희 회장은 1990년대 말 임직원들에게 디자인에 대해 목숨을 견줄 정도로 본인의 의견을 피력했다. 이런 결과 2007년 보르드 디자인을 개발한 K 부장은 자랑스러운 삼성인, 상을 받으며, 상무로 발탁되었다. 그리고 그 이후로 한 번 더 K 상무는 삼성인, 상을 받으며 전무로 발탁된다. 이때가 삼성 TV가 세계 1등으로 발돋움할 시기였다. 이 모두가 1990년대 말 이 회장 특유의 혜안이 만들어 낸 결과일 것이다.

"21세기는 결국 디자인과 소프트웨어 싸움이 될 것이다. 고객의 마음을 사로잡는 삼성 특유의 디자인을 개발해야 한다. 좋은 제품을 만들고 좋은 값을 받으려면, 디자인부터 최고급으로 해야 한다. 최고급 디자인에 편리한 기능을 추가하면 최고급 제품이 되는 것이다."

사실 1993년도에 필자는 말단 사원이라 회장의 그 말이 무엇을 가리키는지 잘 몰랐다. 그러나 임원이 되고 업무를 만지다 보니 그 당시 이 회장의 말이 무얼 뜻하는지 깨달을 수 있었다. 그 당시 사회에서 어떻게 그런 말을 하실 수 있었는지 2024년에 사는 나 자신도 잘 모르겠다.

그래서 그냥 그는 천재다. 어쩌면 단군께서 민족중흥의 사명을 위해 특별히 보낸 수호자일지도 모른다. 필자가 이렇게 말하는 것은, 그가 삼성그룹 오너였다고 무조건 신봉하는 것이 아니다. 30년쯤 흐른 지금에 돌아보니 그 당시 회장이 했던 발언들이 무서울 정도로 섬뜩해서 하는 말이다. 그때 대한민국 1등 기업이 년 매출 10조도 안 되는 삼성전자였고, 그 당시의 한국의 수준이었다. 회장은 그 당시에 이미 30년을 내다보고 지침을 마련한 것이다.

"간부 이상은, 디자인에 대한 감각을 피부로 느껴야 한다. 그리고 그런 디자인이 꼭 필요하다고 몸소 느껴야 한다. 삼성전자 제품이라고 함은, 일관된 이미지를 주는 게 좋다. 그렇지 않으면 우리 제품을 애용하는 소비자들이 혼동될 수 있다."

그런 회장의 지시에 따라, 어느 날 디자이너가 우대받는 세상이 되었고 직급군 중 디자인의 기본급이 제일 높다. 오늘날 세계 최고의 삼성전자는 이런 회장의 혜안에서 출발하지 않았을까?

그러나, 아직도 그러하지 못한 경우도 더러 있다. 필자도 근무하면서 디자이너가 홀대받는 것을 제법 경험했다. 디자인 책임자로 디자이너를 뽑았으면 그대로 믿어야 한다. 그런데

경영학, 전자공학 전공한 분들이 이래라저래라 디자인을 흔들고 다니는 경우가 왕왕 있었다. 참으로 안타까운 일이다.

'회장님! 디자인을 중시하라고 그렇게 강조했건만 아직도 디자이너를 괄시하는 경우를 봐 왔습니다. 2020년대에 임원을 지낸 한 사람으로서 부끄럽고 죄송할 따름입니다.'

일본보다 더 빠르게 시작해야 한다 - 7.4제 도입

이건희 회장은 좋은 상품이 탄생하려면 그 제품을 만드는 사람의 질이 개선되어야 가능하다고 생각했다. 지금 생각해 봐도 보통 사람이라면 그런 생각을 할 수가 없는 그런 영역의 사고를 제안한 것이다. 아래는 그 당시(1993년) 이건희 회장이 언급한 삶의 질에 관한 부분이다.

"내가(이건희) 질 경영이라고 했는데, 사실 질 경영이라는 게 인간적이고 본질적이다. 따라서 인간 본연의 질, 개개인의 삶의 질이 선행되어야만 경영의 질과 상품의 질이 탄생할 수 있다."

"지금까지 우리는 어떻게 해 왔는가? 남들보다 일찍 출근해서 밤늦게까지 책상만 지키고 있으면 회사에 충성하는 사람으로 인정받고, 우등생으로 평가받고, 남보다 조금 더 먼저 승진하고 한 것 아닌가? 이게 업무의 질이고 삶의 질인가? 각자가 깊이 생각해 보자. 질 경영은 개개인의 질부터 높여 놓고 시작해야 한다. 내가 7.4제를 서두른 것도 개인의 삶의 질을 먼저 높이고, 회사 업무의 질도 높여보자는 뜻에서였다."

"7.4제를 왜 했느냐? 자율적으로 공부하라는 것이다. 체력 단련이 필요하고, 취미생활도 해야겠지만 우선은 어학 공부하고 컴퓨터를 배워서 국제사회에서 통하는 사람이 되자는 것이다. 그렇게 하는 사람과 안 하는 사람은 5년만 지나도 엄청나게 격차가 벌어지게 된다. 분명히 말하지만 질 경영은 개개인의 질 위주 인생에서부터 출발하는 것이다."

회사의 근무시간이 1시간 줄어들다

일본과 우리의 공식적인 시차는 없지만, 실제 해가 1시간가량 일찍 뜨는 일본을 따라잡기 위해서는 최소 1시간 먼저 일을 시작해야 한다는 이건희 회장의 신념이 있었기 때문일지도 모른다. 이런 걸 포함해서라도 만들어진 게 7.4제였다. 이에 8시 30분이던 출근 시간을 7시로 앞당겼다. 이렇게 되면 해 뜨는 걸 고려하더라도 한국이 더 일찍 업무를 시작하게 된 것이다. 그 당시 삼성전자의 롤모델은 일본 샤프였다. 감히 소니는 따라가고자 꿈도 못 꾸던 그런 시절이었다.

그 당시 삼성전자의 업무 시간은 8시 30분에서 18시 30분까지 총 10시간 근무했다. 이때 점심시간은 공식 업무 시간에서 제외되고, 8시간 근무에 1시간 시간외수당을 받는 구조였다.

하지만 이건희 회장의 생각은 달랐다. 점심시간도 직원들이 회사에 상주하고 있으니까 업무 시간에 산정해 주라고 지시한 사람이 회장이었다. 보통의 오너라면 시간을 더 늘려도 시원찮을 판에, 시간을 줄여서 계산하라고 한 것은 감히 엄두를 못내는 특별함이다. 그렇게 특이하면서도 한 시대를 주무른 사람이니까, 그런 사고가 가능한 것이다.

오늘날 삼성의 근무시간이 8.5제의 경우 8시~17시로 1시간 줄어든 것은 순전히 그때 당시 회장의 선택이었다. 내가 입사했을 때, 7.4제를 도입하기 전에는 8시 30분 출근 18시 30분 퇴근이었으니 말이다. 이후 많은 한국의 기업들이 업무 시간을 9시간으로 줄이는 경우가 늘기 시작했다. 한 사람이 사회를 움직일 수 있음을 증명한 것이다.

그리고 7시에 출근하는 대신 오후 4시에 무조건 퇴근을 해서, 골프를 배우던지, 테니스를 배우던지, 영어를 배우든지 하라고 했다. 학원비도 회사에서 지급했다. 결국, 회장께서 기대하신 대로 신경영 이후 10년이 조금 넘은 시점인, 2000년도 중반부터 소니를 제치고 TV 판매량에서 세계 1위에 등극했다.

그 당시 말단의 현실은 '출근만 빨라졌다'

이건희 회장의 '신경영'이 처음부터 잘 진행된 것은 아니었다. 7.4제가 도입되고 사원들의 불만이 터져 나왔다. 왜냐하면, 그 당시 스텝의 평균 퇴근 시간은 대부분 밤 9~11시가 다수인 상황이었다. 그런 상황에서 어차피 출근만 앞당기는 게 아니냐는 논리가 작용했다. 하여튼 무조건 7시까지 출근하라고 하니, 어쩔 수 없이 모두 7시에 출근을 했다.

'아휴~~ 그때 얼마나 졸리던지……. 지금 생각해도 다시 졸음이 쏟아진다.'

매일 아침 8시 반에 출근하다가 1시간 반을 일찍 회사에 가보시라. 바이오 리듬이 팍팍 깨진다. 하여튼 초창기에는 오전 10시 정도까지는 계속 졸음이 왔던 거로 기억한다. 그리고는 여전히 퇴근은 밤늦게 하였다.

원래 삼성전자 관리부서는 퇴근이 늦는 거로 유명하다. 필자도 관리팀에 있었던 시절에는, 밤 11시 이전에 거의 퇴근한 적이 없었다. 그게 자부심으로 통하던 시절이었다. 하지만 신입사원에겐 정말 고통의 시절이었다. 그때 같이 구내식당에서 라면 먹고, 밤을 새우던 선배들이 이제 벌써 사장이나 부사장이 제법 많다. 누구누구 하면 알만한 계열사 사장들이 오후 4시에 라면 한 그릇 먹고 일을 했던 사람들이다.

곧이어 퇴근도 빨라졌다

7.4제 시행 이후 두어 달 지난 시점인가, 본사에서는 진짜 오후 4시에 퇴근을 안 하면 큰일 난다고 모두 사무실에서 나가라고 했다. 난 그때 수원사업장에서 근무했다. 그리고 상위 부서에서 유선전화를 통해 혹시 퇴근하지 않고 전화를 받는지, 사업장 테스트를 했었다. 그리고 직접 사업장을 돌면서 사람이 남아있는지를 확인하기도 했다.

우리 부서도 할 수 없이 오후 4시에 밖으로 나갔다. 그리고는 이른 저녁을 먹고서 5시나 6시에 다시 사무실로 들어와서 야근을 이어 갔다. 그때는 그게 충성인 줄 알았다. 그게 애사심이라 생각했다.

그러자 또다시 지시가 내려왔다. 진짜 4시에 퇴근하지 않으면 부서장을 시범으로 날려버리겠다고 협박하며, 진짜로 모두 사무실에서 나가라고 했다. 느낌이 싸- 했다. 그리곤 진짜 4시에 퇴근해서 절대 사무실로 들어오지 말란다.

하하하 살다 보니 이런 횡재가 있다니……. '회장님 감사합니다. 감사합니다'라는 말을 백 번도 넘게 입으로 주문했다.

처음에는 오후 4시에 나가서 술을 마시기 시작했다. 근데 이상한 것이 오후 4시에 시작하나 밤 7시에 시작하나 끝나는 시간은 똑같이 밤 12시 경이었다. 그러다 보니 오후 4시부터 자정까지 얼마나 많은 술을 먹게 되겠는가? 그렇게 근 6개월을 산 것 같다. 그러다가 정신을 차렸었다. 이리 살다가 죽을 수도 있다는 느낌이 들었다.

그리곤 그 이후로 회사 사우들과 영어 학원을 단체로 등록하고 개인 레슨을 받았다. 그리고 야구동호회 활동, 볼링 동호회 등 다양한 외부 활동을 병행했다. 서서히 삶의 질이 바뀌어 갔다.

여성 인력을 활용해야 한다

이건희 회장은 남들과 다른 사고를 지녔다. 그중에 여성 인력의 중요성이었다. 〈신경영〉의 출발에 맞추어 여성 인력 활용에 대한 자신의 의견을 피력했다.

"어느 동물학자가 실험했는데, 한 이틀 굶긴 쥐 암놈과 수놈 여러 마리를 갖다 놓고 전깃줄을 지나가야 먹이를 먹을 수 있게 해 놓았다. 그러나 막상 실험에 돌입하니, 전기가 찌르르 전해지니 배가 고파도 쥐들이 지나가지 못했다. 수놈은 다 굶어 죽더라. 물론 암놈도 대부분 죽지만 몇 마리는 살더라. 그런데 특이한 일이 일어난다. 새끼를 함께 넣어 놓으니, 한두 번을 망설이다가 세 번째 정도 되면 건너가서 먹이를 물고 오는 것이 아닌가?"

"이게 모성애라는 것이다. 옛말에도 있지만, 불이 나서 애를 안고 나오는데, 평소에는 들 수도 없는 궤짝에 넣어서 나오는 것이 바로 모성의 힘이다. 남자가 힘 세다고 자랑해 봐야 여자의 끈질긴 근성하고는 비교가 안 된다. 우리가 낭비하는 게 무엇인가? 우수한 여성의 힘을 사회에서 안 쓴다는 것이다."

"물론 여성들에게도 책임은 있다. 여자는 회사 들어와서 2~3년 있다가는 다 나가버린다. 으레 여직원들은 가르칠 만하면 시집을 가버리고 없더라는 게 인식이다. 그래서 여자를 안 뽑는 것이 관례화되어 버렸다."

"그러나 세상이 바뀌고 있다. 여성들의 지식수준도 높아지고 있다. 여성들의 구매력도 계속 상승한다. 신문을 보는데도 주부가 결정권을 쥐고 있다. 백화점에서 물건을 사는 것도 전부 여자들이다. 전자제품도 마찬가지 아닌가? 온 사방이 여자 중심으로 되고 있는데, 여성을 활용하지 않으면 어찌 되겠는가? 미래가 없다. 여자들의 심리는 여자들이 더 잘 안다."

여성을 활용하지 않으면 절대 1인당 GDP 3만불로 가지 못한다

이건희 회장은 우리나라에서 처음으로 여성 인력의 활용에 관해 얘기한 기업 회장이자 오너이다. 그가 없었다면 오늘날 여성 인력들의 취업은 한참 더 나중에 일어날 수 있었을지 모른다. 특히나 여성들을 활용하지 않고는 1인당 GDP가 절대 3만 불을 넘어갈 수 없다고 했다.

"여성 인력을 제대로 쓰지 못하는 나라는 절대 개인 GDP 3만 불을 넘을 수가 없다. 인류의 절반이 여자이고, 국내에서 일할 수 있는 절반이 여성이다. 따라서 여성을 우대하지 않으면 1인당 GDP 3만 불을 넘을 수 없고, 여성을 홀대하면 지금 이대로 쳐질 것이다."

정말이지 미래학자가 아니면 볼 수 없는 혜안이다. 그에 발맞추어 삼성전자는 1995년 처음으로 여성 대졸자 공채를 뽑는다. 공채 35기가 그 주인공이다. 한국 기업 역사상 대기업에서 처음으로 여성 대졸자 공채를 진행했다. 그러나 필자와 근무하던 공채 1기들 중 지금까지 남은 사람이 많지 않다. 그때까지만 해도 여성이 육아와 회사 둘 다 잘하기는 어려운 시절이었다.

결국, 천재의 혜안을 가리는 건 현재의 구태다. 그 구태에서 벗어나는 길은 천재의 혜안에 따라 구체적으로 비전을 제시하고 구심점 있게 실천력을 높여 나가야 한다. 회장께서 언급하셨다고 하나, 그 문화가 바닥의 정서까지 스며드는 데는 몇 년이 걸렸다. 〈여성 인력의 중용〉, 특히 그 명제가 더 그랬다.

"몇 년 전부터 여성 인력 뽑으라 했는데, 뽑긴 뽑았는데…… 분위기가 안 맞으니 퇴사를 했을 것이고, 아이 낳는다고도 회사를 나갔을 것이다. 이것은 국가적 낭비다. 사내 어린이집 같은 것을 만들고, 확대해 나가야 한다. 10년 후를 내다보고 투자해야 한다. 그래야 여성 인력이 마음 놓고 근무할 수 있을 것이다. 결국, 회사 이미지도 좋아지고 임직원 사기도 올라가고 회사 경쟁력도 향상될 것이다."

그 이후 회장 말씀에 힘을 더하기 위해, 회사 내부에 유아원을 일류급으로 만들었고, 지금도 추첨을 해야만 들어갈 수 있을 정도로 경쟁률이 세다. 회사 출근하다 보면 우리 후배 여직원이 아이와 함께 손잡고 출근해서 회사 내부에 있는 유아원에 애를 맡기고 같이 사무실에 들어가는 모습을 보면, 절로 웃음이 난다. 이 회장의 혜안에 나도 모르게 웃음이 난다.

여성 인력 우대와 일류 유아원 설립 등 이런 제반의 일들이 회장의 아이디어에서 출발했는지에 대해서, 지금의 젊은 직장인들은 잘 모른다. 누가 가르쳐주지 않았을 것이며 이미 오랜 시간이 흘렀기 때문이다. 지금 삼성전자의 많은 여성 인력들이 회장의 덕을 보며 열심히 회사에 다니며 유리천장을 두드리고 있다.

한편으로 그의 말이 딱 들어맞았다. 한 사람의 천재가 수십만 명을 먹여 살리는 시대가 온다고 하지 않았는가? 그 한 사람의 천재(이건희 회장)가 수십만 명의 여성 인력의 취업전선이 열리도록 만들었으니 말이다.

1등과 2등의 차이

내가(이건희 회장) 왜 선점이 중요하다고 했는가? 1등과 2등의 차이는 무엇인가? 100m 경주에서 0.01초 차이로 1등과 2등이 결정된다. 기업은 어떤가? 수십 년 연구한 개발품도 몇 초 차이로 뒤지면 아무 소용이 없다. 올림픽에서 2등은 은메달이라도 목에 걸지만, 기업 경쟁에서 2등은 아무 돌아오는 게 없다.

반도체에서 8인치는 우리 삼성이 세계에서 제일 먼저 했다. 이것이 잘못되면 1조 원이 날아갈 것을 알았지만, 실패할 수도 있었으나 나는 하라고 허락했다. 모험을 해봐야 남보다 앞서갈 수 있기 때문이다. 1년만 남들보다 빨라지면 2등에 비해 플러스알파가 더 생겨난다. 모든 것을 선점해 들어가면 10배, 15배의 이익은 아무렇지도 않게 낼 수 있다.

그러나 단순히 1년, 2년 안에 얼마의 이익을 더 내느냐 하는 시각으로는 기회를 선점할 수 없다. 5년에서 10년 이상을 내다보고 기술과 사람에 투자해서 시작해야 한다. 이렇게 모든 것을 준비해 가지 않으면, 삼성은 존재할지라도 이익은 내지 못할 기업으로 전락하고 말 것이다.

질(質) 경영은 혁명보다 더한 각오를 해야 가능하다

신경영은 한마디로 〈질 경영〉이다. 이건희 회장은 양보다 질에 대한 애정이 너무나 각별했다. 그 대표적인 것이 휴대폰 화형식이었다. 아무리 얘기해도 말을 안 들으니 극약 처방을 한 것이 〈휴대폰 화형식〉이었던 것이다. 아래는 이 회장의 질 경영에 대한 본인 의견이다.

"내가(이건희 회장) 신영경 이후 지금까지 '이제는 질이다. 질이다. 했는데 과연 질 경영은 어떤 것인가?' 질로 간다는 것은 오른손을 쓰는 사람이 왼손잡이가 되어야 한다는 말이다. 말은 간단하다. 그러나 그게 어디 맘대로 되는가? 오른손이 있는데 무작정 왼손을 쓴다는 게 어디 쉬운 일인가?"

"지금까지는 오른손을 써서 먹고 살 수 있었다. 앞으로도 먹고 살 수는 있을 것이다. 그러나 오른손만 가지고서는 다가오는 21세기에는 일류 기업이 되지 못한다. 1.5류까지는 될지 모르지만 절대 일류는 될 수 없다."

"그럼 오른손을 어떻게 해야 하는가? 병원에 가서 깁스해야 한다. 오른손이 없는 거로 생각해야 한다. 처음엔 어지간히 힘든 일이 아닐 것이다. 양에서 질로 가는 것은 이것보다 더 어렵다. 거창하게 얘기하면 우리 5천 년 역사를 바꾸는 것이고, 짧게 얘기해도 삼성의 반세기 역사를 바꾸는 일이다. 혁명하는 것보다 더한 각오로 해야 한다."

시간과 공간의 장벽이 사라진다 - 재택근무 제안

1993년에 신경영이 시작되었다. 지금 생각하면 아주 까마득한 옛날이다. 그런데도 그 당시 이건희 회장은 생소했던 〈재택근무〉라는 단어를 끄집어냈다. 나도 그때 이 회장 얘기를 들었지만, 실현 불가능할 것으로 생각했다.

또한, 지금은 타워팰리스가 세워진 도곡동 땅은 이건희 회장이 생각했던 복합화의 구상 점이었다. 그래서 그 땅에 100층 이상의 빌딩을 세우겠다고 허가를 요청했으나, 서울시는 끝내 거절했다. 그 결과 이건희 회장이 구상했던, '회사와 집과 쇼핑몰이 한 공간에서 복합화' 하는 전략도 꽃을 피우지 못했다. 그 당시 이건희 회장은 출근 시간도 아깝다고 했고, 결국 정보화 사회에서는 공간 개념이 경쟁력이라는 철학을 갖고 있었다. 아래는 그 당시 주창했던 이건희 회장 생각이었다.

"내가(이건희 회장) 재택근무를 주장한 것도 다 배경이 있기 때문이다. 21세기로 넘어가는 패러다임의 변화가 무엇인가? 그건 정보화다. 산업사회에서 정보사회로 넘어간다. 반도체와 컴퓨터, 광섬유와 인터넷이 세상을 속속들이 변화시킬 것이다."

"지금(1993년)은 자동차를 전용 매장에서 눈으로 보고 손으로 만져보고 시승까지 해보고 산다. 하지만 앞으로는 슈퍼마켓이나 자기 집 안방에서 컴퓨터로 시뮬레이션을 다 해보고, 컴퓨터로 주문하면 공장에서 주문에 맞게 만들어서 고객이 원하는 곳으로 배달하게 된다."

"이처럼 정보화가 빨라지면 시간과 공간의 장벽이 사라진다. 그렇기에 조직과 조직, 개인과 개인을 서로 연결하는 정보 네트워크가 필수이다. 7.4제가 정착되고 나면 재택근무를 해보자고 제안한 것도 컴퓨터와 통신망이 발달하는 정보화 사회로 가고 있기 때문이다."

소프트 인력 2만 명을 뽑아라

천재 이건희의 생각은 남달랐다. 하도 엉뚱한 얘기를 해서 말도 안 되는 상상을 하는 사람인가 싶기도 했다. 하지만 그런 생각이 필자가 나중에 과장 부장이 되고 나니 뻔하게 현실로 다가오는 게 아닌가? 이건희 회장은 미래에 대한 선견은 누구보다도 탁월했다. 다음은 소프트 인력에 대한 이 회장 말이다.

"내가(이 회장) 10년 전(1980년대)에 소프트 인력 2만 명을 뽑으라고 했더니 검토조차 안 했다. 무슨 말인지 이해도 못하더라. 그 당시 SDS 인력이 몇백 명밖에 안 될 때였지만, 앞으로의 시대가 어디로 흘러갈지 몰랐기 때문이다. 그때 소프트 인력을 데려오지 못한 것이 2000년을 목전에 둔 지금 와서 보면 얼마나 큰 기회 상실인가?"

"21세기 정보사회에서는 지적 창의력이 부의 크기와 경쟁력을 좌우하게 된다. 한마디로 두뇌, 그중에서도 소프트 두뇌가 중요해진다는 뜻이다. 지금 당장은 사람이 없으니 해외에서 데려와야 하겠지만 긴 안목으로 볼 때는 우리가 키워야 한다. 20만 명이나 되는 삼성인들 중에는 숨겨진 인재들이 있을 것이다. 이런 인재들을 찾아서 전문가로 키우자. 이 인력들을 세계 최고의 대학이나 연구소에 보내면 반드시 얻는 것이 있을 것이다. 우리 민족은 역사적으로 무수한 발명을 해낸 창조적 집단이다. 잘만 가르치면 무언가 발명해낼 자질이 있다는 얘기다."

"그렇다면 우리가 할 수 있는 일은 무엇인가? 컴퓨터를 만들고 있으니 아이들이 장난감 다루듯이 쓸 수 있는 컴퓨터를 만들어서 싼값에 공급하자. 그리고 컴퓨터 교실 같은 것을 열어서 어려서부터 컴퓨터에 익숙해지도록 해보자. 이런 데에서 이익을 낼 필요는 없다. 아이들이 커서 소프트 인재가 되면 그것이 곧 우리의 이익이고 국가의 이익으로 돌아온다."

실제 삼성전자는 필자가 과장으로 재직할 2000년도부터 〈전 국민 컴퓨터 무상교육 프로젝트〉를 실시했다. 지방 거점별로 컴퓨터 교실을 만들어서 무상으로 교육을 지원했다. 그리고 그런 교육을 받은 아이들이 삼성컴퓨터를 사는데, 일조했고, 사실상 삼성전자도 컴퓨터 판매의 중흥기를 맞게 된다.

그리고 일선 학교에도 〈교단 선진화 프로젝트〉의 목적으로 대형 TV와 컴퓨터를 대대적으로 공급하게 된다. 이때 이익을 남기지 않아도 먼 후세대들이 쓰는 제품이기 때문에 이건희 회장의 지시대로 이익을 거의 남기지 않고 학교에 공급했다.

국제화의 물결이 몰려오고 있다

이건희 회장의 국제화의 생각은 남들보다 한발 앞서갔다. 그 당시에 이미 삼성전자를 글로벌 기업으로 만들겠다는 생각을 머리에 그리고 있었는지도 모를 일이다. 아니 그리고 있었을 것이다. 그렇기에 삼성이 국내 기업이 아니라 국제화 기업으로 거듭나기를 끝없이 독려했다.

"나는(이건희 회장) 10년 전부터 국제화에 대해서 수도 없이 얘기해 왔다. 국제화 물결에서 뒤처지면 자멸한다. 20세기 중반까지 승승장구하던 소련이 몰락한 것도 국제화 경쟁에서 뒤처졌기 때문이다. 소련이 안 먹고 안 쓰고 갖은 노력을 다하여 세계 최강의 군사력을 갖추었을 때는 이미 폭력지배 시대가 끝나고 국제화 시대가 열린 다음이었다. 시대에 뒤떨어지면 자멸한다는 좋은 예를 보여주는 역사의 교훈이다."

"하지만 이런 상황들이 오히려 기회가 될 수 있다. 세계 일류가 되기만 하면 평소 노력으로도 이익이 3배에서 5배까지 커질 수 있다. 바로 메모리 반도체에서 우리가 경험했지 않은가? 이를 뒤집어 보면 결국은 업종별로 한두 품목에서 세계 1등이 되지 않으면 고생은 고생대로 하고도 이익은 나지 않는 상황을 맞이하게 될 것이다."

국제화의 기본 조건은 공존·공영의 정신

이건희 회장은 2000년이 되기도 전인 그 당시에 이미 사회 문제와 환경 문제에 대해 직시하고 있었다. 그 당시는 잘 살면 그만이지, 환경은 무슨? 이라는 것이 국민의 인식 수준이었다. 그러나 그는 우리보다 몇십 년 뒤를 내다보는 혜안이 있었다. 다음은 그 당시 이 회장이 직원들에게 들려준 이야기다.

"내가(이건희) 최근 들어 꼭 들려주고 싶은 이야기가 있다. 바로 그것은 삼성이 국제화하는데 가장 유념해야 할 부분이다. 삼성이 국제화하는 과정에서 절대 자연과 인류에게 피해를 줘서는 안 된다는 점이다. 특히나 우리 삼성이 진출하는 국가의 환경을 헤쳐서는 안 되는 것이다. 우리에게 해로운 것은 그들에게도 해로운 것이다. 그뿐만 아니라 이제는 어느 나라든 환경 보호에 대한 규제가 엄격하여 공해 문제가 사업의 성패를 결정짓게 되기도 하기 때문이다."

"국제사회에서는 상품을 잘 만들고 싸게만 만든다고 해서 반드시 환영받는 것이 아니다. 일본의 사례를 보자. 제일 좋게 제일 싸게 제일 빨리 만드는 게 일본인데 국제사회에서 고립되어 있다. 공존의 철학이 없기 때문이다. 아무리 일본이 강해도 국제사회에서 고립되면 살지 못한다. 더군다나 우리 같은 작은 나라는 국제사회에서 고립되면 하루아침에 그 존재를 위협받는다. 국제화를 하려면 이기주의를 버려야 한다. 그 나라에 가면 그 나라의 법을 따르고 그 나라의 풍습을 따라야 한다."

그 나라를 알아야 물건을 제대로 팔 수 있다 - 지역전문가 제도

글로벌 기업이 되기 위해서는 외국어는 기본이다. 말을 해야 물건을 팔지 말지 결정할 수 있지 않겠는가? 그래서 1년을 아무 일도 하지 말고 그냥 놀아도 좋으니까 해외 특정 지역의 거주지와 생활비를 지원하는 게 삼성전자의 지역전문가 제도였다.

삼성전자가 처음 수출을 시작할 때는, 국내 기업이 다 그러하듯 종합상사인 삼성물산을 통해서였다. 그걸 삼성전자가 1980년대 말에 직접 수출한다고 선언한 게 〈제판일체(제판일체 : 제조한 회사에서 판매까지 책임진다)〉다.

그러나 필자가 근무하던 그 당시 삼성전자에서 외국어를 제대로 할 줄 하는 사람이 몇 되었겠나? 맨날 학교에서 민주화 운동만 하던 세대라 외국어를 배우거나 해외를 나가거나 하는 기회가 없던 시절이었다. 해외여행도 80년대 전두환 정권이 들어서서야 겨우 풀렸다. 그러니까 외국에 가 본 사람이 극히 미미한 시절이었다.

그러하기에 삼성전자 직원 중 영어 근처에만 있으면 다 주재원을 나가는 그런 시절이었다. 그래서 삼성전자 초기 주재원들이 외국어대 출신들이 제법 많다. 그 시절에 외국어대를 졸업한 것은 시대와 발맞추어 그들의 운명도 활짝 펼 기회가 생긴 것이다.

지역전문가에 대한 이건희 회장의 생각은 오래전부터 간절했다. 하지만 지역전문가 제도가 빠르게 뿌리를 내리게 된 데는 이 회장의 직관과 삼성전자의 제판일체라는 두 가지가 더해지고 국제화의 빠른 소용돌이를 헤쳐 나와야 했던 사회 환경까지 세 가지가 접목된 결과였다. 이 당시 이건희 회장은 지역전문가 제도에 대해 아래와 같이 말을 했다.

"국제화, 국제화, 하지만 국제화된 인력 없이는 아무것도 할 수 없다. 그래서 '사람이 필요하다.', '글로벌 인재를 키워라' 숱하게 얘기했는데도 키울 생각을 안 하더라. 지역전문가만 해도 그렇다. 역사를 따지자면 70년대부터 부르짖었던 거로 기억난다. 그때부터 제대로 했더라면 지금쯤 우리 삼성의 국제화 수준이 훨씬 나아졌을 것이다. 그런 기회 손실은 이루 말로 다 할 수가 없는 것이다."

"그런데도 우수한 사람을 지역전문가로 보내는 데는 인색하다. 이 일은 사장들이 직접 챙겨도 시원찮을 텐데 실무자들한테 내버려 두고 있다. 아직도 자격이 안 되는 사람을 파견하는 예도 더러 있는데, 지금 당장은 아쉬울지 몰라도 우수인력을 지역전문가로 키워야 삼성이 국제화되고 세계 일류가 될 수 있다."

필자도 어찌 보면 이 회장의 말처럼 피해자가 된 경우에 속한다. 지역전문가를 보내 달라고 하면, 부서장을 통해 다음에 보내 준다고 얘기를 들은 게 세 번쯤 되는 것 같다. 지금 당장 부서장이나 임원들이 아쉬우니 자기들이 있는 동안에는 우수인력을 안 보내는 게 관례처럼 되어 있었다. 대신 차점자를 보내는 사례가 허다했다. 이걸 어떻게 회장이 알 수 있는가? 그걸 안다는 것만도 대단하다. 하지만 알아도 잘 이행되지 않는 것도 현장의 현실이긴 했다.

지역전문가 제도가 글로벌 삼성의 기초가 되다

"지역전문가를 보낼 때는, 본인도 뭘 모르고 가야 하고, 또 목적도 없어야 하며 1초, 1초 조급하게 뛰어다니게 하지 마라. 지역전문가는 백지상태에서 나가야 더 많은 것을 저항 없이 더 빨리 흡수하게 된다."

이렇게 말한 분이 그 당시 이건희 회장이다. 이런 지역전문가 제도를 발판으로 삼성전자는 직접 수출지역을 뚫어냈고 오늘날 매출 300조의 회사가 되었으니, 이게 다 회장의 선지적 통찰력이 아니었으면 가능한 일이었겠는가? 이런 내부인력의 육성이 없었다면 그 많은 해외 판매 조직을 이처럼 짧은 시간에 확대할 수 불가능 했으리라.

필자가 입사했을 당시 삼성전자 매출은 년간 10조도 되지 않았다. 내가 속한 가전 부문이 그나마 제일 컸고, 그 가전 부문 매출이 내수 합쳐서 4조를 넘지 않았다. 반도체는 매일 적자 보던 시기였고, 컴퓨터는 이익을 내기 어려운 사업이었다. 그리고 통신 부문이라 해봐야 팩스나 복사기를 만들어 팔던 그런 시절이었다. 그런 삼성전자가 30년 만에 50배 정도의 매출 성장과 상상할 수 없는 연간 50조가 넘는 이익을 시현하는 회사로 발전했다.

"지역전문가는 다녀와서는 원래의 목적대로 일을 시키고 있는가? 혹 일본에 다녀온 인력을 바쁘다는 핑계로 유럽 업무에 보내지는 않는가? 인력은 2배 이상 확대하고, 당장 지금의 불편보다 5~10년 후를 생각해야 한다."

이런 식으로 이건희 회장은 중간중간 지역전문가를 챙겼다. 이게 모두 다 길게 보고 큰 인재를 얻기 위함이었으리라. 하지만 필자 본인은, 지역전문가 제도의 혜택이나 주재원 혜택을 한 번도 받은 적이 없다.

그래서 우리 집사람은 필자를 보고 '삼성전자에서 정말 찾아보기 힘든 사람'이라고 입만 열면 잔소리다. 위에도 언급했지만, 없는 핑계라도 만들라치면 몇 번의 기회가 있긴 했다. 하지만 그때마다 상사들이 모두 반대했다.

본인들 있는 동안은 계속 한국에 있는 게 어떠냐고 필자나 인사 부서의 제안을 잘라 버렸었다. 회장 말씀처럼 5년 후 10년 후를 생각하기보다는, 당장 편하게 쓰는 게 더 유용하다고 생각했기 때문일 수 있다.

한 사람의 천재가 10만 명을 먹여 살리는 시대가 온다

회장께서는 시대가 발전할수록 천재 한 사람의 역할에 주목했다. 이런 주장들을 필자는 신입사원 때 신경영의 이름으로 회장의 육성을 직접 들었다. 그중에 하나가 '한 사람이 10만 명을 먹여 살리는 시대가 올 것이다. 반드시 온다.'라고 말한 그 모습을 잊을 수가 없다.

그 당시에는 사실 그 말이 와닿지 않았다. 그러나 시간이 흐르고 보니 그게 무엇을 얘기한 건지 조금은 이해할 거 같다. 〈스티브 잡스〉, 〈일론 머스크〉, 〈래리 페이지〉, 〈마크 저커버그〉 등 이런 천재들을 얘기한 것 아니겠는가? 특히 고전을 보면, 역발산기개세 항우는 본인의 힘만 믿고 범증이 추천한 한신을 제대로 쓰지 못했다. 그러나 유방은 장량이 사전에 약속한 대로 한신에게 파초대원수직을 제수하고 그 한 사람의 천재에 의해 결국 천하를 통일했다.

이건희 회장은 사람에 대한 애정이 특별했다. 그리하여 그 당시(1993년)에 우수인력 확보에 대해 다음과 같이 말을 한다.

"천재가 모여서 서로 경쟁해야만 발명이 나온다. 이것이 미국이 전화기로부터 반도체까지 소프트·하드까지 전부를 점령한 원동력이다. 내가(이건희 회장) 사람에 대한 욕심은 세계에서 제일 많을 것이다. 천재를 전 세계에서 불러 모으자. 우수한 사람들의 머리를 합치자. 한 사람 머리도 무궁무진한데 천 명, 만 명, 십만 명을 모으면 무한의 힘이 나온다."

이런 이 회장의 생각들이 반도체 강국으로 도약하는 계기가 된다. 다음은 반도체 인력에 대한 그의 생각이다.

"소프트웨어 하나를 개발하면 몇십억 달러를 간단히 벌어들이고 수십만 명에게 일자리를 제공한다. 이런 걸 만드는 집단이 회장, 사장보다 힘을 더 가져야 한다. 작금(1993년)에 일본은 마른 수건을 짜고 있고, 우리는 물수건을 짜고 있다. 마른 수건에서 물이 안 나오면 그다음은 두뇌 싸움이다. 그래서 천재가 필요한 시대가 오는 것이다."

현재 성균관대학교 반도체 학과 등은 그 당시 이 회장의 혜안에서 나왔다. 아래는 젊은 인재들에 대한 그의 견해다.

"우리나라에는 천재교육이 없다. 독특한 개성이 있는 아이들도 내버려 두면 개성이 다 죽어 버린다. 어려서부터 우리가 키워보자. 적어도 고등학교 때부터 선발해서 자기 특성을 살릴 수 있도록 지원하고, 무엇을 공부해야 하는지에 대해서 일찌감치 지원하면 얼마나 좋겠는가?"

"기업 하는데 적자를 내는 것이 가장 바보 같은 짓이고 그다음이 사람 뺏기는 것이다. 그런데 장기적으로 보면 사람 뺏기는 것이 더 바보 같은 짓이다."

미국의 반도체 천재들을 데려오다

이건희 회장의 지시를 따라야만 했기에, 2000년 초 삼성전자 인사팀에서는 해외 석박사 뽑느라 정신이 없었다. 사람 뽑는 게 인사팀의 주요 역할로 자리매김할 정도였다. 그 이후로 엄청난 석박사가 삼성전자로 쏟아져 들어왔다.

하지만 필자가 영업에서만 근무해서 그런지, 그때 영업으로 들어온 인력 중 성공한 사례는 별로 볼 수 없었다. 위에서 얘기했듯이, 천재의 혜안이 성공하려면 천재를 따르고 지킬 수 있는 시스템 구축과 실천하는 문화가 있어야 한다.

하지만 기존 조직의 누구도 그런 석·박사를 환영하지 않았다. 오히려 내 밥그릇 뺏으러 오는 공격 대상이라 생각했다. 그래서 기존 인력과 새로운 인력이 화합하는 데 다소 많은 시간이 걸렸다.

오늘날의 삼성전자를 만든 장본인 중에는 회장이 뽑은 천재들이 몇 분 있다. 그중에서도 나중에 장관으로 자리를 옮긴 J 사장이 탑이었다. 그 이후 H 사장, K 사장 등 오늘날 삼성전자 반도체의 역사를 개척한 사람들이 그들이다. 한국 출신 미국 박사들이다.

J가 DM 부문 사장 때 영업부문과 교류회 때 처음 그를 보았다. 업무 교류회 회의실에 카우보이모자를 쓰고 왔다. '디지털 노마드'의 시작을 보여주려 한 것이다. 삼성전자 사장이 재킷 차림에 카우보이모자를 쓰고 회의 석상에 나타난 건 그 당시로는 충격적이었다. 세상은 충격이 충격을 깨운다. 그리고 충격이 세상을 깨운다. 혁신이 혁신을 살려내는 법이다.

이런 이건희 회장의 경영철학은 서서히 삼성의 문화로 뿌리를 내려, 그 인재 제일의 정신이 향후 세계 1등 품목이라는 제품들을 하나씩 늘려가는 계기가 된 것이다.

"21세기는 두뇌 전쟁의 시대이며, 뛰어난 인재를 누가 더 확보하고 있느냐가 국가경쟁력을 좌우하게 될 것이다. 그래서 우수한 인재는 데려오는 것이 아니라 모셔 와야 한다. 유비가 공명을 얻기 위해 삼고초려 한 것처럼 지극 정성을 다해야 한다."

이 회장의 말은 지금도 정말이지 맞는 말이다. 아니 오히려 첨예하게 경쟁하는 지금이 더 정확하게 들어맞는 말인 것 같다. 지금의 삼성전자는 억지로 뽑지 않아도 될 만큼 글로벌 탑 티어 회사가 되어서, 석박사가 스스로 입사하고 있다. 이제는 회사도 글로벌화되어 왕따 같은 것도 사라진 지 오래다. 일부였던 석박사가 이미 대중화의 길로 들어선 까닭이다.

하지만 이회장의 말은 지금도 유효한 것은 마찬가지다. 삼성전자의 수준에 걸맞게 어중간한 석박사는 필요 없을지 모른다. 애플이나, 구글과 경쟁해서 얼마나 우수 인력을 확보하는가가 앞으로의 숙제인 것이다. 이회장이 30년 전에 했던 말은 지금도 여전히 유효하다는 말이다.

신경영이 삼성에 끼친 영향

1993년 이건희 회장이 주창한 '신경영'이 작년에 30년이 되었다. 필자는 그 기간 삼성 내부에서 근무하며 그 역사적인 발전을 모두 경험할 수 있었다. 이건희라는 불세출의 영웅 덕에 필자도 좋은 회사 발전하는 회사에서 덕을 보며 살아왔다.

그리고 이 회장의 말처럼, 나의 발전이 회사의 발전이고, 회사의 발전이 국가의 발전이라는 명제로, 필자도 일부 조금이라도 대한민국의 위상 정립에 일조하였음이 스스로 갸륵하다.

이는 이건희라는 영웅이 만든 신화에 잠시 몇 줄 얹혀 있는 형국이며 필자의 인생이다. 아래는 2023년에 '시사위크'가 신경영 30주년을 맞아 삼성이 이룩한 업적에 관한 내용이다. 그

부분을 발췌해서 독자분들에게 소개하고자 한다.

〈시사위크〉에서는 삼성 신경영 30주년을 맞아, 지금까지 삼성그룹이 걸어온 신경영의 길을 정리한 내용이다.

'마누라 자식' 빼고 다 바꾼 결단에 일류기업으로 발돋움

삼성그룹 신경영이 남긴 가장 큰 발자국은 단연 '반도체'. 현재 삼성전자는 글로벌 메모리 반도체 시장에서 확고부동한 최강자로 군림하고 있다. 글로벌시장조사기관 '옴디아(Omdia)'에 따르면 2분기 세계 D램 시장에서 삼성전자의 매출 점유율은 38.2%로 1위를 차지했다.

삼성 반도체 신화가 시작된 것은, 1974년. 이병철 창업 회장에게 이건희 회장이 사업 건의를 하면서다. 당시 동양방송 이사였던 이건희 회장의 추진 하에 삼성은 그해 12월 '한국반도체' 지분 50%를 인수했다. 인수 금액은 50만 달러. 현재 물가 기준으로 환산해보면 약 100억 원에 이르는 큰 금액이었다.

삼성전자에 따르면 파격적인 한국반도체 인수 이후, 이건희 회장은 끊임없이 임직원들에게 세계 최대 컴퓨터 제조기업 IBM을 분석하고 본받을 것을 지시했다고 한다.

이 같은 노력을 뒷받침으로 삼성전자는 1983년 12월 64K D램을 개발하는데, 성공했다. 이어 1992년에는 64MB D램을 세계 최초로 개발하는데, 성공했다. 이후 △1994년 256MB D램 △1996년 1GB D램 △2001년 4GB D램 △2010년 30나노

(nm) 2GB DDR3 D램 △2019년 10나노 8GB DDR4 D램 등도 모두 최초로 개발하는데, 성공, 세계 최고의 메모리 반도체 기술력 확보에 성공했다.

세트 부문에서도 세계 일류로 발돋움

반도체와 더불어 삼성전자 신경영의 상징으론 '휴대폰'도 빼놓을 수 없다. 1987년 삼성전자 회장으로 공식 취임할 당시, 이건희 회장은 '신수종 사업'을 발굴한다는 목표를 밝혔다. 그러면서 "반드시 1명당 1대의 무선 단말기를 가지는 시대가 올 것"이라며 휴대폰 사업의 중요성을 예견했었다.

특히 이건희 회장은 휴대폰의 '품질'을 강조했다. 프랑크푸르트 선언이 있었던 것도 애니콜 휴대폰 품질 저하에서 비롯된 것이다. 삼성전자는 제품 품질 향상을 위해 '라인스톱제도'도 새롭게 도입했다. 작업자가 생산공정에서 문제점을 발견하는 즉시, 모든 공정을 중단하고 불량 요인을 제거한 뒤 설비를 재가동하는 제도다.

이는 휴대폰뿐만 아니라 반도체, 가전 등 삼성전자의 모든 생산공정에 적용됐다. 이 같은 피나는 노력이 뒷받침된 후, 1995년 8월, 삼성전자 휴대폰 모델인 애니콜은 51.5%를 기록하며 국내 정상을 차지하게 됐다.

이후 삼성전자는 2007년 아이폰을 시작으로 개막한 '스마트폰 시대'에 맞춰, 2010년 '갤럭시S1'을 공개했다. 운영체제

역시 기존 마이크로소프트 기반에서 구글 안드로이드로 바꾸며 소비자 니즈를 반영했다. 그 결과, 현재 삼성전자의 갤럭시 시리즈는 애플 아이폰과 함께 글로벌 스마트폰 시장의 양대 산맥으로 자리 잡았다. 미국 시장조사업체 '카날리스'에 따르면, 삼성전자는 올해 3분기 기준 글로벌 스마트폰 시장 점유율 20%로 1위를 차지했다.

이 같은 신경영 성과는 전문가들이 기업인으로서 이건희 회장을 긍정적으로 평가하는 이유기도 하다. 김재구 한국경영학회장은 18일 개최된 이건희 회장의 3주기 기념하는 국제학술대회서 "이건희 선대회장은 미래 지향적이고 도전적인 경영으로 삼성을 세계적인 초일류기업으로 성장시켰다"라고 평가했다.

로저 마틴 토론토대학교 경영대학원 명예교수도 "이건희 선대회장이 미래에 대한 상상력과 통찰력을 보유한 전략 이론가였다"라며 "통합적 사고에 기반해 창의적 해결책을 만들어내는 능력을 갖춘 통합적 사상가였다"라고 말했다.

4차 산업 시대에 맞춘 AI, 로봇 등 신사업 먹거리 발굴, HBM 등 메모리 반도체 경쟁력 강화, 젊은 세대 니즈를 맞춘 신제품 출시는 이재용 삼성전자 회장이 앞으로 해결해야 할 과제로 꼽힌다.

변화하는 4차 산업시대, 두 번째 '신경영' 준비해야

삼성전자 신경영 성공은 시대의 흐름을 정확히 읽고, 미래

먹거리 사업을 준비해 얻은 결실이다. 다만 이건희 회장을 이어 삼성그룹 총수 자리를 맡게 된 이재용 삼성전자 회장 삼성전자 회장이 넘어야 할 장애물은 더욱 많아질 전망이다. 바로 변화하는 글로벌 IT산업 트렌드다.

아버지 이건희 회장이 메모리 반도체, 스마트폰, 프리미엄 가전 제품군을 바탕으로 강력한 '하드웨어' 산업을 이끌었다면, 이재용 회장은 이제 4차 산업 시대에 맞춰, AI, 로봇, 소프트웨어, 초고속 통신 등 새로운 신산업 영역에서 영향력을 키워야 할 시점이다.

특히 반도체 업계 전문가들은 삼성전자가 자랑하던 반도체 산업 영역에서의 트렌드도 빠르게 바뀌고 있음을 인지해야 한다고 강조한다. 최근 '고대역폭 메모리(HBM)'의 중요성이 급격히 커지고 있기 때문이다. HBM은 여러 개의 D램(RAM) 반도체를 수직으로 쌓아 만드는 반도체다. AI 연산 성능을 극대화할 수 있어, 엔비디아, 구글 등 글로벌 AI 전문기업들의 주문이 쏟아지는 제품이기도 하다. 글로벌 시장조사기관 '모르도르인텔리전스(Mordor Intelligence)'에 따르면 HBM 시장 규모는 올해 20억 4,000만 달러(2조 7,277억 원) 규모로 추산되며, 오는 2028년엔 63억 2,000만 달러(8조 4,505억 원)에 이를 것으로 예상한다.

하지만 HBM 시장에서 삼성전자는 현재 '2인 자'로 밀려난 상태다. 과거 2세대 모델인 'HBM2' 양산을 선점하며 시장 주도권을 가져갔으나, 지난해 4세대인 HBM3 양산 선두를

SK하이닉스에게 내줬다. 글로벌 시장조사기관 '트랜드포스(Trendforce)'에 따르면 지난해 기준 HBM 상위 3개 공급업체는 SK하이닉스, 삼성전자 마이크론으로 각각 시장 점유율은 50%, 40%, 10%를 차지했다.

여기서 격차가 더 벌어질 수 있다는 전망도 나온다. HBM 중 가장 상위 모델인 'HBM3' 제품 생산이 가능한 곳은 SK하이닉스뿐이기 때문이다. 트랜드포스는 "현재 HBM3 제품을 양산하는 업체는 SK하이닉스가 유일하다"라며 "HBM3 채택 고객이 늘어날수록 시장 점유율은 53%까지 높아질 것이며, 반면 삼성전자와 마이크론의 점유율은 각각 38%와 9%로 떨어질 것"이라고 전망했다.

스마트폰 사업의 중추인 갤럭시 시리즈가 젊은 세대에게 인기가 떨어지고 있다는 점도 골치 아픈 과제로 꼽힌다. 여론조사 전문기관 한국갤럽에 따르면 '2023 스마트폰 사용률 & 브랜드, 스마트워치, 무선이어폰에 대한 조사' 자료에 따르면 20대 스마트폰 이용자의 65%는 아이폰을 사용하는 것으로 나타났다.

반면 갤럭시 이용자는 32%에 불과했다. 30대 이상부터는 갤럭시 점유율이 더 높게 나타났지만, 젊은 세대에서의 사용률이 떨어진다는 것은 최신 트렌드를 반영해야 할 스마트폰 시장에서 결코 좋은 신호가 아니다. 지난해 대비 20대 점유율도 아이폰은 13%P 증가했지만, 갤럭시는 12%P 하락했다.

지난 30년 이건희 회장을 필두로 한 신경영은 삼성전자를 세계 굴지의 IT 기업으로 세우는데 혁혁한 공헌을 했다. 하지만 이제 시대가 변하고 있다. 1993년 시작된 이건희 회장의 신경영도 '새로운' 것이 아닐 수 있다. 이제 그 뒤를 잇는 이재용 회장이 '두 번째 신경영'으로 삼성전자에 또 한 번의 기적을 가져올 수 있을지 귀추가 주목된다.

【 혁신 포인트 】 한반도 역사상 최고의 혁신가

① 죽을 때까지 부르짖었던 한 마디, 〈위기의식〉

과거 세계 초일류기업의 영예를 누려오던 기업들이 흔들리고 있다. 3류에서 2류, 1류로 가는 기업들도 있지만, 일류에서 2류, 3류로 떨어지는 기업이 더 많다. 제일 무서운 것이 위기의식이 없는 무사안일이다. 망한 기업 대부분은 자만심에 사로잡혀 있다. 삼성의 문제점이 바로 이것이다. 우리는 자만심에 눈이 가려져 위기를 진정 위기로 생각하지 않는다. 위기의식이 없으면 일류가 될 수도 없고 결국은 망하게 된다.

② 한편으론 〈긍정〉의 힘을 부여하다

이건희 회장은 삼성은 변화할 수 있으며 일류 기업이 될 수 있다고 했는데, 크게 3가지로 그 이유를 나열하고 있다.

대한민국은 원래 우수한 민족이다. 첨성대, 금속활자, 측우기,

한글, 거북선 등에서 볼 수 있듯이 우리 조상들은 지혜가 넘쳤다. 세계에서 가장 교육열이 높은 나라, 세계에서 국민 일 인당 박사 학위 소지자가 가장 많은 나라가 한국이다. 다가오는 정보사회는 지식과 정보, 창조성 등 인간의 두뇌 자원을 잘 개발하고 활용한다면 우리는 분명 일류가 될 수 있다.

삼성에는 인간성, 능력, 애사심 등 모든 면에서 일류의 요소를 가진 사람이 전체의 70~80%를 차지한다. 이 정도면 한 조직을 끌고 가기에 충분하고도 넘치는 수준이다.

③ 마누라와 자식 빼고 다 바꾸라

이 말은 이건희 회장이 맨 처음 주창한 말이다. 대한민국에서 아직도 혁신에 대한 명제 중 가장 선명하게 쓰이고 있다. 마누라와 자식만 빼고 다 바꿔보자고 제안했다. 그 정도로 개인들 스스로가 완전히 바뀌지 않으면 안된다는 말을 한 것이다.

④ 혁신은 '나'부터 시작해서 '간단'하고 '쉬운' 것부터 변화

그렇다면 뭐냐? 바로 나다. 나 자신이 바뀌어야 한다. 내가 변해야 과가 변하고, 과가 변해야 부가 변하고, 부가 변해야 사업부가 변한다. 사업부가 변하면 회사가 변하고, 회사가 변하면 그룹이 변하고, 그룹이 변하면 사회가 변하고, 사회가 변하면 세계가 변하고, 세계가 변하면 인류가 변하고, 인류가 변하면 다시 자기한테 돌아온다.

그러면 어떻게 변할 것인가? 간단한 것 쉬운 것부터 해야 한다.

하루 9시간 자는 사람이면 8시간, 7시간으로 줄여보고, 하루에 세 끼를 먹어서 살이 찌면 두 끼로 줄여도 보자. 변화의 제일 걸림돌이 자기와의 싸움이다. 쉬운 것부터 시작하되 철저히 끝까지 해야 한다.

⑤ 30년 전에 〈소프트〉 시대를 예견

이건희 회장이 여러 번 언급을 했지만, 지금은 모든 것이 하드에서 소프트로 옮겨가고 있다. 상품의 가치도 눈에 보이는 것에서 눈에 보이지 않는 쪽으로 바뀌고 있다. 삼성의 힘을 당분간 무형자산과 기술개발을 확대하는데 집중하자고 하는 것도 이 때문이다. 눈에 보이는 물건만이 상품이 아니다. 서비스도 상품이고 기술도 상품이다. 정보가 상품이고, 소프트가 상품인 시대다.

⑥ 질(質)은 경영의 생명줄

예전에는 양을 늘리는 게 기술이었던 시대였다. 그래도 물건이 없어서 배급하다시피 팔고, 판매대금은 선급이 들어왔다. 그렇게 하다 보니 우리 임직원들의 머릿속에 양(量) 우선이라는 개념이 깊이 스며든 거 같다는 생각이 든다. 하지만 오늘날과 같은 양산조립, 첨단기술, 두뇌집약의 시대에는 양의 의미와 개념을 다시 돌아보아야 한다.

신경영은 한마디로 〈질 경영〉이다. 이건희 회장은 양보다 질에 대한 애정이 너무나 각별했다. 그 대표적인 것이 휴대폰 화형식이었다. 하도 얘기해도 말을 안 들으니 극약 처방을 한 것이 〈휴대폰 화형식〉이었던 것이다.

⑦ 〈고객〉이 중심이 되는 경영

고객 없이 어떻게 삼성이 자랄 수 있는가? 돈 받고 불량품을 시장에 내놓는 것이 미안하지도 않는가? 자기가 만든 제품이 불량품이라는 소리를 듣고도 후회가 나지도 않는가? 옛날 방식으로 사장에게 회장에게 미안하다는 말은 이제 하지 말자. 국민에게 죄송하고 고객에게 미안해해야 한다.

회사의 대표는 회장, 사장이 아니고 고객을 직접 만나는 접점의 사람들, 즉 판매하는 사람, 서비스하는 사람, 전화 받는 사람 등 고객과 매일 매일 부딪히는 사람들이다. 고객 접점에 있는 사람들이 경영 핵심이다.

⑧ 〈디자인〉이 미래의 승부처

21세기 기업 경영에서는 디자인과 같은 소프트 창조력에서 승부가 결정된다. 자동차건 전자건 생산기술의 차이는 계속 줄어든다. 이처럼 기술 수준이 평준화되고 불량률 등이 같아지면 디자인이 경쟁력을 좌우하게 될 것이다. 자동차는 동력 메커니즘이 어떻고, 엔진이 어떻다는 것을 알고서 구매하는 사람은 거의 없다. 대부분이 외관이나 색깔 등을 보고 구매하게 된다.

머지않아 디자인이 소중한 기업의 자산이자 기업 경영의 승부처가 될 것으로 확신하고 있다. '디자인 혁명'이 시급하다고 했던 이유가 여기에 있다. 과거에는 경영 수치로, 지금은 R & D와 설계로 골치가 아프지만, 앞으로는 디자인 때문에 머리가 아파야 한다.

⑨ 일본보다 더 빠르게 시작해야 한다 - 7.4제 도입

좋은 상품이 탄생하려면 그 제품을 만드는 사람의 질이 개선되어야 가능하다고 이건희 회장은 얘기했다. 지금 생각해봐도 보통 사람이라면 그런 생각을 할 수가 없는 그런 영역의 사고를 제안한 것이다. 아래는 그 당시(1993년) 이건희 회장이 언급한 삶의 질에 관한 부분이다.

"내가(이건희) 질경영이라고 했는데, 사실 질경영이라는 게 인간적이고 본질적인 것이다. 따라서 인간 본연의 질, 개개인의 삶의 질이 선행되어야만 경영의 질과 상품의 질이 나올 수 있다."

여기에 일본을 이기려면 일본보다는 더 빨리 하루를 시작해야 한다는 개념도 깔려 있었다. 2등이 1등을 잡으려면 더 많이 노력을 해야함은 당연한 사고니까 말이다.

⑩ 회사 근무시간을 1시간 줄이다

그 당시 삼성전자의 업무 시간은 8시 30분에서 18시 30분까지 총 10시간 근무했다. 이때 점심시간은 공식 업무 시간에서 제외되고, 8시간 근무에 1시간 시간외수당을 받는 구조였다.

하지만 이건희 회장의 생각은 달랐다. 점심시간도 직원들이 회사에 상주하고 있으니까 업무 시간에 산정해 주라고 지시한 사람이 회장이었다. 그래서 지금의 삼성은 8시에 출근하면 5시에 퇴근한다. 삼성에 자극받은 많은 대기업이 그렇게 변했다.

보통의 오너라면 시간을 더 늘려도 시원찮을 판에, 시간을 줄여서 계산하라고 한 것은 감히 엄두를 못 낼 특별함이다. 그렇게 특이하면서도 한 시대를 주무른 사람이니까, 그런 사고가 가능한 것이다.

⑪ 여성을 활용하지 않으면 GDP 3만 불로 절대 가지 못한다

이건희 회장은 우리나라에서 처음으로 여성 인력의 활용에 관해 얘기한 기업 회장이자 오너이다. 그가 없었다면 오늘날 여성 인력들의 취업은 한참 더 나중에 일어날 수 있었을지 모른다. 특히나 여성들을 활용하지 않고는 1인당 GDP가 절대 3만 불을 넘어갈 수 없다고 했다.

⑫ 국내 기업 최초로 회사 빌딩에 유아원을 만들다

이건희 회장 지시로 회사 내부에 유아원을 일류급으로 만들었고, 지금도 추첨을 해야만 들어갈 수 있을 정도로 경쟁률이 세다. 여성 인력 우대와 일류 유아원 설립 등 이런 제반의 일들이 회장의 아이디어에서 출발했는지에 대해서, 지금의 젊은 직장인들은 잘 모른다. 누가 가르쳐 주지 않았을 것이며 이미 오랜 시간이 흘렀기 때문이다. 지금 삼성전자의 많은 여성 인력이 회장의 덕을 보며 열심히 회사에 다니며 유리천장을 두드리고 있다.

⑬ 그룹 총수 최초로 재택근무 환경을 제안

21세기로 넘어가는 패러다임의 변화가 무엇인가? 그건 정보화다. 산업사회에서 정보사회로 넘어간다. 반도체와 컴퓨터, 광섬유와 인터넷이 세상을 속속들이 변화시킬 것이다.

이처럼 정보화가 빨라지면 시간과 공간의 장벽이 사라진다. 그렇기에 조직과 조직, 개인과 개인을 서로 연결하는 정보 네트워크가 필수이다. 7.4제가 정착되고 나면 재택근무를 해보자고 제안한 것도 컴퓨터와 통신망이 발달하는 정보화 사회로 가고 있기 때문이다.

⑭ 지역전문가 제도가 글로벌 삼성의 기초가 되다

지역전문가를 보낼 때는, 본인도 뭘 모르고 가야 하고, 또 목적도 없어야 하며 1초, 1초 조급하게 뛰어다니게 하지 마라. 지역전문가는 백지상태에서 나가야 더 많은 것을 저항 없이 더 빨리 흡수하게 된다. 이렇게 말한 분이 그 당시 이건희 회장이다.

이런 지역전문가 제도를 발판으로 삼성전자는 직접 수출지역을 뚫어냈고 오늘날 매출 300조의 회사가 되었으니, 이게 다 회장의 선지적 통찰력이 아니었으면 가능한 일이었겠는가? 이런 내부 인력의 육성이 없었다면 그 많은 해외 판매 조직을 이처럼 짧은 시간에 확대할 수 불가능 했으리라.

⑮ 한 사람의 천재가 10만 명을 먹여 살리는 시대가 온다

회장께서는 시대가 발전할수록 천재 한 사람의 역할에 주목했다. 이런 주장들을 필자는 신입사원 때 신경영의 이름으로 회장의 육성을 직접 들었다. 그중에 하나가 '한 사람이 10만 명을 먹여 살리는 시대가 올 것이다. 반드시 온다.'라고 말한 그 모습을 잊을 수가 없다.

    그 당시에는 사실 그 말이 와닿지 않았다. 그러나 시간이 흐르고 보니 그게 무엇을 얘기한 건지 조금은 이해할 거 같다. '스티브 잡스', '일론 머스크', '래리 페이지', '마크 저커버그' 등 이런 천재들을 얘기한 것 아니겠는가? 오늘날의 삼성전자를 만든 장본인 중에는 회장이 뽑은 천재들이 몇 분 있다. 그중에서도 나중에 장관으로 자리를 옮긴 J 사장이 탑이었다. 그 이후 H 사장, K 사장 등 오늘날 삼성전자 반도체의 역사를 개척한 사람들이 그들이다. 한국 출신 미국 박사들이다.

2. 이병철 혁신

1991년 필자가 처음으로 삼성전자에 입사했을 때, 회사의 경영이념은 〈사업보국, 인재 제일, 합리 추구〉 3가지였다.

이는 삼성그룹을 만든 창업회장이 만든 경영이념인데, 필자가 입사하던 그 때가지 그대로 이어 왔다. 창업회장 타개 이후 삼성그룹은 1998년 〈제2 창업 선언〉, 1993년 〈신경영〉 등이 이어짐에 따라 회사의 경영이념이나 슬로건이 바뀌었다.

슬로건이 바뀔 때마다 몇 번을 외우고 쓰는 작업을 했는데도, 지금 정확히 기억나지 않는다. 내가 머리가 나빠서 그럴 수도 있고, 새로 만든 경영이념이란 것이 좀 복잡했을 수도 있는데, 이건희 회장은 한마디로 〈신경영〉이라고 했고, 이 한마디가 경영이념으로 이해하는 게 훨씬 편할 수 있다.

이병철 회장의 경영이념은 단순하고 명료했다. 〈사업보국~인재 제일~합리 추구〉 딱 세 가지이다. 간단하면서도 오너의 경영철학을 잘 이해할 수 있다. 까먹으려 해도 까먹기가 쉽지 않다. 사자성어 3개, 단 12자밖에 되지 않으니까 말이다.

이에 입사했을 그 당시 회사의 경영이념에 대해, 필자가 회사에 다니면서 직접 보고 느껴왔던 점을 간단히 설명하고자 한다. 이건 회사가 직원들에게 별도로 교육을 한 교과서적인 부분보다는, 순전히 필자가 개인적으로 느낀 점을 수필 형식으로 얘기하는 것이니 오해 없길 바란다.

대한민국 최고의 부자가 태어나다

1910년 경남 의령군에서 경주 이씨 판전공파로 태어났다. 이씨 집안은 이병철이 태어날 때부터 만석꾼의 집안이라, 꽤 나 부유한 유년기를 보낼 수 있었다. 1922년 3월 지수공립보통학교에 편입해 그해 9월 경성부 수송공립보통학교에 전학하여 졸업하였으며, 1926년 열일곱의 나이로 3살 연상의 아내 박두을과 혼인했다. 이때 박두을의 집안이 이병철 집안보다 부유했다고 알려진다.

1929년, 서울 종로의 중동학교(당시는 중고등 통합)를 26회로 졸업하고 이어 1930년 4월에 와세다대학 정경과에 입학했으나, 일본 유학 생활 중 건강 악화로 학위는 중도에 포기하고 조선으로 돌아왔다. 이후 1970년에 이르러 와세다 대학 명예박사 학위를 받았다. 또한 와세다 대학 한국동창회(현 한국교우회) 활동도 열심히 해서 후배 롯데 신격호 회장, 박태준 포스코 회장 등을 엄청 챙겼다. 본인은 훗날 학창 시절에 대해 중퇴하긴 했지만 수학은 제법 했으며 일본인 등 동기들에게 지는 걸 싫어했다고 회고했다.

본격적으로 사업을 시작하다

1936년 부친에게 지원받은 토지를 기반으로 마산에서 협동정미소를 창업한다. 정미소 사업을 발판으로 그 이후 운수업에도 진출했다. 또한 사업을 확장해서 부동산업에도 진출했으나 일본이 전시 체제로 전환되면서 대출이 중단되어 마산에서 시작한 사업은 망하게 된다. 이병철은 이를 정리한 후 남은 돈과 부친의 지원으로 다시 한 번 새 사업을 계획하게 된다.

새로운 사업을 구상하기 위해 중국과 만주를 돌아본 그는 만주와 조선간의 중계무역을 하리라 결심한다. 이에 1938년 대구에서 조홍제, 허정구 등과 함께 지금의 삼성그룹의 시작이라 할 수 있는 삼성상회를 설립한다. 이때 삼성을 일으킨 것이 제분업과 제면업으로, 이후 유명해지는 별표국수가 대구에서 이름을 날리며 자리를 잡게 된다. 이후 더욱 사업을 확장하여 건어물, 과일 유통 무역으로 진출하여 사세가 크게 성장한다. 1942년에는 조선양조를 인수하고 서울 쪽으로도 진출해 사업을 확장한다.

제일제당과 제일모직을 창립하다

1953년 삼성물산에서 모은 자금으로 제일제당(CJ그룹의 전신)을 설립하고, 이어서 1954년에는 제일모직을 설립하게 된다. 이 때부터 본격적인 그룹 규모의 사업을 펼치기 시작한다. 당시만 해도 손님에게 설탕을 탄 물을 대접할 만큼, 시장에서 고급 기호품으로 귀하신 몸 대접을 받는 설탕 값을 낮추는데 기여했다. 더구나 제일모직의 양복 사업은 품질관리 부족과 이미 시장을 선점한 외국 제품의 영향으로 고전을 면치 못했으나 1957년 정부의 모직물 수입 금지 조치 수혜 등을 입으며 국내 시장에서 성장하게 된다.

본격적으로 사업을 다각화하다

1966년 대한암협회장으로 있으면서 고려병원을 설립했다. 이는 나중에 삼성병원으로 변한다. 대구대학은 포기했지만 성균관대학교를 인수해 이사장을 지내기도 한다.

1974년에는 울산에 '삼성석유화학'을 설립했고, 1977년에는 조선소를 인수하여 '삼성중공업'을 창립한다. 여기에 오늘날 삼성물산 건설부문의 전신인 '삼성종합건설주식회사'도 설립한다. 이후 방위산업에도 진출하여 '삼성테크윈(현 한화에어로스페이스)'을 설립한다. GE와의 기술제휴로 최초의 국산 제트전투기인 KF-5를 생산한 회사가 바로 삼성테크윈이다.

21세기 일류기업인 삼성전자가 설립되다

삼성을 대표하는 삼성전자는 1969년 창립되었다. 이병철이 1967년 전자산업에 진출하겠다고 밝히자 금성사(현 LG전자) 등 정재계에서 반발이 있었다. 이에 이병철은 삼성전자는 'TV,

라디오, 냉장고 등 생산품 중 극히 일부만 국내에 공급하고 나머지는 전량 수출한다'는 조건으로 정부로부터 사업허가를 받았다.

1969년 1월 13일 현 삼성전자의 전신인 '삼성전자공업'이 설립되었다. 처음 시작할 때 직원 수는 고작 36명이었다. 삼성전자 신화를 일으킨 대표적인 인물인 윤종용 전 부회장 등이 이때의 창립멤버다. 이때만 해도 삼성전자는 첫해 매출이 3,700만원에 불과할 정도로 오늘날 삼성전자와는 비교도 안 되는 작은 규모였고, 국내에서도 금성사(현 LG전자)에 게임도 안되는 후발주자였다.

1970년대에 삼성전자가 수원에 새 공장을 지을 때 43만 평 규모로 지으려고 했는데, 이때 임원들이 회사 규모에 비해 공장 부지가 너무 크다고 반대하자 이병철은 이렇게 말하며 43만 평을 고집했다. "일본 히타치 공장이 40만 평인데, 그것보다는 커야 하지 않겠나? 우리가 사업을 했으면 언제고 일본 기업을 이겨야 될 거 아이가? 그러니 저기보다 3만 평이라도 더 커야 하는 건 당연한 거 아이가? 안 그렇나? 어디 내 말이 틀렸나?"

반도체 진출을 결심하다

삼성의 반도체 산업 진출은 1974년 이병철의 3남 이건희가 반도체 산업 진출을 위해 사재를 털어 한국반도체를 인수한 게 최초의 시도였다. 그러나 한국반도체가 경영 위기를 맞자 이병철이 삼성전자로 하여금 한국반도체를 인수하여 회생시키게 된다.

당시 삼성반도체는 말만 반도체 회사였지 트랜지스터 생산이나 겨우 하는 기술 수준에 그쳤다고 한다. 이병철은 삼성반도체 회생 과정에서 NEC에 자문을 요청했으나 거절당했고 기술 협력 요청마저 NEC가 거절하자 대체 반도체가 뭐길래 NEC가 이렇게 나오는지 의문을 가지기 시작했다.

그 후 몇 년 동안 여러 반도체 전문가들의 말을 경청하며 정보를 입수해 반도체 산업의 전망을 예측해 내린 결정이었다. 하지만 이미 미국, 일본 업체들이 선점한 상황에서, 세계 1등 수준이 되어야 승부를 걸 수 있는 사업에 뛰어든다는 건 그때나 지금이나 도박과 다름없었다..

드디어 64K Dram을 만들다

1983년 3월 이병철은 삼성의 반도체 사업 진출을 공식화했고, 기술진 확보를 위해 미국에 있던 유학파들을 대거 스카우트했다. 원래는 미국 마이크론 테크놀로지로부터 기술 이전을 받기로 했었으나 실제로 마이크론에 가보니 마이크론 측의 태도는 매우 적대적이었고, 단 2명만이 마이크론 사내에 들어 갈 수 있었으며 나머지는 출입도 못했다고 한다. 들어간 2명마저도 제대로 된 연수는커녕 질문도 받지 않았으며 정해진 시설을 눈으로만 볼 수 있을 뿐이었다. 기초적인 D램 기술 자료를 받은 것 정도가 전부였다.

　결국 삼성은 자체 개발하기로 방향을 틀었고, 연구진들이 거의 맨땅에 헤딩하는 각오로 밤낮으로 매달린 결과 불과 1년도 안되어 1983년 11월 64K D램을 개발하는데 성공했다. 세계 3번째 개발이었다. 삼성이 이렇게 단기간에 해낼 것이라 누구도 예상치 못했기 때문에 당시 세계 반도체 업계는 큰 충격을 받았다. 이때 개발한 64K D램은 국가등록문화재로도 등록되어 있다.

1M Dram으로 전환점을 맞다

　1984년 10월, 악몽의 덤핑 공세가 시작되었지만 삼성은 아랑곳없이 256K D램 개발에 성공하고, 1986년에는 1Mb D램을 출시하면서 전환점을 맞이한다. 비록 개발 전후에 적자를 보더라도, 확고한 기술력과 관리 능력이 갖춰진 이상, 사업이 본 궤도에 오르는 건 시간문제였기 때문이다.

　특히 256K D램 제품은 시장 출시 1년 만에 세계 D램 시장의 1/10을 점유, 64K D램으로 적자를 보는 와중에도 삼성전자는 시장에서 반석 위에 올라설 수 있었으며, 이후 이건희 회장에 이르러선 미국, 일본의 선두주자들을 차례로 추월하고 세계 최고의 반도체 글로벌 기업으로 꽃피게 된다.

반도체에서 세계 최강국으로 올라서다

　삼성전자는 1989년에 16Mb D램을 세계 2번째로 개발하여 1위 기업과의 기술 격차를 1개월까지 줄이게 된다. 이후 1992년에는 64Mb D램을 세계 최초로 개발하는데 성공한다.

　이때부터 삼성반도체는 명실공히 세계 부대에 최고 반열로 올라서게 되고, 그 이후로 256Mb, 1Gb D램을 모두 세계 최초로 개발한다.

한국 자본시대의 최초이자 최고 부자가 잠들다

　말년에는 평소 흡연을 즐겼던 것이 원인이 되어 폐암이 발병하게 되는데, 일반적인 경우보다 상당히 빠르게 진행되었다. 실제로 말년의 모습에선 이런 건강 문제가 그대로 나타나고 있다. 말년의 여러 인터뷰에선 거동이 자유롭지 못하며 목소리가 거칠고 발음이 정확하지 않은 모습을 보인다.

　결국 10년에 가까운 투병 생활 끝에 1987년 11월 19일 저녁 5시 5분, 서울 이태원동 자택에서 77세로 사망한다. 정부는 이병철에게 국민훈장 무궁화장을 추서하고, 11월 23일 호암아트홀에서 영결식을 거행하였다. 시신은 용인자연농원(현 에버랜드) 부지에 안장되었다.

[이병철의 경영이념 분석]

① 사업보국
사업보국은 이병철 회장의 신념

이병철은 사업을 통해 사회에 이바지한다는 〈사업보국(事業報國)〉의 신념을 삼성그룹의 제1의 경영철학으로 삼았다. 이후 기업을 일으키고 경영하는 데 있어 일관된 기업관이 되어 왔다. 그러나 사회의 이해를 제대로 얻지 못한 채 '돈만 번다.'라는 비난까지 사기도 했다. 하지만 〈고난의 길〉을 가야만 하는 출발점이 사업보국이기도 했다고 이병철은 이후에 회상했다.

이병철이 회사를 설립할 당시의 사회에서는 배곯는 사람이 많은 시절이었다. 필자도 유년기를 시골에서 자랐다. 국민학교(지금은 초등학교) 시절, 등교 전에 가족들과 아침을 먹고 있으면 대문 밖에 거지들이 밥을 달라고 구걸을 오곤 했다. 지금은 믿기지 않겠지만, 그때는 구걸하고 동냥하던 거지가 많던 시절이었다.

그들이 들고 다니는 밥그릇은 영화에 나오는 박 바가지 같은 것이 아니라, 양철 페인트 통을 들고 다녔다. 아마도 깨지지 않고 물에 씻기도 좋아서 그랬을 것이다. 그럴 양이면 어머니는 밥 몇 술과 반찬을 얹어서 동냥을 온 사람들의 페인트 통에 골고루 담아 주곤 했다. 우리 집이 잘살아서 밥을 나눠주는 게 아니었다. 그때는 다들 나눌 줄 아는 훈훈한 정이 많던 시절이었다.

의식주가 인간 본연의 중심이다

이병철 창업 회장은 기업이 잘되면 나라가 부강해지고, 나라가 부강해지면 백성들이 잘 먹고 잘살 수 있을 거란 믿음을 가지고 있었다. 그가 회사를 설립할 때 기준은 의식주가 바닥에 깔려 있었다고도 볼 수 있다. 삼성상회 설립 이후, 먹고 사는 것이 가장 우선이라 생각하시어 만든 회사가 제일제당이다. 물론 나중에 사카린 밀수사건 등 일부의 잘못된 관행이나 문제도 있었지만, 회사를 창업하고 주창하신 이념 즉 백성을 잘 먹게 하고 싶다는 그의 뜻은 고결하다.

다음은 백성들이 따뜻하게 입어야 한다는 신념으로 만든 것이 제일모직이다. 그 당시 우리나라는 직접 직물을 생산할 수 없었고 100% 수입에 의존했다. 그러니 양복 한 벌 가격이 엄청나게 비쌌다. 당시 한국에서는 오로지 겨울에는 목화솜으로 옷을 만들거나, 여름에 모시나 삼베로 만든 옷이 대부분이었다. 그것을 대중화시키기에는 한계가 있었다. 아마도 그런 구휼(救恤) 정신으로 만든 회사가 제일모직이라고, 언뜻 선배들에게 필자가 들은 기억이 있다.

마지막으로 국민의 안락한 주생활, 미래 자원인 어린이들이 마음껏 뛰놀 수 있는 놀이공원인 자연농원이다(지금은 에버랜드로 회사 이름이 바뀐 상태다). 물론 지금 세대들은 땅값으로 얼마를 벌었다 얘기하면서, 결국, 땅 투기로 돈 버는 것 아니냐고 의문을 던졌다.

하지만 필자는 그 당시 순수한 그분의 진심을 믿는다. 왜냐하면, 그 당시는 땅 투기로 돈을 벌 수도 있지만, 돈만 있으면 아무 데나 투자했어도 돈벌이가 잘 되던 시절이었다. 세계에서도 잘 나가던 개발도상국의 발전 초기 시대였기 때문에 가능한 일이다.

의식주를 지나서 반도체 다음의 먹거리는?

인간의 생활은 의·식·주에서 시작한다고 초등학교에서 배운다. 그래서 의식주가 인간 사회의 시작이자 마지막이라고 할 수 있다. 만약 이병철 회장이 지금까지 살아 있었다면, 의식주 다음 사업은 무엇을 해야 한다고 판단했을까? 물론 산업의 쌀이라고 하는 전자나 반도체가 있지만, 전자나 반도체 이후의 주력 산업을 무엇으로 했을까 하는 질문을 드리고도 싶다.

정녕 반도체 다음 사업 아이템을 통해 국민에게 돌려주려 한 열매는 무엇이었을까? 지금이라도 이병철 그의 혜안을 빌려올 수 있다면, 미래를 준비하는 우리 세대들에게 조금 더 큰 비전과 미래를 제시할 수 있지 않았겠나 하는 생각이다.

과연 어떤 기업의 사명이 국가를 부강하게 하고, 국민의 배를 불리며, 국민을 따뜻하게 하는 것이 더 은혜롭다고 정의했을까? 시대와 세상이 많이 변했다. 현대사회에서는 배고픈 이도 거의 없고, 헐벗은 이도 없다. 하지만 그 당시 시대 상황에서 국민의 의식주에 대한 고뇌와 혜안을 쏟아낸 삼성그룹 창업주야말로 대단한 분이었다.

얼마 전 쑨양그룹 진양철 회장이 나온 TV 드라마가 있었다.

그는 기업 자체를 본인 자식과 같다고 판단했다. 그래서 기업을 지키기 위해서는 그 어떤 자식보다 기업 자체를 우선시한다. 아마 창업 회장께서도 그런 정신이야말로 기업을 지키기 위한 가장 중요한 바로미터라고 판단하지 않았을까.

② 인재제일
내(이병철) 최고의 자산은 인재다

이병철은 사람 욕심이 많아 〈삼성의 최고 자산은 인재〉라고 말할 정도로 인재 양성에 아낌없이 투자했다. 진대제, 이윤우를 비롯해 이임성(샤프전자 고문), 이상준(미국 자일록 기술 개발 책임자), 이일복(전 인텔 근무), 이종길(미국 인터실, 사이너텍 CMOS 제조수율 개선 기술자), 박용의(미 웨스턴디지털, 인텔 메모리 설계 기술자)로 대표되는 박사급 인재들을 데려왔다.

삼성의 반도체 신화와 〈황의 법칙〉을 만든 황창규 사장이 삼성에 입사한 초창기 시절 이야기는 다시 한번 이병철의 큰 품을 느낄 수 있다. 황창규는 미국에서 생활하듯 청바지 차림으로 첫 출근을 했고, 그런 그를 용인하며 두둔했다. 그리고 그를 야단치려고 하는 선배 임원들을 말리기도 한 일화는 지금도 유명하다.

생전의 이병철은 "내 생애의 80%는 사람을 뽑고 관리하는 데 보냈다. 1년의 계(計)는 곡물을 심는 데 있고, 10년의 계는 나무를 심는 것이며, 100년의 계는 사람을 심는 데 있다."라고 말할 정도로 인재 선발과 관리를 매우 중시했다.

여공(女工)에게도 최선의 관심을 기울어야

1954년 제일모직 공장을 지을 때는 와세다대학 재학 시절에 읽고 충격을 받은 〈여공애사(女工哀史)〉의 영향으로 사원들의 기숙사를 짓는 데도 공을 들였다. 이병철은 제일모직 공장을 대구에 세울 때 공장보다도 기숙사를 먼저 만들었다. 이는 생산직 근로자를 위한 국내 최초의 기숙사였으며, 방에는 스팀 난방이 들어오고 목욕탕, 세탁실, 다리미실, 미용실이 있는 등 당대로서는 매우 파격적인 시설이었다. 또한, 여공들의 급여 또한 좋아서 당시 제일모직 근로자의 증언에 따르면 월급으로 동생들의 학비와 다섯 식구 생활비까지 충당 가능했다.

1956년 삼성물산이 대졸 신입사원을 공개 채용한 이래 1987년 세상을 떠날 때까지 사원 선발 최종면접에 반드시 참여하는 것으로 유명했는데, 회장이 O를 친 사람은 반드시 채용, 〈 〉표시를 하면 면접 위원들이 알아서 처리할 사람, X표는 뽑지 말아야 할 사람이었다는 후문이다. 후문에는 이병철 회장이 관상을 좋아했는지 회장 옆에 일본의 골상학(骨相學) 전문가나 국내 유명 관상가를 동석한 적도 있었다 한다.

어느 기업이든 최고경영자를 잘 두어야 기업이 잘 굴러간다고 확신했기 때문에, 신입사원을 뽑은 후에는 가능하면 본인이 생각하는 최고경영자의 요건을 충족시킬만한 능력을 갖추도록 교육에 무척 신경을 썼다고 한다. 그 요건이란, 1. 덕망을 갖춘 훌륭한 인격자여야 한다. 2. 탁월한 지도력을 갖추고 있어야 한다. 3. 신망(信望)을 받는 인물이어야 한다. 4. 창조성이 풍부한 인물이어야 한다. 5. 분명한 판단력이 있어야 한다. 6. 추진력이 있어야 한다. 7. 책임을 질 줄 알아야 한다.

필자는 이렇게 삼성전자 면접을 통과했다

필자는 대학교를 졸업하던 해인 1991년에 삼성전자에 취업했다. 이력서를 단 한 번 쓰고, 면접을 단 한 번 보고, 단 한 회사만 31년간 다녔다. 잠깐 지면을 빌려 그 당시 회사를 들어가기 위한 면접에서 내가 얼마나 우스꽝스러운 소리를 했는지 잠시 소개하고자 한다.

삼성전자는 대졸 면접을 볼 때, 간부 면접과 임원진 면접으로 나누어서 본다. 간부 면접은 기술(스킬)평가를 하고, 임원 면접은 품성평가를 한다. 그 당시 간부 면접에 나온 분은, 지금은 작고하신 인사팀 L 과장이었다. 안타깝게도 그는 젊은 시절에 요절했다.

그는 내게 "만약에 입사하면 무슨 부서로 가고 싶냐?"고 물었다. 난 그때까지 회사 내부생활에 대해서는 무지했던 터라 어떤 부서가 무슨 일을 하는지 잘 몰랐다. 특히나 부서명은 알리 만무했다. 그 순간 며칠 전 선배를 만나서 점심을 먹은 적이 있었는데, 그 선배 명함에 업무팀이라 적혀 있던 걸 기억해냈다.

그래서 나는, "업무팀에 가고 싶습니다."라고 대답했다. 그러자 L 과장은 "업무팀이 뭐 하는 곳인지는 알고 그러냐?"고 했다. 사실 단순히 명함을 보고 즉답을 한지라 다음 질문에 대한 답변이 막막했다. 그래서 나는 "업무팀은 업무를 보는 곳이 아닙니까?"라고 대답했고 L 과장은 파안대소했다. 그런데 기술면접을 통과시켜 주었다. 나에게는 참 고마운 분이었다.

그리고 다시 임원진 면접이었는데, 그때는 세 분의 임원이 참여하였고(당연히 그분들의 성함은 몰랐다) 여러 가지 질문을 하였다. 면접 후보자들은 5명이 한 번에 들어가 나란히 앉아 면접관 3명과 대면 질의하는 구조였다.

그 중에 한 분이 "회사에 들어오면 뭐가 되고 싶냐?"고 질문했고, 난 뭐라고 대답할까 계속 고민 중이었는데, 옆 동료가 '앞에 계신 분들처럼 중역이 되고 싶다'고 했다. 그 때 난 중역이란 단어를 처음 들었고, 그건 아마도 임원을 지칭하는 것으로 이해했다. 곧이어 내 차례가 되자 "저도 이 회사의 중역이 되고 싶습니다" 라고 대답했다. 옆 친구 의견을 보고 베꼈는데도 다행히 합격을 시켜주었다. 다시 또 고마운 일이다. 나중에 임원이 되고 나서 대졸 면접을 많이 해 보았다. 그때 면접 후보자들에게 가장 요구되는 덕목이 품성이다. 임원들은 짧은 대화 속에서 회사에 해(害)가 될 사람인지 아닌지를 구별해 내려 한다. 아마도 그 당시 그 임원분들도 필자랑 대화를 하는 와중에 '착하고 배신하지 않을 거 같은' 품성을 보았으리라.

내가 키운 인재들이……

필자의 책상 옆에는, 필자가 과장이 된 이후 임원으로 은퇴하던 그날까지 언제나 A4 한 장이 붙어 있다. 그 백색 지에는 다음의 구절이 인쇄되어 있다.

'내가 키운 인재들이 성장하면서 두각을 나타내고 좋은 업적을 쌓는 것을 볼 때, 참 고맙고 반갑고 아름다워 보인다.'
_호암 이병철

이병철 회장 말씀 중에 필자가 가장 좋아하는 구절이다. 필자는 31년 동안 이 말을 지키기 위해 부단히 노력했다. 필자 스스로가 선배와 후배들에게 누가 되어서는 안 된다 생각했고, 후배들을 어떻게 육성할 것인가에 내 직장생활의 70%를 걸었다. 자기를 위해 30%를 쓰고 후배들을 키워내기 위해 70%를 쏟았다. 창업 회장의 말씀대로 후배들이 잘되면, 참 고맙고 반갑고 아름다워 보일 거라 생각했다.

삼성은 이런 창업주의 정신에 따라 용인 연수원 원장은 아직도 창업주이시다. 따라서 현직에서 살아 있는 사람의 최고 보직은 부원장이다. 그리고 용인 연수원 용지에는 삼성생명 연수원, 호암관, 창조관 등 삼성그룹 교육을 대표하는 여러 연수원이 있다. 그리고 모든 직원은 승진, 승급할 때 정기교육을 이수하고 모든 신입사원은 그곳에서 한 달간 합숙 생활을 한다.

필자는 연수원 들어갔을 때 학교 앞에서 자취하고 있었다. 그런데 연수원에 가니 2인 1실에 책상 2개, 목욕탕까지 딸려 있었다. 한마디로 필자가 자취하는 방보다는 서너 배 좋았다. 그리고 밥은 삼시 세끼 공짜로 줬다. 게다가 학교 구내식당 1,000원짜리 식사보다 맛있기까지 했다. 그런 연수원에서 모든 직원의 품성에서부터 스킬까지 함양한다. 이런 〈인재 제일〉 정신이야말로 오늘날 삼성그룹을 이끈 가장 밑바탕 토대가 아니었겠나.

직원들 일 시키면서 밥 굶게 하지 마라

회사에 다니면서 선배들에게 주워들었던 말을 한 번 전하려 한다. 그 내용은 다음과 같다. 삼성전자는 직원들 밥 먹는데 돈을 아끼지 않는 편이다. 다른 건 몰라도 식사에 대해서는 후한 편이다. 이런 문화가 정착된 계기에는 이병철 회장의 넉넉함이 오늘날까지 이어졌다고 들었다. 선배들이 곧잘 이런 표현들을 썼다.

'창업 회장께서는 일하는 직원들 배곯게 하지 말고 넉넉히 먹여가며 일 시켜라'고 강조하셨다 한다. 그래서 삼성은 회의비(식사나 음료비 등)가 부족하지 않게 주어진다 했다. 특히 야근하는 직원들에 대한 배려는 더욱 그러하다. 신입사원 시절 저런 주옥같은 얘기를 들을 때마다 회장의 넉넉한 자애와 품성에 존경이 절로 인다.

필자도 직장을 다니는 동안, 다른 거래처에 걸식하거나 구걸을 해 본 적은 없다. 비즈니스상 발생하는 식사비에 대해서는 웬만하면 거의 지원을 해주기 때문이다. 내가 지금 말하고 있는 존경이 비단 돈 때문만은 아니다. 밥 한 끼 정도는 내 돈으로 사 먹어도 상관은 없다. 하지만 회장의 한마디는 듣는 순간부터 존경심을 불러왔다.

'일하는 직원들 밥 굶기며 일시키지 마라'

이런 조그만 것에서부터의 오너의 배려심이, 애사심이 되고 조직 퍼포먼스로 발전한다. 오너가 종업원을 머슴으로 대하면 종업원도 주인을 급여를 주는 그 이상 이하도 아니게 대하게 된다. 그러나 종업원을 자애로써 대한다면 종업원은 오너를 존경으로 대할 것이다. 이심전심, 그런 이치다.

의인물용 용인물의(疑人勿用 用人勿疑)

필자의 책상 위에는 '내가 키운 인재들이……' 말고도 한 가지 구절이 더 있다. 이는 이병철 회장이 살아생전에 좋아했던 문구였고, 필자도 그 정신을 본받으려 노력했다.
'의인물용 용인물의(疑人勿用 用人勿疑)'
_'송사'에 나오는 이야기다.

이병철 회장은 평소에 이 같은 말을 많이 했다. 사람을 뽑을 때 제대로 뽑고, 한 번 뽑았으면 의심하지 말고 써야 한다. 나는 이 말이야말로 부서장이나 부서원들이 곱씹어 보아야 할 문구라고 생각한다. 신뢰는 믿음을 낳고, 의심은 불신을 낳기 때문이다.

삼성은 학벌보다는 실력으로 승부

끝으로 창업 회장이 주창하신 인재 제일 기치 아래, 삼성전자는 사람을 쓸 때 실력을 최우선으로 한다. 그래서 유난히도 SKY 출신이 아니라 지방대 출신 CEO들이 삼성전자에 많은 이유다.

필자가 아는 분 중 영남대를 나온 H 사장, 청주대를 나온 P 부회장, 인하대 출신 L 부회장, 광운대 S 부회장, 한양대 Y 부회장이 모두 SKY 아닌 출신이다. 이런 실력 중심의 인재 등용 Pool이 있었기에 오늘날 삼성전자가 세계 일류기업으로 발전한 결과가 아닌가 한다.

③ 합리 추구
여전히 삼성은, 관리의 삼성이다

필자는 신입사원 때 〈합리 추구〉라는 단어를 이해하기 제일 어려웠다. 앞의 두 개, 즉 사업보국과 인재 제일은 무슨 뜻인지 알겠는데, 합리 추구는 추상적이기도 해서 도대체 무슨 말을 하는 것인지 이해가 어려웠다. 하지만 누구에게 물어보지도 못했다. 왜냐하면, 선배들이 '그것도 모르냐'고 할 거 같았다. 하지만 그때 선배들한테 그런 질문을 했다면, 선배도 아마 잘 몰랐을 수도 있다. 여전히 이 단어는 어렵다.

그냥 30년이 지난 필자의 개인적인 경험으로 볼 때, 창업 회장이 요구하신 합리 추구는 다음과 같이 해석할 수 있을 거 같다. 그 어떤 사안에 대한 의사결정에서도 '합리성을 추구해야 한다.'라는 뜻이 아닐까? 여기서부터 출발한 말이 〈관리의 삼성〉이 아닌가 한다. 이 말은 시중 사회에서도 '삼성=관리'라는 공식으로 썼다.

삼성은 다른 회사와는 달리, '경리'와는 별도로 '관리'라는 부서를 둔다. 보통의 회사는 경리에서 사인하면 바로 대금 지급이 나가지만, 삼성은 경리는 비용 지급만 담당하고, 합의는 관리에서 재가하게 함으로써 이중(二重)으로 락 인(lock-in)하는 기능이다.

그 당시에는 '평가' 권한도 관리 부서에 있었다

그렇다면 얼마나 관리의 삼성인가?

필자는 1991년에 기획관리본부 관리팀으로 입사했다. 필자가 입사하던 그 당시에는 모든 권한이 〈관리〉에 집중되어 있었다. 먼저 간부평가와 임원평가를 관리에서 가지고 있었다. 평가와 돈, 모두를 가진 격이었다.

지금은 회사가 너무 커져 간부가, 간부가 아닌 보통 사병으로 전락했지만, 내가 입사할 90년대 초 과장은 동경의 상징이자 출세의 대상이었다. 과장이 되면 단수 책상에서 넓은 사이즈인 양수책상으로 바뀐다. 별도의 과(課)의 리더가 되는 것이다. 그리고 비용집행 권한도 생긴다. 이래저래 과장만 되면 호시절을 누렸다. 그리고 업무는?

사원이었던 필자가 잘못 기억하는지 몰라도 이 당시 과장은 거의 사인만 했지, 실무는 거의 대리 중심이었던 걸로 기억한다. 그 정도로 과장이 높던 시절이었다. 그래서 과장이 되면 MBO를 별도 작성해서, 그에 대한 평가를 받는다. 이걸 〈관리〉에서 주관하고 평가하는 기능을 가졌다.

하지만 지금 삼성전자는 별도의 간부평가를 하지 않는다. 이미 과장은 리더가 아니라 그냥 사원들의 한 개, 축 정도로 변했다. 한편 임원평가는 지금도 관리부서에서 MBO 점수를 매기고 평가 주관 기능을 유지하고 있다.

오래된 얘기지만 돈에 대한 합의권은 막강했다

관리의 가장 큰 끗발은 〈재무합의〉이다. 사업이나 사안에 대해 비용집행 합의권을 말하며, 관리에서 합의 사인이 없으면 어떤 비용도 경리과에서 집행하지 않는다. 그래서 돈이 나가는 모든 건에 대해서는 관리에서 합의한다고 보면 된다. 얼마나 끗발을 부렸는지 지금도 마음에 걸린 에피소드 하나를 소개하려고 한다.

어느 날 기술기획 담당이신 S 상무 밑에 있던 과장 한 분이 신용카드 영수증 68만 원짜리를 가지고 왔다. 그 당시는 단 한

건이라도 예산을 초과하면, 무조건 관리본부 합의가 필요했다. 그걸 입사 1년 차인 내가 부결시켰고, 그 68만 원짜리 영수증은 어떻게 처리했는지 아직도 모른다. 아마도 사비로 충당했을 거로 생각한다.

그 당시 삼성전자 가전은 부사장 대표이사 밑에 기획관리 본부장인 전무, 그다음 제품본부장들이 상무였다. 따라서 상무라는 직급이 회사 서열 10위 이내에 있던 아주 높은 직급이었다. 그런 상무가 업무상 사용하였던 영수증을 입사 1년 차가 감히 반려했던 거는 지금 생각해 보면 문제가 좀 있는 것 같기도 하다. 필자는 그때 반려한 사실에 대해서 두고두고 죄송한 일이었다고 마음에 걸린다. 'S 상무님! 그땐 정말 죄송했습니다.'

뒷다리 잡는 관리

한편 이렇게 권한이 집중되었던 관리도, 이건희 회장 시절 '뒷다리 잡는다.'라고 호되게 당한 적도 있었다. 관리의 합의 권한은 돌다리도 두들겨 가는 조심성에는 최상이지만, 사업에 대해 일일이 간섭해서 시간을 허비하는 일도 더러 있기 때문이다.

필자가 생각하는 '권력'은 롤링을 주어야 한다고 생각한다. 특정 권력이 유지되면 원래 그것이 자기 것인 줄 안다. 위임이란 단어를 잃어버리고 선민사상으로 변한다. '원래 자기한테 주어진 것이다.'라고 생각해 버린다. 그래서 한 번씩은 그 힘을 뺄 필요가 있다. 그래야 그 힘은 위에서 위양(委讓)해서 나오는 거지, 본인들 것이 아니라고 인지하게 되었다.

인사가 합리 추구의 정점으로 들어서다

그렇게 막강하던 관리도 시간을 두고 그 힘이 나누어졌다. 그 당시 인사 업무는 관리 담당 산하 한 개의 팀으로 존재했다. 그래서 관리 인사가 같이 성장하다가 어느 순간 지원팀장이 되지 못하는 인사는 조금 밀리는 양상이었다. 그랬던 것이 2000년대 중반이 되자 삼성전자의 조직이 커짐에 따라, ER (employee relations)의 중요성이 떠오르면서, 지원팀과 인사팀으로 동등 위치로 분리됐다.

참고로 이렇게 생각해 보자. 돈은 그냥 안 쓰면 된다. 관리에서 하지 말라고 하면 안 하면 된다. 그게 회사에 꼭 필요한 사안이라도 하지 말라고 하면 안 하는 게 상책이다. 괜히 꼭 해야 한다고 나서면, 관리에서 우선적으로 나오는 말이 "니가 책임질래?"이다. 그래서 사실 관리의 권한은 회사에서 매우 중요한 역할이다.

하지만 지금은 세대가 많이 변했다. 돈? 비용? 그렇게 중요하지 않을 수도 있다. 밥은 내 돈으로 먹으면 되고, 술은 집에 가서 혼술해도 된다. 법인카드를 써서 밤에 술 사준다는 상사의 배려가 직원들은 오히려 더 괴롭다. 세상이 변한 것이다. 지금은 그런 세상이 되었고, 그런 젊은이들이 직장을 다닌다. 사업 합의? 안 하면 겁을 낼까? 요즘 젊은 사람들은, '합의 안 하면 그냥 일 안 하면 된다.'라고 생각한다. 그 일 안 한다고 내

급여가 줄어들 것도 아니라 생각하기 때문이다. 그래서 '합의 권한'이라는 것이 현시대에는 일 잘하는 사람을 괴롭힐 수 있지만, 대충 일하는 사람들에게는 고만고만하다. 합의 안 하면 일을 안 하면 되기 때문이다.

하지만 회사에서는 여전히 재무 합의권이 최고의 권력이라고 생각하는 이들이 많다. 아마도 이런 생각을 하고 있는 사람은 보직장이거나 임원이거나 둘 중 하나다.

이에 반해 인사는 개인에게 어떤 영향을 끼칠까? 인사는 개인의 승진과 연봉, 부서배치와 보직까지 심각한 영향을 끼친다. 일을 안 한다고 마주치지 않는 부서가 아니다. 내 회사생활에 밀접해 있고, 개인의 미래를 인사가 충분히 좌지우지할 수 있다는 얘기다.

바야흐로 2000년대 후반부터 인사의 시대가 열린 것이다. 아직까지 많은 사람들이 관리의 삼성이라고 하지만, 필자가 마지막에 근무한 시대에서 마주 한 삼성은, 이미 인사가 회사의 큰 축이 되었다. 그래서 인사가 만사라고 하지 않는가? 누구나 그런 말을 쓰지만 만사로 공평하기는 쉽지 않다. 실제 인사권을 가지게 되면, 그들 스스로는 가장 공평하다고 생각하지만, 실제는 그렇지 않은 경우도 많으니까 말이다. 그래서 요즘 젊은 직원들에게 인사부서는 중요해졌고, "인사의 끗발이 제일 센 거 아닌가?"라고 얘기하는 직원이 많다고 들었다.

비단 정치만 봐도 그렇지 않은가? 그렇게 전임 정권에 대해 욕을 해대던 사람들 스스로가, 새롭게 정권을 창출하면 불과

얼마 가지 않아서 전 정권의 그들처럼 변모해 버린다. 그러나 그들 스스로는 자신들이 변했다는 걸 잘 모른다.

> 【 혁신 포인트 】 해방 이후 최고의 혁신가
>
> ① 의·식·주·휴, 국민을 생각하는 사업을 하다
> - 의 : 1954년에는 제일모직 설립
> - 식 : 1953년 삼성물산에서 모은 자금으로 제일제당(CJ그룹의 전신) 설립
> - 주 : 1978년 삼성그룹 건설의 모태인 '삼성종합건설(주)' 설립
> - 휴 : 1976년 자연농원을 설립, 이후 에버랜드로 법인명 개명
>
> 이병철 회장은 사업을 시작하면서부터 우리 국민에게 의식주휴의 안락한 생활을 제공하는 것으로 기업의 목표로 삼았다. 이처럼 만석꾼의 아들임에도 불구하고 국민을 위한 정서가 처음부터 바닥에 깔려 있었다.
>
> ② 대한민국의 대표기업인 삼성전자를 창립하다
> 1969년 1월 13일 현 삼성전자의 전신인 '삼성전자공업'이 설립되었다. 처음 시작할 때 직원 수는 고작 36명이었다. 삼성전자는 첫해 매출이 3,700만 원에 불과할 정도로 오늘날 삼성전자와

는 비교도 안 되는 작은 규모였고, 국내에서도 금성사(현 LG전자)에 게임도 안되는 후발주자였다.

그러나 1970년대에 삼성전자가 수원에 새 공장을 지을 때, 임원들이 회사 규모보다 공장 용지가 너무 크다고 반대하자 이병철은 이렇게 말하며 43만 평을 고집했다. "일본 히타치 공장이 40만 평인데, 그것보다는 커야 하지 않겠나?"

③ 삼성전자의 반도체 진출

삼성의 반도체 산업 진출은 1974년 이병철의 3남 이건희가 반도체 산업 진출을 위해 개인 재산을 털어 한국반도체를 인수한 게 최초의 시도였다. 그러나 한국반도체가 경영 위기를 맞자 이병철이 삼성전자로 한국반도체를 인수하여 회생시키게 된다. 그 후 몇 년 동안 여러 반도체 전문가들의 말을 경청하며 정보를 입수해 반도체 산업의 전망을 예측해 내린 결정이었다. 하지만 이미 미국, 일본 업체들이 선점한 상황에서, 세계 1등 수준이 되어야 승부를 걸 수 있는 사업에 뛰어든다는 건 그때나 지금이나 도박과 다름없었다.

④ 한국 굴지의 기업을 남기다

오늘날 재계 1위인 삼성그룹 외 장남이 물려받았던 CJ그룹, 그리고 막내딸이 운영하는 신세계그룹, 장녀가 운영한 제지업계 최대 기업인 한솔그룹, 사돈이 운영하는 미디어 기업인 중앙일보와 편의점 유통기업인 BGF 그룹까지 포함된다. 이병철이 남긴 회사의 매출과 자산을 전부 합치면 대한민국 기업의 절반이 넘는다고 해도 과언이 아닐 수준이다.

⑤ 기업으로 나라를 부강하게 만들겠다는 〈사업보국〉의 신념

이병철은 사업을 통해 사회에 이바지한다는 '사업보국(事業報國)'의 신념을 삼성그룹의 제1의 경영철학으로 삼았다. 이병철은 36세 때인 1945년 8·15 해방 직후 사업보국의 신념을 다진 것을 회상하며 "사업보국이라는 나의 경영철학은 기업을 일으키고 경영하는 데 있어서, 일관된 나의 기업관이 되어 왔다."

⑥ 최고의 자산은 인재 - 인재 제일의 정신

이병철은 사람 욕심이 많아 '삼성의 최고 자산은 인재'라고 말할 정도로 인재 양성에 아낌없이 투자했다. 진대제, 이윤우를 비롯해 이임성(샤프전자 고문), 이상준(미국 자일록 기술개발 책임자), 이일복(전 인텔 근무), 이종길(미국 인터실, 사이너텍 CMOS 제조수율 개선 기술자), 박용의(미 웨스턴디지털, 인텔 메모리 설계 기술자)와 삼성의 반도체 신화와 '황의 법칙'을 만든 황창규 사장까지 이루 말할 수가 없다.

생전의 이병철은 "내 생애의 80%는 사람을 뽑고 관리하는 데 보냈다. 1년의 계(計)는 곡물을 심는 데 있고, 10년의 계는 나무를 심는데, 있으며, 100년의 계는 사람을 심는 데 있다."라고 말할 정도로 인재 선발과 관리를 매우 중시했다.

⑦ 오너의 세심한 배려 – 여공(女工)에게도 최선을 다함

1954년 이병철은 제일모직 공장을 대구에 세울 때 공장보다도 기숙사를 먼저 만들었다. 이는 생산직 근로자를 위한 국내 최초의 기숙사였으며, 방에는 스팀 난방이 들어오고 목욕탕, 세탁실, 다리미실, 미용실이 있는 등 당대로서는 매우 파격적인 시설이었다.

또한, 여공들의 급여 또한 좋아서 당시 제일모직 근로자의 증언에 따르면 월급으로 동생들의 학비와 다섯 식구 생활비까지 충당 가능했다고 한다.

⑧ 내가 키운 인재들이 성장하면서……

필자의 책상 옆에는, 필자가 과장이 된 이후 임원으로 은퇴하던 그날까지 언제나 A4 한 장이 붙어 있다. 그 백색지에는 다음의 구절이 인쇄되어 있다.

'내가 키운 인재들이 성장하면서 두각을 나타내고 좋은 업적을 쌓는 것을 볼 때, 참 고맙고 반갑고 아름다워 보인다.'

– 호암 이병철 회장 –

창업 회장 말씀 중에 필자가 가장 좋아하는 구절이다. 필자는 31년 동안 이 말을 지키기 위해 부단히 노력했다. 필자 스스로가 선배와 후배들에게 누가 되어서는 안 된다 생각했고, 후배들을 어떻게 육성할 것인가에 내 직장생활의 70%를 걸었다. 자기를 위해서는 30%를 쓰고 후배들을 키워내기 위해 70%를 쏟았다. 창업 회장의 말씀대로 후배가 잘되면, 참 고맙고 반갑고 아름다워 보일 거라 생각했다.

⑨ 직원들 일 시키며 밥 굶게 하지 마라

삼성은 직원들 밥 먹는데 돈을 아끼지 않는 편이다. 다른 건 몰라도 식사에 대해서는 후한 편이다. 이런 문화가 정착된 계기에는 이병철 회장의 넉넉함이 오늘날까지 이어졌다.

'일하는 직원들 밥 굶기며 일시키지 마라'

이런 조그만 것에서부터의 오너의 배려심이, 애사심이 되고 조직 퍼포먼스로 발전한다. 오너가 종업원을 머슴으로 대하면 종업원도 주인을 급여 그 이상 이하도 아니게 대하게 된다. 그러나 종업원을 자애로써 대한다면 종업원은 오너를 존경으로 대할 것이다. 이심전심, 그런 이치다.

⑩ 의인물용 용인물의

〈의인물용 용인물의〉 송사에 나오는 말이다. 필자의 책상 위에는 '내가 키운 인재들이……'와 함께 위 구절이 항상 붙어 있었다. 이병철 회장이 살아생전에 좋아했던 문구였고, 필자도 그 정신을 본받으려 노력했다.

흔히들 오너에게는 '삼심'이 있다고 한다. 의심~욕심~변심이 그것이다. 의심은 또 다른 의심을 낳는다. 그런데 이병철 회장은

〈의인물용 용인물의〉를 평소에 많이 했다. 사람을 뽑을 때 제대로 뽑고, 한 번 뽑았으면 의심하지 말고 써야 한다. 필자는 이 말이야말로 부서장이나 부서원들이 곱씹어 보아야 할 문구라고 생각한다. 신뢰는 믿음을 낳고, 의심은 불신을 낳을 뿐이다.

⑪ 지방대생도 사장이 될 수 있는 문화를 정착

필자가 대학생 때 우연히 잡지에서 삼성에 관한 기사를 읽은 적이 있다. 소병해 실장의 특집기사였다. 그는 성균관대 경영학과를 나와 제일모직에 입사해서 이후 30대에 비서실장의 자리에 올라선다. 삼성의 위상으로 봐서 이는 대한민국 기업 역사상 현대의 이명박보다 더 빠르고 더 높은 위치까지 간 사람이라 볼 수 영남대를 나온 H 사장, 청주대를 나온 P 부회장, 인하대 출신 L 부회장, 광운대 S 부회장, 한양대 Y 부회장이 모두 일류대학이 출신이 아니다. 이런 실력 중심의 인재 등용 Pool이 있었기에 오늘날 삼성전자가 세계 일류기업으로 발전한 결과가 아닌가 한다.

⑫ 관리의 삼성이라는 기업관을 남김

사회에서 가장 많이 듣는 말 하나가 〈관리의 삼성〉이고, 또 다른 하나가 〈삼성맨 하면, 스마트〉이다. 지금도 삼성을 가장 잘 표현하는 말이 '관리의 삼성'이 아닌가 한다. 이 말은 시중 사회에서도 '삼성=관리'라는 공식으로 많이 쓰였다.

삼성은 다른 회사와는 달리, '경리'와는 별도로 '관리'라는 부서를 둔다. 보통의 회사는 경리에서 사인하면 바로 대금 지급이

나가지만, 삼성은 경리는 비용 지급만 담당하고, 합의는 관리에서 재가하게 함으로써 이중(二重)으로 락 인(lock-in)하는 기능이다. 이러하기에 실패할 확률이 현저히 줄어든다. 돌다리도 두드리며 걷는다를 가장 잘 실천하는 기업이다.

에필로그

혁신을 한자어로 풀면 '가죽의 껍데기를 벗기는 일'이다. 그 정도로 엄청난 고통과 변화를 동반한다는 의미이다. 피가 나고, 살점이 일어나고, 뼈가 드러날 정도로 껍질을 벗기고 또 벗겨야 혁신이 이루어진다.

삼성전자의 전) 부회장 윤종룡은 '경영은 프로세스의 관리이자 혁신의 연속'이라고 정의했다. 지금도 한국의 많은 기업체에 근무하는 경영자들은 혁신을 위해서 피나는 노력이 있을 것이다. 위에서 윤 부회장이 얘기했듯이 혁신은 하루아침에 이루어지지도 않으며, 어느 정도 완성되었다고 중단해서도 안 된다.

필자가 31년을 삼성에 근무하는 동안 이건희 회장은 단 한 해도 위기가 아니라고 말한 적이 없다. 현장에 근무하는 우리는 '매년 위기면 죽을 때까지 위기고, 위기 아닌 적이 언제인가?'라고 투덜거리곤 했다. 하지만 지금 돌이켜보면 그 위기의식이야말로 자만심을 경계하는 출발이고, 혁신을 지속하기 위한 시금석이었다는 것은 새삼 느끼고 있다.

고등학교 때 배운 소설가 민태원이 쓴 〈청춘 예찬〉이란 글에 이런 구절이 나온다. '청춘, 듣기만 하여도 가슴 설레는 말이다.'
 필자는 직장생활하는 동안 나름으로 혁신의 선봉 역할을 하려 노력했다. 그럴 때마다 항상 스스로 되뇌었던 말이 있다. '혁신, 듣기만 하여도 가슴 설레는 말이다' 정말로 그 당시는 새로운 것에 대한 혁신에 임할 때가 필자는 제일 기분 좋았다. 왜냐하면, 혁신이란 말만 들어도 그 순간 가슴이 설레기 때문이다.

지은이